페이스북은 내가──
우울증인 걸 알고 있다

버나드 마·매트 워드 지음 | 홍지수 옮김

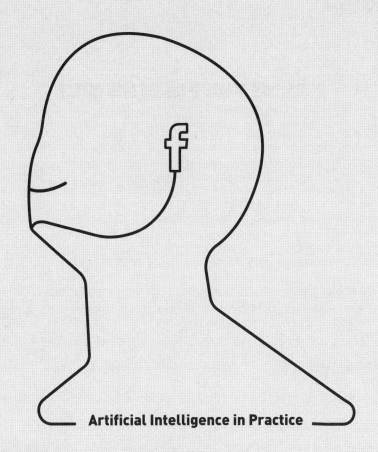

Artificial Intelligence in Practice

페이스북은 내가
우울증인 걸 알고 있다

글로벌 리더 기업의 인공지능 성공 스토리 50

봄빛서원

인공지능은 구세주가 아니라 삶의 실제다

한 가지는 분명하다. 인공지능^{Artificial Intelligence} 즉 AI는 우리가 사는 세상을 완전히 바꾸게 된다. 그리고 그 변화는 오늘날 대부분의 사람들이 생각하는 정도보다 훨씬 심오할 가능성이 높다. 어떤 일을 하든 어떤 기업에서 일하든 어떤 산업에 종사하든, 인공지능은 그 일, 그 사업, 그 산업을 증강시키게 된다. 아니, 어쩌면 완전히 탈바꿈시킬지도 모른다.

인공지능은 보고 듣고 맛보고 냄새 맡고 만지고 말하고 걷고 나르고 학습할 능력을 기계에게 부여한다. 기업들은 완전히 새로운 방식으로 고객들과 소통하게 되고 고객에게 훨씬 지적인 상품과 서비스 경험을 제공하게 되며, 절차를 자동화하고 사업의 성공 가능성을 향상시키게 된다.

그렇긴 하지만, 인공지능에 대한 과장된 주장과 혼란을 주는 정보도 대단히 많다. 인공지능을 우리 문명에 대한 궁극적인 위협으로 보는 이

4

들도 있는 반면, 인공지능이 기후변화에서부터 암 치료까지 인류가 직면한 최대 난관을 해결할 구세주라고 믿는 이들도 있다. 이 책의 목적은 그처럼 과장되거나 공포를 조장하는 정보들을 걷어내고 오늘날 인공지능이 실제로 어떻게 사용되는지를 보여주려는 데 있다.

여러 산업에서 최근에 혁신적으로 인공지능이 사용된 사례들을 소개함으로써 인공지능에 대한 환상을 벗겨내는 동시에 인공지능이 지닌 엄청난 기회를 보여주려고 한다. 우리는 인공지능에 대한 이해를 높이려는 이들을 대상으로 이 책을 썼기 때문에 기술적인 세부사항은 누구나 쉽게 이해할 수 있는 수준으로 유지하려고 애썼다. 동시에 인공지능 분야에 종사하는 이들에게도 유익할 만한 기술적 정보들을 담아내기 위해 노력했다.

이 책을 통해 구글^{Google}, 페이스북^{Facebook}, 알리바바^{Alibaba}, 바이두^{Baidu}, 마이크로소프트^{Microsoft}, 아마존^{Amazon}, 텐센트^{Tencent} 등과 같은 거대 기업들이 인공지능을 어떻게 사용하는지 이해하게 될 뿐만 아니라, 산업 분야를 불문하고 스타트업 기업들뿐만 아니라 전통적인 기업들 또한 인공지능을 어떻게 사용하고 있는지 알게 될 것이다. 우리는 이 기술이 현재 어떤 상태까지 와 있는지를 현실적으로 그려보려고 한다. 인공지능 개척자들은 인공지능 활용과 개선을 저돌적으로 밀어붙이면서 수많은 전통적인 기업들을 따돌리고 있다. 전통적인 기업들은 변신을 꾀하기 위해 인공지능을 이용해 경쟁에서 밀려나지 않으려고 안간힘을 쓰고 있다. 그리고 스타트업 기업들은 인공지능을 이용해 인공지능 개척자들과 전통적 기업들에게 도전장을 내밀고 있다.

인류 역사상 최강의 기술

인공지능은 오늘날 인류가 사용 가능한 가장 막강한 기술이다. 따라서 인공지능을 무시한다면 최대의 실수를 범하는 셈이다. 국가와 기업 지도자들은 공히 인공지능이 얼마나 막대한 기회를 가져다주는지를 잘 인식하고 있으며 인공지능 골드러시에서 뒤처지는 위험에 빠지지 않으려 하고 있다.

미국 백악관은 인공지능의 전략적 중요성을 강조하는 수많은 정책 자료들을 발표했다. 2016년 버락 오바마 대통령 시절의 백악관은 「인공지능의 미래를 대비하다」[1]라는 제목의 첫 보고서를 발표함으로써 미국의 인공지능 전략의 토대를 마련했다. 2018년 도널드 트럼프 대통령은 백악관에서 인공지능 서밋summit을 개최했고 뒤이어 「미국 국민을 위한 인공지능」[2]이라는 성명서를 발표했다. 이 성명서에서 트럼프 대통령은 이렇게 말했다. "우리는 새로운 기술 혁명의 순간에 도달했다. 이 혁명으로 우리 삶의 거의 모든 면이 개선되고 미국 근로자와 가족들에게 엄청난 부를 새롭게 창출해주고 과학, 의학, 통신에서 담대한 새 영역을 개척하게 된다." 미국 행정부는 인공지능 연구개발에 박차를 가하고 미국 근로자들이 인공지능의 혜택을 십분 활용하도록 훈련시킴으로써 미국이 인공지능에서 주도권을 유지한다는 목표를 세우고 있다.[3]

푸틴 러시아 대통령은 다음과 같이 말했다. "인공지능은 미래다. 러시아뿐만 아니라 인류의 미래다. …이 부문에서 누가 주도권을 쥐든 그 사람이 세계를 지배하게 된다."[4] 중국은 가장 야심만만한 인공지능 개발 계획을 세우고 2030년 무렵 인공지능 분야에서 세계적인 선도국가가 된다는 목표를 세우고 있다.[5] 유럽에서는 유럽연합의 유럽집행위원회

European Commission가 2018년 인공지능 전략을 발표했는데 거기에는 다음과 같은 내용이 들어 있다. "과거의 증기기관이나 전기처럼 인공지능은 우리가 사는 세계, 사회, 산업을 변모시키고 있다. 컴퓨터가 정보를 처리하는 능력이 향상되고, 가용 데이터가 늘어나고 알고리듬이 향상되면서 인공지능은 21세기에 가장 전략적인 기술로 변모하고 있다. 이보다 더 많은 이해가 걸린 기술은 일찍이 없었다. 우리가 인공지능에 접근하는 방식이 앞으로 우리가 사는 세계를 규정하게 된다.[6]

기업 총수들도 이와 같은 생각에 동의한다. 아마존 최고경영자 제프 베조스Jeff Bezos는 한때 공상 과학의 영역에 속했던 문제들을 인공지능의 도움으로 해결하는 '황금시대'에 들어섰다고 믿는다.[7] 구글의 공동창립자 세르게이 브린Sergey Brin은 다음과 같이 말했다. "내 생애에서 컴퓨터의 정보처리 능력과 관련해 가장 중요한 발전이 바로 인공지능의 새로운 도약이다."[8] 마이크로소프트 최고경영자 사티아 나델라Satya Nadella는 인공지능을 "우리 시대를 규정하는 기술"이라 일컬었다.[9] 세계경제포럼World Economic Forum의 창립자이자 의장인 클라우스 슈와브Klaus Schwab를 비롯해 많은 이들은 인공지능이, 특히 다른 모든 기술혁신과 결부되어 제4차 산업혁명을 촉발시켰고 이는 기업과 사회를 속속들이 변모시키게 될 것이라 믿는다.[10]

인공지능이란 무엇일까? 딥머신러닝의 부상

인공지능은 새로울 것도 없고 마법도 아니다. 인공지능이 최초로 개발된 시기는 1950년대로 거슬러 올라간다. 인공지능은 컴퓨터 시스템이나 기계가 지적인 행동을 통해 자율적으로 행동하고 학습하는 능력을 일컫는다. 가장 기본적인 형태의 인공지능은 데이터를 취합해서 그 데이터에 연산법칙 또는 알고리듬을 적용한 다음 결정을 내리거나 결과를 예측한다.

예컨대, 데이터는 손으로 쓴 단어, 문자, 또는 숫자의 이미지다. 알고리듬은 각 문자의 보편적인 형태, 단어와 단어 사이의 공간 등과 같은 규칙들을 담은, 인간이 작성한 컴퓨터 프로그램이다. 이 알고리듬은 컴퓨터를 도와 손으로 쓴 텍스트를 스캔한 이미지를 분석하고 규칙들을 적용해 그 이미지에 담긴 문자, 숫자, 단어를 예측하고 기계가 손 글씨를 인식하도록 해준다. 예컨대, 이런 유형의 인공지능은 일찍이 1997년부터 미국 우정국이 편지봉투에 적힌 주소를 자동으로 읽는 데 사용해왔다. 이와 같이 인공지능을 협소하게 응용하는 경우에는 잘 작동했다.

이처럼 규칙을 토대로 한 인공지능은 수행해야 할 과업이 훨씬 복잡하거나 인간이 규칙을 쉽게 설명하기 어려워서 알고리듬으로 프로그래밍할 수 없을 때 난관에 부딪히게 된다. 말하고 걸어다니고 군중 속에서 친구를 알아보는 것이 모두 우리가 경험을 통해 습득한 기능의 사례들이지만, 이는 쉽게 규칙으로 설명할 수 없다.

우리는 이러한 기능을 두뇌 신경세포망을 통해 습득한다. 예컨대, 신경세포망은 상당한 기간에 걸쳐서 다양한 각도에서 얼굴을 바라봄으로써 얼굴을 인식하도록 프로그래밍된다. 또 우리는 시행착오를 통해 걷고 말하는 법을 터득한다. 오늘날 인공지능은 인간이 규칙을 프로그래밍하는 대신 기본적으로 인공 신경망을 이용해 이 절차를 복제하고 기계가 스스로 규칙을 만들도록 한다. 우리 뇌가 경험을 통해 학습하듯이 말이다. 이를 머신러닝$^{\text{Machine Learning}}$이라 일컫는다.

머신러닝을 통해 인공지능에 인간의 얼굴이 담기거나 담기지 않은 수천 개의 이미지를 입력함으로써 인공지능을 데이터로 훈련시킨다. 그러면 컴퓨터는 이 정보를 가지고 철저히 독자적으로든 아니면 인간의 도움을 받아서든 자기 나름의 알고리듬을 만든다. 그 과정은 독자적으로 머신러닝을 하든, 인간의 감독을 받든, 아니면 감독과 독자성이 혼합된 형태로든 모두 가능하다. 이처럼 머신러닝이 여러 겹으로 이루어진 인공 신경망을 이용해 훈련용 데이터를 학습하는 경우를 딥러닝$^{\text{Deep Learning}}$이라 일컫는다.

최근에 인공지능은 딥러닝을 통해 일취월장했다. 컴퓨터가 이미지나 비디오에 등장하는 사람이나 사물을 보고 인식하는 능력(기계시각*)이 한 예다. 딥러닝 덕분에 기계는 손으로 쓴 텍스트나 사람의 말을 이해하고 재생할 역량을 갖추게 되었는데, 이를 자연어 처리라고 일컫는다. 웹사이트의 챗봇^{chatbot}이나 아마존의 에코^{Echo} 같은 홈 스마트 스피커가 그러한 사례들이다.

오늘날 딥러닝이 급성장하고 있는 데는 다음 두 가지 중요한 이유가 있다.

첫째, 많은 데이터를 수집할 수 있기 때문이다. 데이터는 인공지능을 작동시키는 연료이고 오늘날 빅데이터가 활용되는 세상에서 과거 그 어느 때보다도 많은 데이터가 생겨나고 있다. 세계가 디지털화되면서 우

---

* 기계시각 machine vision, 자동 검사, 프로세스 제어 및 로봇 유도와 같은 응용 분야에서 이미징을 기반으로 사용되는 기술이나 방법을 말한다.

리의 일거수일투족은 데이터 자취를 남기고 있고 우리는 데이터를 수집하고 전달하는 스마트 기기를 점점 많이 사용하고 있다. 덕분에 인공지능을 훈련시키는 데 사용할 데이터의 용량과 유형들이 대폭 증가했다.

둘째, 컴퓨터 처리능력이 갖춰졌기 때문이다. 오늘날 컴퓨터 기술의 혁신으로 방대한 양의 데이터를 저장하고 처리할 역량을 갖추게 되었다는 뜻이다. 클라우드 컴퓨팅cloud computing에서 돌파구가 마련되면서 기업들은 데이터를 거의 무제한으로 저렴하게 저장하고 있다. 또한 인터넷에 연결된 여러 컴퓨터들의 정보처리 능력으로 문제를 해결하는 분산처리 모델인 분산컴퓨팅distributed computing을 이용해 거의 실시간으로 빅데이터를 분석한다. 게다가 컴퓨터 칩 기술의 발전으로 인공지능 연산처리 기술도 성장을 거듭해 이제 스마트폰이나 인터넷과 연결된 스마트 기기들을 통해서도 업무를 수행할 수 있게 되었다. 이를 사물인터넷Internet of Things, IoT 장치에서의 엣지 컴퓨팅edge computing이라 일컫는다.

인간은 경험을 통해 끊임없이 배우고 발전한다. 이와 같은 '경험을 통한 학습'이라는 접근방식은 이제 강화학습reinforcement learning을 통해 머신러닝 알고리듬이 복제할 수 있다. 아기들은 다리를 움직여 걸어보면서 보폭이 너무 커서 넘어졌다면 다음번에는 보폭을 줄임으로써 걷는 법을 터득한다. 이렇게 아기들이 행동을 조정함으로써 걷는 법을 터득하듯이, 인공지능은 강화학습 알고리듬을 이용해 주변 환경에서 얻은 피드백을 바탕으로 이상적인 행동을 결정한다. 강화학습을 통해 기계 예컨대, 로봇은 자율적으로 걷고 운전하고 공중을 나는 기량을 익힌다. 머신러닝을 응용한 수많은 첨단기술들은 딥러닝 기법과 강화학습 기법들을 혼용한다.

이와 같은 놀라운 주제에 대해 더 자세히 알고 싶다면 www.bernardmarr. com를 방문해보라. 인공지능과 머신러닝에 대해 꼭 알아야 할 내용들을 설명하고 논의하는 수백 건의 글과 비디오가 소개되어있다.

인공지능이 기업에게 가져다주는 기회

기업이 인공지능을 활용하는 사례는 크게 세 가지로 나뉘는데, 이 세 가지는 어느 정도 서로 중첩되지만 어떤 기회를 제공하는지 구분하는 데 도움이 된다. 기업은 인공지능을 이용해 첫째, 고객들을 이해하고 응대하는 방법을 바꾸고 둘째, 더욱 똑똑한 상품과 서비스를 제공하며 셋째, 기업활동 절차를 개선하고 자동화한다.

- 고객 : 인공지능은 기업이 자사의 고객이 누군지에 대한 이해를 높이고, 고객들이 원하는 상품이나 서비스가 무엇인지 파악하고, 시장의 추세와 수요를 예측하고 특정 고객에 알맞게 맞춤형으로 응대하도록 해준다. 이 책에서는 인공지능으로 자사의 고객들을 정말 제대로 파악하는 스티치 픽스$^{Stitch Fix}$와 페이스북 같은 기업들을 살펴보겠다.

- 상품과 서비스 : 인공지능을 통해 기업은 훨씬 똑똑한 상품과 서비스를 고객들에게 제공하게 된다. 고객은 점점 더 똑똑한 스마트폰, 스마트자동차, 스마트가전제품을 원한다. 이 책에서는 애플^{Apple,} 삼성, 그리고 테슬라^{Tesla}와 볼보^{Volvo} 같은 자동차업체들이 인공지능을 이용해 더욱 똑똑한 상품을 제조하고 스포티파이^{Spotify}, 디즈니^{Disney}, 우버^{Uber} 같은 기업들이 고객에게 더욱 똑똑한 서비스를 제공하는 방식을 살펴보겠다.

- 자동화 절차 : 인공지능은 사업 절차를 자동화하고 개선한다. 이 책

에서는 제이디닷컴^{JD.com} 같은 사례들을 살펴보겠다. 이 기업은 자동 드론, 자동화된 주문처리 센터와 배달 로봇을 이용해 소매업의 지형을 변모시키고 있다. 또한 인퍼비전^{Infervision}과 엘즈비어^{Elsevier}가 인공지능을 이용해 의료진단을 어떻게 자동화했고, 심지어 도미노피자가 인공지능으로 어떻게 피자의 품질을 점검하는지도 살펴보겠다.

기업의 전략적 활용

어떤 기업이든 인공지능 응용방법을 모색하다보면 사업모델을 새롭게 하거나 사업방식을 완전히 바꾸게 된다. 기업은 제4차 산업혁명 시대에 더 이상 타당성이 없는 사업모델을 자동화하고 개선하는 데 인공지능을 이용하지 않는다는 점이 중요하다.

인공지능을 사용하는 출발점은 어떤 기업이든 인공지능과 데이터 전략을 통해 가장 큰 전략적 기회와 위협을 규명하고 가장 효과가 큰 응용방법을 정확히 찾아내는 일이다. 단순히 인공지능을 만지작거리며 실험한다고 해서 사업 성공에 필요한 효과를 낳지는 않는다.

기업의 문제 해결은 인공지능으로

이 책에서는 50개 기업들이 인공지능을 사용하는 사례들을 소개하고 이러한 기업들이 실제 세계에서 직면하는 문제들을 해결하는 데 어떻게 인공지능을 이용하는지 보다 앞선 사례들을 살펴보겠다.

1부는 인공지능 개척자의 사례들을 소개한다. 이 기술기업들은 인공지능이 제시한 기회를 포착해 산업을 변모시키고 남들이 군침을 흘릴 만한 사업 결과를 도출해낸 기업들이다. 이 기업들은 대부분 인공지능을 자사의 사업 모든 측면에 혁신적으로 응용해왔으므로 인공지능 기술로 무엇이 가능한지를 파악하도록 해준다.

나머지 사례들은 다른 방식으로, 즉 인공지능 응용방법이나 산업별로 분류했다. 우리가 받은 피드백을 바탕으로 산업별 분류 방법을 택했다.

2부에서는 소매업, 소비재, 식품, 음료회사들의 사례를 살펴볼 것이다. 3부에서는 매체, 연예와 통신기업들이 인공지능을 어떻게 활용하는지 살펴볼 것이다. 4부에서는 금융서비스와 의료서비스를 비롯해 서비스 부문을 살펴볼 것이다. 마지막으로 5부에서는 제조업, 자동차, 항공, 4차 산업혁명 사례들을 살펴볼 것이다.

독자는 처음부터 차례로 이 책을 읽어도 되고 가장 관심 있는 사례나 산업부터 무작위로 골라가며 읽어도 된다. 이 책의 내용이 유익하기를 바란다.

차례

1부 인공지능의 개척자

2부 소매업 · 소비재 · 식품 · 음료수 제조업체

3부 | 매체·연예·통신기업

4부 | 서비스·금융·의료업체

5부 제조업·자동차·항공·4차산업 기업

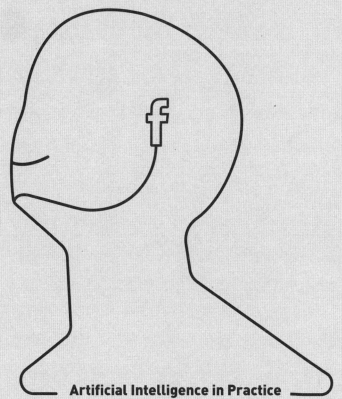

Artificial Intelligence in Practice

How 50 Successful Companies Used AI and Machine Learning to Solve Problems

1부

인공지능의 개척자

1 알리바바 Alibaba

'스마트 시티' 프로젝트로 대륙을 책임지다

알리바바 그룹은 중국의 다국적 기업으로서 자사의 세계 최대 웹 포털을 통해 전자상거래 망을 운영하고 있다. 이는 알리바바닷컴Alibaba.com, 타오바오Taobao, 티몰Tmall, 알리 익스프레스Ali Express를 아우른다. 미국의 아마존과 이베이eBay를 합산한 세계 매출을 무색하게 할 만큼 거대한 매출을 자랑하는 이 기업은[1] 세계 온라인 소매 플랫폼을 구축해서 터득한 지식을 사업과 기술의 거의 전 분야에 응용해왔다. 기업 대 기업B to B 클라우드 서비스뿐만 아니라 전자상거래와 소매서비스, 전자결재에서 이룬 성공으로 알리바바는 5,000억 달러가 넘는 시가총액을 달성했다.

알리바바는 고객들이 인공지능 도구를 이용해 온라인 포털에서 쇼핑할 때 원하는 상품을 검색하게 하고, 세계 최대 클라우드 컴퓨팅 제공자로서 플랫폼과 도구들의 사용허가권을 다른 기업들에게 제공해 인공지능을 활용하도록 해준다.

그 밖에도 알리바바는 사회 전체에 인공지능을 활용해 도시 전체를 '스마트 시티'로 바꾸는 프로젝트를 진행하고 있다. 알리바바는 또한 중국의 그리고 어쩌면 세계의 농업에 일대 혁명을 일으켜 점증하는 인구를 먹여살려야 하는 부담을 완화할 계획이다.

알리바바는 인공지능을 어떻게 사용할까?

중국 정부는 기업들이 인공지능을 채택하려는 노력을 적극적으로 지원해왔다. 경제 성장의 견인차 역할을 할 엄청난 잠재력을 지녔다고 믿기 때문이다. 중국 정부는 1조 달러에 달하는 산업을 육성하고 2030년 무렵 인공지능 분야에서 세계를 선도하는 국가로 우뚝 서겠다는 목표를 세웠다.[2]

중국의 엄청난 인구 규모를 고려하면, 이러한 계획을 통해 기업들은 고객의 삶에 대한 방대한 데이터에 접근하게 되므로 중국은 인공지능 개발의 최적지가 된다.

알리바바의 전자상거래 포털은 정교한 인공지능을 이용해 고객이 방문해 사고 싶은 상품을 검색할 때 어떤 품목들을 보여줄지 선택한다. 이를 통해 방문객마다 고객 페이지뷰를 구축하고 고객이 관심을 보일 만한 품목을 적정한 가격에 제시한다.

고객이 구매를 하는지, 다른 품목을 살펴보고 사이트에서 나가는지 등 고객의 행동을 관찰함으로써 실시간으로 이 페이지뷰를 조정해 방문객이 결국 구매할 확률을 높인다.

전자상거래 포털을 잘 훈련시켜 매출로 이어질 가능성이 높은 페이지를 방문객에게 보여줌으로써, 알리바바는 타오바오 포털에 강화학습의 형태로 알려진 부분적인 감독 학습의 형태를 설치했다.[3]

실시간 고객 행동에서 충분한 사용자 데이터를 수집해 독자적인 학습 알고리듬을 습득하도록 기계를 훈련시키려면 오랜 시간이 걸리고 실제로 사업에서 위험을 감수해야 하므로, 가상의 타오바오를 구축해 과거에 축적한 수십만 시간에 달하는 고객 데이터를 바탕으로 고객의 행동을 모의 실험했다.

이 방대한 데이터로 훨씬 짧은 기간에 광범위한 고객행동에 알고리듬을 노출시킬 수 있었다. 알리바바는 또한 인공지능으로 작동하는 챗봇인 디안 샤오미Dian Xaomi를 이용해 하루에 3억 5,000만 건에 달하는 고객의 질문 가운데 90퍼센트를 이해하고 답변을 제공한다. 이러한 도구들은 알리바바가 처음 만들어낸 '독신자의 날' 쇼핑 이벤트 같은 특별한 경우에 폭증하는 고객들을 상대하는 데 반드시 필요하다.[4]

자동화된 판매 광고 문구

알리바바의 사이트들을 통틀어 수백만 개의 다양한 품목들을 판매하는 알리바바는 판매하는 품목마다 제품 사양을 작성하는 부담을 덜기 위해 콘텐츠 작성을 자동화했다. 이러한 도구들은 자사의 플랫폼에서 상품을 파는 제3의 판매자들도 사용할 수 있다.

인공지능 카피라이터는 딥러닝 신경망 상으로 운영되는 자연어 처리 일고리듬을 이용해 1초에 2만 개의 광고 문구를 만들어낸다.[5]

전통적으로 광고 카피라이터는 핵심단어를 검색하고 총 사용자 수 가운데 특정 링크를 클릭한 사용자의 비율을 이용해 상품검색 결과 페이지 상에서 고객이 특정 링크를 클릭할 확률이 얼마나 되는지 파악하는 데 많은 시간을 할애했다. 그러나 인공지능 카피라이터를 이용하면 알리바바와 알리바바의 플랫폼에서 판매하는 기업들은 버튼 클릭 한 번만으로 이 과업을 수행할 수 있다.

여러 가지 다양한 광고 문구를 만들고 이러한 문구들에 고객행동 데이터를 통해 잘 훈련된 알고리듬을 적용하면 된다. 그러면 알고리듬이 고객이 클릭할 확률이 가장 높은 단어의 조합을 만들어내고 이를 광고 문구에 사용한다.

중국 최대 규모의 클라우드 서비스

아마존이나 구글과 마찬가지로 알리바바도 클라우드를 통해 기업고객들에게 인공지능 서비스를 제공한다. 알리바바의 클라우드 서비스 사업은 중국의 거대 기술기업들 가운데 단연 최대 규모다.[6]

알리바바의 인공지능 서비스는 인공지능을 위한 머신러닝 플랫폼이라고 불리는데, 직접 시설에 선행 투자하는 비용을 들이지 않고 자연어 처리와 컴퓨터 비전computer vision과 같은 인지 컴퓨팅 기능을 사용하고자 하는 기업들에게 솔루션을 제공한다. 여기서 컴퓨터 비전이란 기계의 시각 부분을 연구해 삼차원 정보를 이용하는 컴퓨터 과학의 최신 분야로 인간의 시각이 하는 몇 가지 기능을 수행하는 자율적인 시스템을 만드는 것이 목표다.

알리바바의 자연어 처리 기술은 독해능력에서 기계가 사람을 능가할 수 있는지 여부를 평가하도록 설계된 스탠포드대학교의 테스트를 세계 최초로 통과했다.

2018년 알리바바의 심층 신경망 언어 처리 기술은 10만 개의 문항으로 이루어진 이 테스트를 82.44점으로 통과했다. 인간이 올린 82.3점을 아슬아슬하게 넘었다.[7]

알리바바 시티 브레인이 설치된 스마트 시티

알리바바는 클라우드를 바탕으로 한 인공지능 도구 묶음을 개발해 스마트 온라인 기술을 통해 도시 기간시설이 연결된 도시들에서 교통의 흐름과 가로등을 관리하고, 쓰레기 수거 등과 같은 필수적인 업무들을 실행하고 있다.

알리바바 시티 브레인^{Alibaba City Brain}은 인구 950만인 도시 항저우에서 이

미 교통의 흐름을 추적하고 관리한다. 이 시스템은 교통체증을 15퍼센트나 줄인 것으로 알려져 있고[8] 곧 말레이시아 수도 쿠알라룸푸르에도 설치될 예정이다.

시티 브레인은 교통의 흐름을 감시하고 언제 체증이 일어날지 예측하는 데 사용할 모델을 구축한다. 교통체증이 일어날 확률이 높다는 징후를 인식하면 교통신호등 패턴을 바꾸어서 교통의 흐름을 촉진하거나 통제해 체증이 일어날 확률을 줄인다.

알리바바의 인공지능은 상하이 지하철역에서 탑승권을 파는 스마트 매표소도 운영한다. 매표소는 고객이 길을 물으면 정보를 제공해주고 안면인식 기술을 이용해 고객의 신원을 확인한다.[9]

가축 사육과 곡물 재배를 관리하는 스마트 농업

알리바바는 농장 가축, 곡물, 과수원을 감독하는 인공지능 시스템도 개발했다.

세계 최대의 돼지고기 공급자이자 소비자인 중국의 돼지사육 농가들은 가축의 활동과 건강상태를 기록하는 기술에 접근해, 언제 사료의 양을 늘리거나 운동을 더 많이 시킬지 자동적으로 결정한다.[10]

점점 늘어나는 인구를 먹여살려야 하는 난관에 직면한 중국에서 농부들은 이 시스템을 통해 가축의 건강 상태를 증진시키고 사산율을 줄임으로써 번식률을 최적화한다. 이 시스템은 또한 곡물 재배와 토지 관리에도 응용된다.

발견과 탐색, 추진과 전망의 배움터^{DAMO}

알리바바의 인공지능 전략은 자사의 첨단 머신러닝과 딥러닝 솔루션을 클라우드 서비스를 통해 기업들과 고객들에게 배포하는 방식을 토대로 한다.

기업 인공지능 플랫폼은 알리바바 클라우드 자회사를 통해 제공하는데, 전 세계에 18개의 데이터센터를 운영한다. 이러한 센터들에는 인공지능 알고리듬과 데이터처리 기술을 작동시키는 하드웨어가 설치되어 있고, 이러한 기술을 서비스로 제공한다.

2017년 알리바바는 향후 3년에 걸쳐 150억 달러를 투자해 세계적으로 서로 연결된 인공지능 연구개발 시설들을 확장한다고 발표했다.

알리바바는 이 프로그램을 발견, 탐색, 추진, 전망의 배움터^{Academy for Discovery, Adventure, Momentum and Outlook, DAMO}라고 일컫는데, 모스크바, 텔아비브, 싱가포르에 있는 연구소들뿐만 아니라 중국의 베이징과 항저우, 미국의 산마테오와 벨뷰에 있는 연구소들에 100명의 연구자들을 채용하는 계획도 포함되어 있다.[11]

이러한 연구소들은 머신러닝, 자연어 처리, 사물인터넷, 인간·기계 상호작용과 양자컴퓨팅 관련 연구에 집중하게 된다.

▬ **Tip** ▬▬▬▬▬▬▬▬▬▬▬▬▬▬▬▬▬▬▬▬▬▬▬▬▬▬▬

💬 알리바바는 중국 최대의 연구개발 투자자로서 인공지능 분야에서 세계 선두가 되기 위한 경쟁에서 앞서가고 있다.

💬 인공지능을 수백만 고객들과 기업들에게 제공하는 모델은 클라우드를 통해서 서비스를 제공하는 방식이다. 이를 통해 고객은 투자 위험과 기간시설 투자비용을 줄이는 한편, 알리바바는 자사 고객들의 행동에 관한 소중한 데이터를 수집한다.

💬 알리바바는 소매 포털에서 매출을 신장시키기 위해 설계된 기술을 기업과 사회가 직면한 문제들을 해결하는 데 응용하고 있다. 그렇게 함으로써 자사의 기존 사업영역 안팎에서 인공지능의 새로운 사용처를 찾아내고 있다.

2 알파벳 Alphabet · 구글 Google

세계 최초로 자율주행 자동차를 상업화하다

알파벳은 미국에 본부를 두고 인터넷 서비스, 기술, 생명과학을 전문으로 하는 다국적 거대 기업이다. 인터넷 검색 거대 기업인 구글, 생명과학 기업인 베릴리Verily, 자율주행 기술기업 웨이모Waymo, 스마트 홈서비스 기업 네스트Nest, 인공지능 기업 딥마인드Deep Mind 등이 알파벳에 속한 기업들이다.

2017년 창립자 명의로 발표한 서신에서 알파벳 사장 세르게이 브린은 다음과 같이 말했다. "내 생애에서 컴퓨터의 정보처리 능력과 관련한 가장 중요한 발전이 바로 인공지능의 새로운 도약이다."[1] 인터넷의 등장까지도 아우른 발언이라고 볼 때 이는 무심코 넘길 만한 빌언이 아니다.

알파벳은 인공지능의 잠재력을 파악하고 인터넷 검색을 개선하는 일에서부터 자율주행 자동차, 자동화된 가정, 인공지능 비서, 번역, 생명을 구하는 의료과학에 이르기까지 사업 전반에 걸쳐 인공지능을 이용할 계획이다.

알파벳은 인공지능을 어떻게 사용할까?

더 똑똑한 검색기능에 이용한다. 세계에서 가장 널리 사용되는 구글 검색엔진은 인공지능의 손길이 곳곳에 스며 있다. 텍스트를 사용하든 음성이나 이미지를 사용하든 모든 검색은 2015년 랭크브레인Rankbrain이라는 기능을 도입한 이후로 이제 스스로 학습이 가능한 똑똑한 시스템이 처리한다.[2]

텍스트 검색과 음성 검색은 모두 자연어 처리 기술을 이용하고 있으며, 알고리듬은 사용자가 입력한 검색 문장에서 개별적인 단어의 의미를 파악하기보다는 각 단어가 다른 단어와 어떻게 연관되어 어떤 의미를 지니는지 파악한다. 이러한 맥락 속의 의미 분석은 자연어 처리에서 핵심적인 부분이다.

구글 이미지 검색은 컴퓨터 비전을 이용해 구글이 축적한 이미지 데이터의 콘텐츠를 인식하고 이를 분류해 사용자가 텍스트나 음성을 이용해 검색하도록 해준다. 딥러닝 알고리듬을 이용하면 그림 속에 담긴 서로 다른 여러 요소들을 인식하고 명명하는 실력이 점점 향상된다. 알고리듬이 노출되는 이미지들이 다양할수록 이미지를 인식하는 기능이 더 향상된다.

구글의 인공지능은 일단 사용자의 문의를 처리하고 사용자가 원하는게 뭔지 파악하고 나면 이를 온라인 콘텐츠 목록인 웹페이지, 이미지, 비디오, 문서와 대조한다. 이는 머신러닝 시스템이 처리하기도 한다.

이러한 시스템은 목록에 담긴 모든 콘텐츠를 분류하고 순위를 매기고 거르도록 훈련되어 있다. 콘텐츠는 언급되거나 링크되는 빈도, 담긴 정보의 정확도, 그 정보가 스팸이거나 광고일 가능성, 불법이거나 저작권

침해일 가능성 여부 등에 따라 평가된다.

이는 단순한 구글 검색을 하는 데도 인공지능이 엄청나게 복잡한 정보를 순식간에 처리해야 한다는 뜻이다. 전 세계에서 날마다 수십억 건의 계산을 처리할 역량이 있는 시스템을 구축했기 때문에 알파벳과 구글은 세계에서 가장 돈이 많은 기업으로 손꼽힐 뿐만 아니라 인공지능 분야에서 명실상부한 거대 기업이다.

구글은 인공지능을 다른 핵심 분야에도 응용한다. 인공지능은 구글의 이메일 계정인 지메일^{Gmail}의 보안을 관리하고, 사용자가 검색할 때 그 사용자의 관심을 끌 만한 광고 문구가 등장하도록 하고 기업들은 구글에 광고비를 지불한다.

인공지능 비서, 듀플렉스의 진화

음성기술을 이용하는 인공지능 비서는 몇 년 전부터 사용되어왔는데 대부분의 사람들에게 잘 알려진 구글 홈$^{Google Home}$, 아마존의 알렉사^{Alexa}, 애플의 시리^{Siri} 등이 그러한 사례들이다.

몇 년 전에 가능했던 것에 비하면 자연어 처리를 소비자 기기에 최초로 응용한 이러한 사례들이 대단해 보일지 모르지만, 이를 한번 사용해본 사람은 누구든지 그 한계를 깨닫게 된다. 이러한 인공지능 비서들은 기본적이고 비교적 짧은 문장이나 명령에는 적절한 반응을 보이지만 실제로 사람에게 하듯이 말을 걸면 혼란스러워하기 시작한다.

이러한 인공지능 비서들은, 사람으로 치면 아직 유아에 불과하기 때문이다. 간단히 말해서 아직 충분한 데이터가 없다. 하지만 사정이 급속히 바뀌고 있고 구글의 듀플렉스^{Duplex}가 이 분야를 선도하고 있다.

듀플렉스는 훨씬 덜 끊기고 자연스럽게 이어지는 대화를 지속할 수 있는 역량을 갖추었다. 이 기술은 특정한 상황에 특화된 훈련을 받았고, 알고리듬은 오로지 그러한 상황에 타당한 데이터를 수집하는 데 특화되어 있다. 듀플렉스의 역량을 과시하기 위해 구글이 제시하는 사례는 사용자를 대신해 미용실에 전화를 걸어 예약하는 일이다.[3] 이처럼 비교적 통제되고 제한된 사용 사례들에서 보면 듀플렉스는 인간과 거의 다를 바 없다.

구글 엔지니어들이 듀플렉스 기계의 음성을 사람의 목소리와 더 가깝게 만들기 위해 쓰는 수법 중 하나는 인간이 말하는 유형에서 부정확한 요소들을 반영하는 방법이다. 예컨대, 사람들이 말하는 중간 중간에 내뱉는 "음", "어", "아" 같은 소리를 내게 하는 방법이다.

끊임없이 향상되는 실시간 번역 기술

머신러닝 덕택에 인간이 컴퓨터에게 언어를 가르칠 수 있다면 기계 스스로 어떤 언어든 터득할 수 있는데 이게 바로 구글의 번역 서비스를 뒷받침하는 원칙이다. 이 서비스는 딥러닝을 이용해 해당 언어를 그 언어를 구성하는 기본적인 요소들로 분해한다.

구글 번역기인 구글 트랜슬레이트$^{Google\ Translate}$는 심층 신경망을 이용해 그 사용자들이 더 많은 언어에 번역기를 노출시킴에 따라 끊임없이 그 알고리듬을 정교하게 다듬는다. 정확하게 번역하는 능력이 점점 향상된다는 뜻이다. 구글은 구글 어시스턴트로 작동되는 픽셀 버드$^{Pixel\ Bud}$ 헤드폰에 이러한 사양을 장착시키기까지 했다. 사용자들이 헤드폰을 통해 거의 실시간으로 번역한 정보를 얻게 된다는 뜻이다.[4]

운전대가 필요 없는 자율주행 자동차

알파벳의 자율주행 자동차 부문인 웨이모는 세계에서 가장 완성도 높은 자율주행 자동차 플랫폼을 보유한 기업으로 손꼽히는데, 최근에 세계 최초로 자율주행을 상업화하는 데 성공했다.[5]

알파벳은 자체적으로 자동차를 개발하는 길을 택했고, 운전대도 없고 운전자가 그 어떤 작동도 할 필요가 없을 정도로 자동화된 자동차를 개발했다. 자동차를 보유하려면 비용이 많이 들고 불편한 도시 교통 환경의 새 시대에 걸맞게 설계된 웨이모 서비스는 탑승공유망을 구축해 가까운 장래에 스마트 시티에서 운송을 담당할 것으로 예측된다.

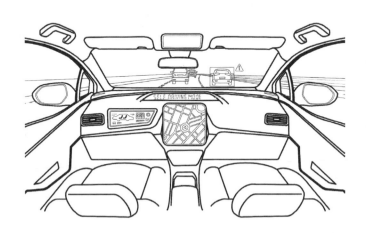

수백만 건의 비디오 자막처리

구글은 머신러닝 자연어 알고리듬을 이용해 유튜브 비디오 스트리밍 서비스에서 제공하는 동영상들에 청각장애자들 혹은 소음이 싫은 사람들을 위한 자막을 자동으로 생성한다.

이 시스템은 심층 신경망을 이용해 음성뿐만 아니라 박수갈채, 음악, 웃음소리를 비롯한 환경 소음들까지 규명해 시청자에게 어떤 소리가 나고 있는지 알려주는 텍스트를 자동으로 화면에 생성한다.[6]

질병의 진단과 치료

알파벳의 인공지능, 구체적으로 딥러닝 기술은 의료 분야에서도 널리 적용되어왔다. 최근에는 눈의 상태를 진단하는 기술에 돌파구가 마련됐다. 학습 알고리듬은 3차원의 적외선으로 안구를 스캔하는 광간섭 단층촬영optical coherence tomography이라 불리는 기술이다.[7]

이 시스템은 두 개의 딥러닝 알고리듬에 의존하는데, 하나는 안구의 구조를 자세하게 그린 지도를 구축하고 무엇이 정상이고 무엇이 나이와 관련된 황반변성黃斑變性 같은 징후인지 터득한다. 또 다른 알고리듬은 의학 데이터를 바탕으로 진단을 내리고 의료 전문가들이 질병을 진단하고 치료하는 데 도움을 준다.

구글 브레인

구글의 인공지능 연구부서는 구글 브레인Google Brain으로 알려져 있다. 구글의 제프 딘$^{Jeff\ Dean}$과 그렉 코라도$^{Greg\ Corrado}$가 2011년 스탠포드대학교의 앤드루 응$^{Andrew\ Ng}$과 함께 꾸린 부서로서, 그들은 현재 사용되는 실용적인 인공기술의 개척자로 자리매김했다.

구글 브레인은 인터넷에서 유통되는 방대한 양의 데이터뿐만 아니라 자기들이 구축한 방대한 자료를 신속하게 축적하는 네트워크들이 머신러닝과 딥러닝의 유용성을 파악하는 열쇠라는 사실을 깨달았다.

구글 브레인은 부서가 구축된 이후로 컴퓨터 비전과 자연어 처리 같은 수많은 핵심 기술들을 책임지고 개발하면서 인공지능을 기업에 적용하는 현재의 추세를 주도하고 있다.[8]

딥마인드는 알파벳의 핵심 병기

알파벳의 인공지능이 보유한 또 다른 핵심 병기는 2014년에 알파벳이 인수한 딥마인드다. 뇌의 신경망 '모의실험'에 특화한 영국의 스타트업인 이 기업은 신경망이 게임하는 법을 훈련시켰다. 게임에 집중하면서 딥마인드의 연구자들은 뇌가 다양한 인지 문제를 해결하는 방식을 연구하고 여기서 얻은 데이터를 이용해 같은 방식으로 문제를 해결하는 기계를 구축했다. 2016년 이 기술을 토대로 한 컴퓨터가 최초로 바둑 경기에서 전문 바둑기사에게 승리하면서 언론에 대서특필되었다.[9]

오늘날 딥마인드가 개발한 인공지능 기술은 자사 데이터 센터의 기계들에서 뿜어나오는 열기의 냉각 효율성을 최적화하고, 안드로이드 운영체제를 작동시키는 모바일 기기의 배터리 수명을 관리하는 등 알파벳의 수많은 스마트 애플리케이션에 장착된다.

이는 또한 위에서 언급한 의료 분야에서 안구의 이미지를 촬영하는 데 응용되기도 한다.

═ **Tip** ════════════════════════════════

💬 알파벳과 구글은 인공지능이 차세대에 컴퓨터 기술을 변화시키는 발판이 되리라고 확신하고 있다.

💬 이와 더불어 알파벳과 구글은 인터넷의 개발을 포함해 차세대의 변화 추세가 사회에 미치는 영향은 과거보다 훨씬 크리라고 믿는다.

💬 누구보다도 많은 데이터를 보유하고 있다는 점은 매우 유리하다. 그 덕에 알파벳은 검색에서부터 광고, 번역, 음성처리, 스마트 홈, 자율주행에 이르기까지 계속해서 최고의 서비스를 개발하고 있다.

💬 구글의 데이터를 이리저리 이동시킬 시설과 문의를 처리할 역량을 보유하고 검색 엔진을 작동시키는 데 필요한 시설에 접근할 수 있었다. 덕분에 이러한 기간시설을 인공지능 응용에도 적용할 수 있었다.

💬 알파벳이 자사의 연구부서와 스타트업 인수를 통해 딥러닝과 같은 엣지 인공지능 분야에서 파격적인 발전을 거듭해왔다면, 구글은 탄탄한 재원을 이용해 이를 상용화하고 나름의 전문성을 추구해왔다.

3 아마존 Amazon

배송 드론과 딥러닝으로 실적을 높이다

제프 베조스는 아마존을 온라인 서점으로 창립했지만, 사실 아마존에서는 뭐든지 팔 수 있었다. 그는 온라인 소매가 폭등하리라고 예측하고 그런 때가 오면 시장을 지배할 기술기업을 만드는 데 집중했다. 오늘날 아마존은 다국적 전자상거래 거대 기업이고 세계를 선도하는 클라우드 컴퓨팅 제공자이며, 미국에서 세 번째로 시가총액이 높은 상장기업이다. 핵심적인 소매업과 클라우드 사업 외에도 아마존은 출판업, 영화, 텔레비전 스튜디오도 운영하고 있고 아마존 에코, 킨들 전자책, 파이어Fire 태블릿, TV 리모컨 같은 소비자 상품들도 생산한다.

아마존은 1990년대 설립 초기부터 예측분석*을 해왔다. 아마존은 이러한 시스템을 그 유명한 '도서 추천엔진'에서부터 주문 처리센터에서 일하는 로봇의 작업경로를 최적화하는 일에 이르기까지 자사의 사업 전

---

* 예측분석 predictive analytics, 데이터 마이닝data mining 기법으로서 기존 데이터를 이용하거나 미래 상황을 가정해 고객이 제안에 반응을 보이거나 특정 제품을 구매할 확률 등 비즈니스 활동 결과를 예측하는 방법을 말한다.

반에 적용한 경험이 있다.

그러나 머신러닝의 위력이 점점 커지면서 온라인 소매 거대 기업인 아마존은 2010년대 초부터 사업운영 방식의 모든 측면을 재검토하게 되었다. 아마존은 단순히 소매시장을 두고 월마트^Walmart나 타깃^Target과 경쟁하는 데 만족하지 않고 자사를 늘 구글, 페이스북, 애플과 경쟁하는 기업으로 자리매김하면서 기술 부문을 선도하는 기업의 자리를 노려왔다.

그러려면 인공지능 비서인 알렉사로 작동되는 에코 기기를 주택 자동화와 무인판매 소매상점 같이 새로운 사업 영역으로 확장하고 딥러닝 기술을 아마존의 핵심적인 서비스에 활용해야 했다.

아마존은 미래를 내다보고 자동화된 배송 드론과 '선행 배송^anticipatory shipping'이라는 원대한 계획을 추진하고 있다. 선행 배송은 고객이 주문을 하기도 전에 고객의 마음을 읽고 상품을 배송하겠다는 계획이다.

아마존은 인공지능을 어떻게 사용할까?

아마존은 고객에게 물건을 팔도록 설계된 검색엔진인 추천엔진을 선도적으로 이용해왔는데, 이는 처음부터 사업전략의 핵심이었다. 시간이 흐르면서 이 엔진의 이면에서 작동하는 분석기법은 더욱 정교해졌다. 이것은 고객에 대해 수집한 데이터에 따라 고객들을 분류하고 그들의 행동을 모델로 만들어 유사한 패턴을 보이는 다른 고객들에게 인기 있는 품목과 짝짓는 식으로 작동되었다.

2014년 초, 아마존은 추천 시스템을 전례 없이 대대적으로 손보기 시작했다. 딥러닝 알고리듬을 예측 도구에 적용하기 시작하면서부터다.[1]

딥러닝은 이제 아마존 사이트의 많은 사양들에 내장되어 있고, 이러한 사양들은 사용자가 좀 더 편리하게 맞춤형 쇼핑을 경험하도록 설계되어 있다. 예컨대 '함께 구매하는 빈도가 높은 품목들'이라든가, '이 품목을 구매한 고객은 …도 구매했음'처럼 상품을 추천하는 기능이다.

딥러닝은 인간의 두뇌처럼 여러 겹으로 된 신경망을 사용한다. 신경망을 통과하는 데이터를 바탕으로 '학습'한다는 면에서 두뇌가 작동하는 방식을 모방한다. 이러한 알고리듬은 끊임없이 조정되어 데이터에서 패턴과 관계를 점점 더 효율적으로 포착하게 된다. 아마존의 경우 이러한 데이터는 거래 데이터와 고객 행동 데이터로, 아마존의 추천엔진을 작동시킨다. 구글의 검색, 페이스북의 피드feed, 넷플릭스Netflix의 영화 추천처럼 말이다. 기술 부문의 왕좌를 두고 다투는 다른 경쟁사들과 마찬가지로 아마존도 인공지능 혁명을 이끌 기술로서 딥러닝을 자신 있게 밀어붙이고 있다.

아마존이 딥러닝 기술을 이용하는 또 다른 핵심적인 사례는 주문 처리센터에서 볼 수 있다. 이 창고에서는 사람 직원들이 정교한 인공지능으로 작동하는 로봇 직원과 함께 날마다 수백만 건의 고객 주문을 처리하고 포장한다. 정지된 상태에서 창고에 덩그러니 서 있는 로봇을 보면 별거 아니라고 여길시 모른다. 그저 땅딸막한 이동식 플랫폼에 불과하니 말이다.[2] 그러나 딥러닝 알고리듬으로 작동하는 이 로봇은 효율적인 경로를 검색해 이동식 선반들이 빼곡하게 들어찬 미로 같은 통로 사이를 오가면서 주문이 들어온 품목이 어디 있는지 찾아내고 이를 사람 직원에게 전달한다. 그러면 사람 직원이 각 주문 처리를 완성한다.

로봇은 인간보다 훨씬 협소한 공간에서도 작동할 수 있기 때문에 아마존은 창고에 물건을 쌓아둘 공간을 극대화할 수 있고, 주문을 신속하게 처리함으로써 수익도 증가한다. 이러한 로봇이 현재 전 세계 아마존 주문 처리센터에 10만 대가량 배치되어 있다.[3]

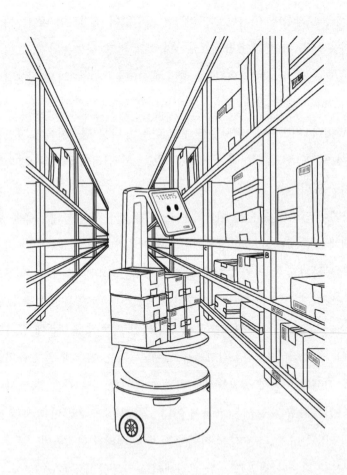

스마트 홈 기기들과 소통하는 아마존 알렉사

2015년 아마존이 인공지능으로 작동하는 가정용 개인비서 기기를 처음 소개했을 때는 정말 신기해 보였다. 2018년 현재 미국 가구의 16퍼센트가 이것을 사용하고 있고 구글과 더불어 아마존도 계속 이러한 기기를 개선하여 다듬고 판매하면서 이 수치는 점점 증가할 것으로 보인다.[4]

아마존이 찾아낸 돌파구는 가정에서 인공지능의 사용이 제한되는 가장 큰 요인은 기술 자체가 아님을 깨달았다는 점이다. 이 기술은 이미 기본적인 가사업무 이상의 역량을 지닌 수준까지 성숙했기 때문이다. 문제는 인터페이스interface 자체였다. 스마트폰은 점점 유용해졌지만, 여전히 전등 스위치, 주전자, 라디오, 요리책처럼 단순하지는 않다.

에코는 음성으로 스마트 홈 기기들과 소통하도록 함으로써 기계와의 상호작용을 직관적으로 만들었다. 신속하게 정보를 얻을 수 있는 편리한 포털이나 집안일을 할 때 배경음악을 깔아준다든가 하는 것도 마찬가지다.

에코가 인간의 음성 명령을 정확히 알아듣게 된 데는 아마존이 자연어 알고리듬에 딥러닝을 적용한 덕분이다.[5] 신경망은 사용자의 '각성 단어wake word'를 감지한다. 각성 단어란 명령에 귀를 기울이고 그 명령을 해석하라고 명령하는 장치다. 에코기 음성 명령을 처리하면 처리할수록 인간이 사용하는 구어口語의 미묘한 차이를 점점 더 잘 이해하게 된다. 심층 신경망은 자신이 처리하는 음성 데이터로부터 인간이 말하는 방식을 '학습'한다.

잉여 에너지의 효율적 활용, 플라이휠

아마존이 자사의 기업운영에 다양하게 사용하는 인공지능 모델은 '플라이휠Flywheel'이라고 불려왔다.[6] 동력의 원천이 만들어내는 에너지를 효율적으로 저장하고 저장된 에너지의 배출 비율을 조정하도록 설계된 기기에서 따온 명칭이다. 사업의 한 부문에서 인공지능의 성공적인 도입으로 생긴 잉여 '에너지'를 다른 부문의 연구개발 연료로 사용한다는 개념이다.

이 접근방식으로 서로 다른 부서들과 서로 다른 사업 부문들 간에 데이터와 기술을 공유하는 환경이 조성되었고, 이들은 타 부서나 타 부문이 구축한 최상의 실용적 지침들로부터 학습할 수 있게 되었다. 예컨대, 딥러닝의 도입으로 추천엔진의 정확도가 개선되면서 에코의 음성 역량을 개선하는 작업을 하는 팀도 딥러닝 기법을 도입하는 결정적인 계기가 되었다.

이어서 아마존의 다른 사업 부문들도 알렉사가 장착된 기기들이 가정에 널리 도입된 여건을 십분 활용할 수 있다는 사실을 깨닫게 되었다. 특히 이 기기를 통해 작동되는 '스킬즈skills'라고 알려진 고객 애플리케이션을 만드는 능력이 개선되었다. 스킬즈가 추가됨으로써 사용자들이 아마존 프라임 비디오Amazon Prime Video와 아마존 뮤직 언리미티드Amazon Music Unlimited 서비스를 음성으로 접속하게 되었다. 이는 다시 딥러닝을 알렉사에 적용해 사용자들이 말하는 단어들을 바탕으로 4만 개의 스킬 가운데 사용자가 가장 유용하다고 생각하는 스킬이 뭔지 판단하는 결과로 이어진다.[7]

아마존은 딥러닝 구상이 성공하면 그 비용은 저절로 회수된다는 사실을 깨달았다. 사업 절차가 더욱 효율적으로 작동하게 될 뿐만 아니라 더 많이 생겨나는 데이터로 각종 절차에 이용하는 알고리듬을 훈련시킬 수도 있기 때문이다.

머신러닝 기술이 갖춰진 저비용 웹서비스

아마존 경쟁사인 구글 및 알리바바와 마찬가지로 아마존도 아마존 '웹 서비스'라는 브랜드로 기업고객에게 클라우드 컴퓨팅 서비스를 판매한 다. 최근 몇 년 사이 아마존은 머신러닝 서비스를 이 서비스에 장착했다. 기업들이 자사가 직접 기간시설을 구축하는 데 드는 비용보다 훨씬 적은 비용으로 인공지능 역량을 '고용'한다는 뜻이다.

기업들이 모든 부문에서 인공지능을 앞다퉈 이용하면서 중소기업들이 경쟁할 도구를 제공하는 사업이 아마존의 핵심 사업 전략이 되었다. 옛말에도 골드러시 때 가장 큰 부자가 될 사람은 삽을 판매하는 사람이라고 하지 않았는가.

아마존 웹서비스는 핵심적인 머신러닝 기술에 접근하도록 해준다. 정형화되지 않은 음성이나 비디오 데이터에서 실행할 만한 단서들을 뽑아주는 도구들뿐만 아니라 자연어 처리와 컴퓨터 비전 같은 기술늘이 그 예다.[8]

배송 드론, 프라임 에어

아마존의 야심찬 프로젝트로 손꼽히는 아마존 프라임 에어$^{Prime Air}$는 고객의 가정으로 직접 물건을 배송하는 데 드론을 사용하는 구상이다. 2013년 이 계획이 발표될 당시 아마존은 고객이 주문을 하고 30분 내에 배송한다는 목표를 세웠다.[9] 그 이후로 아마존은 영국 케임브리지에 있는 주문처리센터에서 드론을 이용한 첫 시범 배송 서비스를 수행했다.

머신러닝은 드론을 조종하는 시스템의 토대다.[10] 이 프로젝트는 수년째 계속 추진되고 있지만 보편적으로 사용되기까지는 아직 갈 길이 멀고 극복해야 할 규제도 여러 가지다. 아마존은 드론 기술에 대해 공개적으로 세부사항을 밝히지 않았지만, 컴퓨터 비전을 이용해 드론이 장애물을 우회하고 안전하게 착륙할 지점을 포착할 수 있는 기술이 될 가능성이 높다.

═ Tip ═

💬 아마존은 예측분석의 위력을 십분 활용한 최초의 온라인 업체로 손꼽힌다. 인공지능은 지금까지 개발된 그 어떤 기술보다도 정확한 예측을 해낼 것으로 보인다. 따라서 당연히 아마존이 그다음으로 밟을 단계는 인공지능이 될 것이다.

💬 아마존은 '플라이휠'이라는 기업전략을 구축해 인공지능 구상으로 생겨난 에너지, 추진력, 데이터를 자사의 사업영역 전반에 배포하도록 권장하고 있다.

💬 딥러닝 역량을 추천엔진 알고리듬에 장착함으로써 얻은 진전 덕분에 이 기술의 사용을 더욱 더 확장하게 되었고, 알렉사 음성인식 비서와 아마존 프라임 에어 배송 서비스 개발에도 박차를 가하게 되었다.

💬 아마존은 다른 기업들이 자동화하고 인공지능을 십분 활용하도록 돕고 있다. 자사의 머신러닝과 딥러닝 기술을 아마존 웹서비스 플랫폼을 통해 서비스로 대여해주고 있다.

4 애플 Apple

상품과 개인정보 보호를 통합시키다

애플은 수익 기준으로 세계 최대의 정보기술회사다. 캘리포니아에 본부를 둔 애플은 아이폰, 아이패드, 맥, 애플 워치, 애플 TV 등과 같은 스마트 기술제품들을 설계하고 개발하고 판매할 뿐만 아니라, 이에 수반되는 소프트웨어와 서비스도 설계, 개발, 판매한다. 2018년 애플은 최초로 시가총액이 1조 달러 이상인 상장기업이 되었다.[1]

애플의 인공지능 전략은 이러한 기기들을 중심으로 추진되고, 최근 몇 년 새 애플은 사용자 참여의 잠재력과 보안이 월등한 점을 거론하며 기기에 장착하는 인공지능 기술의 개척자로 자사를 자리매김하겠다고 밝혔다.

애플은 인공지능을 어떻게 사용할까?

애플은 휴대용 기기에 장착된 감지기들을 통해 수집된 데이터 세트를 바탕으로 자사의 머신러닝 기술을 구동시키는 역량을 갖춘 막강한 휴대용 기기를 구상하고 있다. 이는 다른 기술기업들이 주창하곤 하는 클라우드 컴퓨팅과 비교적 동력이 덜 드는 단말기가 지배할 미래와는 분명히 상충된다.

이는 자사의 전화기, 워치, 스피커에 장착된 막강한 중앙처리장치[CPU] 또는 그래픽스 처리 칩을 이용하는 기기들에 직접 머신러닝 알고리듬을 깔겠다는 뜻이다.

이를 보여주는 한 사례는 가장 최근에 선보인 '아이폰 X' 모델에 장착된 신경엔진이다.[2] 이는 딥러닝에 필요한 신경망 연산을 수행하기 위해 특별히 설계된 맞춤형 칩이다. 이를 이용하면 안면인식 로그인, 사용자가 더 선명한 사진을 찍도록 해주거나 우스꽝스러운 효과를 추가하도록 해주는 카메라 사양, 증강 현실[augmented reality]과 배터리 수명 관리 등과 같은 기능들을 더 신속하게 처리하도록 해준다.[3]

기기에 머신러닝을 직접 구동시키면 클라우드로부터 데이터를 받아서 단서를 추출해 그 단서를 토대로 작동하는 데 걸리는 시간보다 훨씬 빠르다. 그러나 단점이 없지는 않다. 오직 하나의 기기에서 수집된 데이터를 바탕으로 알고리듬을 훈련시킬 수 있기 때문에 알고리듬이 클라우드 머신러닝이 이용할 수 있는 방대한 크라우드 소스[croud source] 데이터 세트를 통해 학습하는 이점을 누리지 못한다.

이는 사용자의 개인정보를 보호하는 데 집중하는 애플의 전략과 연결된다. 단말기에는 민감한 개인정보뿐만 아니라 머신러닝 기술도 장착되어 있다. 따라서 단말기에 담긴 민감한 개인정보가 머신러닝 기술에 의해 처리되기 전에 단말기를 벗어날 필요가 없게 만듦으로써 소비자는 다른 기업들보다 애플사가 자신의 개인정보 데이터를 훨씬 안전하게 관리하리라는 믿음을 갖게 된다.

애플이 원천기술을 보유한 인공지능 생태계는 핵심적인 머신러닝 프레임워크를 중심으로 돌아간다. 핵심 머신러닝을 이용하면 개발자들이 딥러닝, 컴퓨터 비전, 자연어를 비롯해 머신러닝 알고리듬을 상품에 장착할 수 있다. 핵심 머신러닝 기술은 애플의 음성인식 비서 시리뿐만 아니라 아이폰 카메라와 스마트 키보드인 퀵타이프^{QuickType}의 인공지능 기능까지 구동시킨다.[4]

더 스마트한 애플리케이션

아이폰을 성공으로 이끈 일등공신은 앱스토어다. 2008년 앱스토어가 출시된 이래로 스마트폰 사용자들은 자기 단말기에 앱을 다운로드 받아왔다. 그러나 이 앱스토어 사용방법은 매우 간단하기 때문에 아이폰 사용자들은 예전보다 훨씬 직관적으로 자기 단말기에 입맛에 맞는 사양들을 추가할 수 있게 되었다.

애플은 고객들이 자신의 모바일 서비스 계약이 만료될 때 계속해서 자사와 서비스를 갱신하게 만든다는 사실을 인식하고 개발자들에게 인공지능을 제3자가 제작한 앱에도 통합시키라고 밀어붙였다. 이 전술을 쓴 이유는 다른 모바일 플랫폼에는 없는 막강한 기능들을 계속해서 제공하도록 하기 위해서였다. 이 목표를 달성하기 위해 애플은 개발자들에게 크리에이트 머신러닝$^{Create\ ML}$ 같은 도구들을 제공해왔다. 이 도구를 쓰면 개발자들은 자신들이 개발한 앱을 사용자의 기기에서 구동되는 머신러닝을 통해 작동시킬 수 있다.

이를 보여주는 아주 좋은 사례가 홈코트^{Homecourt}라 불리는 앱인데, 아마추어 농구 게임의 심판 판정에 도움을 주도록 설계되었다. 사용자는 진행 중인 경기에 카메라의 초점을 맞추기만 하면 된다. 그러면 머신러닝이 경기에 참가하고 있는 선수들에게 태그를 달고 패스나 슛을 할 때마다 입력하고 경기장에서 선수들의 위치를 기록한다. 이 모두가 단말기 자체에 구동되는 컴퓨터 비전 기술을 통해 이루어진다.[5]

폴리워드^{Polyword}로 불리는 또 다른 앱은 컴퓨터 비전과 머신러닝을 이용해 사용자들이 카메라를 들이대는 어떤 사물이든지 그 이름을 30개 언어 가운데 한 가지로 알려준다.[6]

다른 사양들을 이용하면 사용자가 찍으려는 사진을 면밀히 살펴보고 실시간으로 어떻게 하면 더 좋은 사진이 될지 제안해주며, 고지 사항을 관리해서 사용자가 제때에 중요한 정보를 받아볼 수 있도록 해준다.

시리의 자연어 처리 기술

애플이 출시한 시리는 인공지능의 자연어 처리 기술로 구동하는 개인 비서로서는 최초로 널리 보급되고 사용되었다. 애플의 경쟁사들이 지닌 인공지능 기술과 비교하면 혁신적인 면이 없다는 비판을 받았지만,[7] 최근에는 실시간으로 머신러닝 구동 번역으로 80여 개의 언어를 번역하는 기능이 추가되었다.

시리의 자연어 처리 기능은 정보를 클라우드에 전송한다. 그러나 사용자 개인정보는 보호된다. 전송해야 할 정보가 암호화된 형태로 사용자의 단말기를 떠나기 전에 다른 모든 확인 가능한 정보들이 음성 명령

데이터에서 삭제되기 때문이다.

최근에 애플의 자연어 처리 연구는 시리 사용자들이 자기가 사는 지역에서 상점이나 관심 있는 장소에 대한 정보를 검색할 때 더욱 정확한 정보를 제공하는 기능을 향상하는 데 집중되고 있다.[8] 연구자들은 위치 신호를 훈련용 데이터에 도입해서 시리가 장소명과 소규모 상점들을 비롯해 국지적인 데이터 세트에 접근하도록 해준다. 이론상으로는 음성언어를 해석하는 동시에 위치 데이터를 시리 사용자가 한 말의 의미를 이해하는 데 추가한다. 예컨대, 누군가가 "I am going to Killkenny"라고 말한다면, 이 사람이 아일랜드에 있는 마을인 킬케니를 방문하겠다는 뜻인지, 아니면 케니라는 사람을 죽이려 한다는 뜻인지 제대로 추측할 확률은 시리보다는 알렉사가 높다.

── **Tip** ─────────────────────────────

💬 인공지능은 애플이 자사의 기기와 지원 서비스 망에 인공지능을 장착하는 애플 전략의 핵심이다.

💬 애플은 데이터를 몽땅 클라우드에 쏟아부어 더욱 방대한 데이터 세트로 알고리듬을 훈련시키는 데 쓰기보나는 사용자 개인정보 보호를 우선시하고 있다.

💬 애플은 또한 자사가 원천기술을 보유한 머신러닝 플랫폼인 크리에이트 머신러닝을 이용해 애플의 기기에서만 작동하는 앱을 제작하도록 장려하고 있다. 이를 통해 앱 생태계의 독점력을 높이고 있다.

5 바이두 <small>Baidu</small>

9억 명의 검색엔진으로 방대한 데이터에 접근하다

바이두는 인터넷 관련 서비스와 상품 판매에 집중하는 중국 기술기업이다. 바이두는 중국에서 가장 널리 쓰이는 검색엔진을 운영하면서 수십억 건의 검색 문의를 통해 생성된 방대한 데이터에 접근할 수 있다. 게다가 바이두는 애플리케이션을 개발하고, 광고 플랫폼도 운영하는 한편으로 자율주행 자동차 개발과 관련된 작업에서 중국 정부의 인정을 받아 정부의 지원도 따냈다. 바이두가 추진하는 아폴로^{Apollo} 프로젝트는 세계에서 완성단계에 가장 근접한 자율주행 프로그램이다. 2018년 바이두는 페이스북, 아마존, 구글, 마이크로소프트, IBM이 인공지능의 윤리적인 개발을 권장하기 위해서 설립한 인공지능 파트너십^{Partnership on AI}에 합류한 최초의 중국 인공지능 기업이 되었다.[1]

바이두는 인공지능을 어떻게 사용할까?

바이두는 검색 기능뿐만 아니라 이미지 검색, 지도, 비디오, 뉴스, 번역

서비스도 사용자들에게 제공한다. 이 모든 기능들에 인공지능을 적용해 사용자들에게 유용한 검색 결과를 더욱 정확하게 제공하도록 한다.

중국에서 인터넷을 사용하는 인구가 미국 총인구의 두 배가 넘는 9억 명 이상이라는 사실도 바이두에게는 도움이 된다.[2] 이는 바이두의 인공지능 알고리듬이 사용할 데이터가 훨씬 방대하다는 뜻이다.

바이두는 자사의 인공지능으로 작동하는 운영체계를 모두 바이두 브레인Baidu Brain으로 명명했다. 세 번째 버전까지 나온 이 플랫폼은 현재 자연어 처리, 이미지 인식, 안면인식, 비디오 데이터에 자동으로 레이블을 부착하는 등 110가지 인공지능 기술에 대한 접근을 제공한다. 이 플랫폼에는 이지디엘EasyDL이라는 도구도 포함되어 있는데 이를 이용하면 코딩할 필요 없이 딥러닝 시스템을 개발할 수 있다.

2018년 7월 바이두가 베이징에서 개최한 회의에서 프로그래밍 기술이 전혀 없는 한 의사가 이 플랫폼을 이용해 40가지의 기생충을 구분할 역량을 갖춘 딥러닝 도구를 개발했고, 이 도구는 현재 임상실험에 들어갔다.[3]

완전 자율주행 자동차와 아폴로 프로젝트

바이두는 중국의 다른 경쟁사들을 제치고 중국 정부에 의해 완전 자율주행 자동차 개발의 '챔피언'으로 선정되었다. 바이두는 2019년 무렵까지 베이징 도로에서 자율주행 자동차를 운행하게 하고,*[4] 2021년 무렵

---

* 바이두는 2019년 9월 22일 중국 최초 자율주행차 상용화 라이선스를 취득했다(아주경제 9월23일자).

까지 대량 생산을 시작한다는 목표를 추진하고 있다.[5]

이 목표를 달성하기 위해서 바이두는 아폴로 프로젝트에 착수했다. 여기에는 포드와 현대를 비롯해 주요 자동차 제조업체들과 협력하는 방법도 포함된다.[6]

인공지능은 자율주행의 핵심요소다. 자율주행 자동차는 클라우드에 있는 머신러닝 알고리듬과 연결된 감지기가 장착되어 있고, 이러한 감지기들이 작동하면서 도로상 여건과 위험요소들을 '볼 수 있게' 해준다.

바이두의 자동차는 카메라가 장착된 자동차로 중국 도로체계를 찍어 축적한 자세한 이미지 데이터베이스뿐만 아니라 위성 이미지에서 수집한 고해상도 3차원 지도인식 데이터도 사용한다.[7]

포드 자동차는 2019년 초로 예정된 첫 시범 운행에 바이두의 가상 운전체계를 장착해 참여하게 된다. 이 시스템은 자동차엔지니어협회Society of Auto Engineers의 등급체계를 바탕으로 평가한 '4등급' 자율주행 역량을 자동차에 부여할 역량을 갖추고 있다.

자동차엔지니어협회는 자율주행을 5등급으로 분류한다. 0은 자율주행 역량이 전무한 등급이고 5등급은 '완전 자율주행'이 가능한 등급이다. 5등급의 경우 인간이 운전해서 갈 수 있는 곳이라면 어디든지 자율주행이 가능하다는 뜻이다. 2019년에 바이두가 도로 시범 운행으로 테스트할 예정인 등급은 4등급으로, 자율주행 자동차가 4등급을 받으려면 인간 운전자가 전혀 신경을 쓰지 않고도 운전자 기능을 모두 수행할 역량을 갖추어야 한다.[8]

오픈 소스* 아폴로 가상 운전자 시스템은 승용차뿐만 아니라 트럭에도 장착할 수 있다, 이 시스템을 트럭에 장착하면 개방된 고속도로를 지오 펜스** 로 구획한 영역 내에서 자율주행할 역량이 생긴다.

모바일 인공지능으로 애플 및 삼성과 경쟁

바이두는 화웨이와 손잡고 모바일용 개방형 인공지능 플랫폼을 구축하고 있다. 모바일 사용자들에게 '당신을 잘 아는 인공지능'을 제공하는 게 목표다. 사용자들이 휴대전화로 접근하는 데 익숙해진 기능과 서비스를 그 어느 때보다 편리하게 이용하도록 한다는 취지다.[9]

이 개방형 인공지능 플랫폼을 사용하면 코드 개발자들은 화웨이가 제조한 전화에 내장된 신경 처리 장치 회로에 머신러닝 업무를 구동시킬 코드를 개발할 수 있다. 개발자들은 머신러닝의 음성 및 이미지 인식 역량과 더불어 증강현실 애플리케이션 구축에 적합한 특성을 십분 활용할 수 있다. 이러한 목표를 추진하는 바이두는 자체적으로 모바일 인공지능 프레임워크를 개발하고 있는 애플, 삼성과 직접 맞붙게 될 것이다.

관광객을 위한 실시간 번역

바이두는 영어, 만다린 중국어, 일본어 사이에 딥러닝 번역이 가능한 휴대용 기기도 개발했다.[10] 이 기술은 현재 관광객 시장을 겨냥하고 있다. 사용자들이 해외에 갔을 때 도시에서 길을 찾도록 도와주고 식당에서

---

* 오픈 소스 open source, 소프트웨어나 하드웨어 제작자의 저작권을 보호하면서도 원천 코드를 누구나 열람할 수 있도록 하는 소프트웨어 또는 오픈 소스 라이선스에 준하는 모든 것을 통칭한다.
** 지오 펜스 geofence, 실제 지리적 영역에 가상으로 구획선을 그은 가상 경계.

음식을 주문하거나 대중교통 시설을 이용하는 행위를 도와준다. 이 기술은 딥러닝 자연어 처리 알고리듬을 사용하고, 번역은 클라우드에서 실행된다.[11]

Tip

💬 중국 인구의 절반이 인터넷을 사용한다. 바이두는 이런 거대한 인구 규모 덕분에 방대한 양의 소비자 프로필과 행동에 대한 정보를 수집해왔다. 이를 이용해 바이두는 서비스를 간소화하고 광고주들에게 이러한 정보를 판매해 그들이 더욱 정확하게 잠재적 소비자를 겨냥해 맞춤형 광고를 시행하도록 해준다.

💬 바이두는 모바일 부문에서 다른 기업들을 따라잡기까지 갈 길이 멀지만, 중국의 최대 스마트폰 제조업체인 화웨이와 제휴해 인공지능을 휴대전화에 내장함으로써 다른 기업들과의 격차를 좁히고 있다.

💬 바이두는 중국에서 가장 앞서가는, 그리고 어쩌면 세계에서도 가장 앞서가는 자율주행 자동차 프로그램을 보유하고 있다. 아폴로 기술로 구동하는 자동차는 머지않아 도로 상에서 4등급의 자율 역량에 도달하리라고 기대된다.

6 페이스북 _{Facebook}

안면인식을 하고 우울증과 자살 위험을 찾아낸다

페이스북은 미국에 본부를 둔 소셜 미디어와 소셜 네트워킹 다국적 기업이다. 페이스북이 일상생활의 일부로 자리 잡은 지는 이제 10년이 넘었다. 전 세계적으로 대략 22억 명이[1] 페이스북 소셜 미디어 플랫폼을 이용해 친구와 가족들과 연락을 주고받고 사회적 교류를 이어가고, 자기가 사는 지역의 매장들을 찾는다. 물론 자기 애완동물 사진을 전 세계와 공유하기도 한다.

페이스북 사용자가 페이스북을 이용할 때마다 무엇을 하고 어디에 가고 누구와 함께 있는지 등의 데이터가 창출된다. 소셜 미디어가 등장하기 전만 해도 우리는 사진을 업로드할 방법이 없었지만 이제는 페이스북에 1분당 13만 6,000건의 이미지가 업로드된다. 1분에 댓글이 51만 개가 달리고 사용자 자신의 현황 정보 업데이트는 29만 3,000건이 이루어진다는 사실은 말할 필요도 없다.[2]

이 모든 데이터는 인공지능을 훈련시키기에도 안성맞춤이다. 페이스북은 머신러닝을 사용자 서비스에 이용하는 여러 가지 도구 개발과 프로젝트에 착수했다.

페이스북은 인공지능을 어떻게 사용할까?

페이스북은 자사의 인공지능 엔진인 페이스북 러너 플로우^{FB Learner Flow}를 이용해 사용자들에게 맞춤형 뉴스 피드를 제공하고 개인 홈페이지를 입맛에 맞게 꾸미게 해준다. 또 사용자가 유용하거나 흥미 있다고 여길 만한 정보와 광고를 제시한다.[3]

페이스북은 머신러닝을 이용해 플랫폼의 수십억 사용자들이 제공하는 정보, 즉 거주지, 직장, 친구들, 여행지, 온라인 검색 내용, 사용자들이 보내는 신호 '좋아요'와 '공유'에 따라 그들을 분석하고 분류한다.

가짜 뉴스 콘텐츠 단속

머신러닝 알고리듬은 뉴스 피드를 흥미진진한 새 정보와 이야기로 채울 뿐만 아니라 폭력, 신체 노출과 같은 콘텐츠를 걸러내 사용자들이 이러한 이미지를 페이스북에 포스트하지 못하게 한다.

이 부문에서는 특히, 정치적 동기에서 비롯되었거나 돈을 벌려고 사기를 치는 '가짜 뉴스^{fake news}' 유포자들을 단속하는 데 집중해왔다. 머신러닝 알고리듬은 사람이 직접 사실을 확인하는 서비스와 자동화된 사실 확인 서비스가 함께 사용된다.[4] 기계나 인간이 가짜라는 경고 딱지를 이야기에 붙이면, 페이스북 네트워크를 통해 그러한 이야기가 확산되는 과정을 추적해 사용자들이 피해를 보지 않도록 방지하는 조치를 취할 수 있다. 자료를 삭제하거나 가짜일 가능성이 있다는 태그를 다는 게 바로 그러한 조치다.

딥페이스로 안면인식 성공률 97퍼센트 이상

페이스북이 인공지능 연구 경쟁에서 한참 앞서가고 있는 분야가 안면인식 기술이라는 점은 하나도 놀라울 게 없다. 페이스북 서버에 얼마나 많은 사람들의 얼굴 사진이 저장되어 있는지 생각해보면 말이다.

딥페이스$^{Deep\ Face}$라 일컫는 기술은 사용자가 사진을 업로드하는 순간 작동하기 시작하고 페이스북은 그 사진 속의 사람이 누군지 추측하기 시작한다. 이 기술은 신경망을 이용해 분석 대상 얼굴에서 68개의 데이터 포

인트를 집어내고 얼굴의 다양한 부위, 피부색과 비율 등을 측정한다.

400만 건의 안면 이미지를 이 기술에 입력해 개별적인 얼굴 요소들을 인식하고 안면 특징들이 어떻게 사람마다 독특한 인상을 만들어내는지 이해하도록 훈련시킨다. 이 기술이 분석하는 또 다른 얼굴 이미지가 이미 저장된 독특한 패턴과 일치하거나 흡사한 경우 두 사진 속의 사람이 동일 인물일 가능성이 높다는 사실을 인식하게 된다.

페이스북은 이 기술로 사용자의 사진에 등장하는 인물들에 태그를 달 뿐만 아니라 사용자들이 자신의 사진이 페이스북 사이트 어디서 등장하는지 추적하도록 해주고 시각장애인들에게는 사진을 묘사하는 청각서비스를 제공한다.[5]

페이스북에 따르면, 안면인식 알고리듬은 공개적으로 이용 가능한 시험 데이터 세트를 대상으로 사용하면 97.35퍼센트의 성공률을 보인다. 인간과 거의 같은 수준으로 안면을 인식한다는 뜻이다.[6]

문장을 분석하고 단어의 뜻을 이해하는 딥텍스트

페이스북은 1분마다 페이스북에 올라오는 50만 건의 댓글에서 단서를 추출하는 데도 인공지능을 사용한다. 맥락 분석을 이용해 사용자가 무슨 말을 하려는지 심층적으로 이해하고 사용자가 요청하기도 전에 사용자가 유용하다고 여길 만한 정보나 서비스를 제공하는 게 그 목적이다. 페이스북이 보여주는 사례는 다음과 같다. 머신러닝 알고리듬은 친구들 간에 향후 여행에 대해 나누는 대화를 '엿듣고' 여행지에서 제공하는 공공 서비스들에 대한 링크를 자동으로 생성해낸다.[7]

현재 탐색되고 있는 더욱 진전된 응용 사례는 다음과 같다. 사용자가 자전거를 팔고 싶다는 포스트를 만들면 광고 형태의 포스트를 자동으로 만들어내고 사용자가 묘사해놓은 자전거 사양을 바탕으로 정확한 판매가를 식별하고, 구매자를 찾아낼 만한 판매 페이지로 안내한다.

이 시스템은 딥텍스트$^{Deep\ Text}$라고 불린다. 딥러닝 신경망을 이용해 문장을 분석하고 단순히 단어의 뜻을 이해할 뿐만 아니라 한 단어의 의미가 포스트 내에서 놓인 위치와 그 단어와 함께 사용되는 다른 단어들을 바탕으로 그 단어의 의미를 파악하기도 한다. 이는 부분적으로 자율적인 학습 형태다. 사전이나 문법 책 같은 규정에 의존하지 않고 단어에 '귀를 기울임으로써' 그 단어가 어떻게 쓰이는지를 스스로 터득하기 때문이다. 인간처럼 말이다.

우울증과 자살 위험 찾아내기

페이스북은 인공지능을 이용해 사용자들이 서비스를 이용하는 방식을 모니터하고 사용자가 우울증에 빠졌거나 자기 자신을 해칠 위험이 있는지 단서를 찾아낸다.[8]

그것은 예전에 자살할지도 모르는 지표를 내포하고 있다는 경고딱지가 붙었던 다른 포스트들과 사용자의 포스팅 행동 패턴을 비교함으로써 가능하다.

고통을 호소하거나 불행함을 드러내는 표현과 친구들로부터 걱정스러워하는 메시지를 많이 받거나 도움이 필요한지 묻는 메시지를 받는지 여부가 모두 자살의 징후들이다.

일단 경고가 뜨면, 어떻게 도움을 받을 수 있는지 사용자에게 정보를 제공함으로써 개입 여부를 결정하기 전에 인공지능이 아닌 해당 전문가가 그 문제를 검토하도록 한다.

페이스북은 현재로서는 직접 사용자들과 접촉하지 않고 사용자들에게 제때에 정보를 제공하는 쪽을 선호한다. 그러나 페이스북은 현실 세계에서 사용자의 '친구와 가족 네트워크'에 귀띔을 해줄지 여부를 탐색해왔다. 그러나 그 방법은 개인 사생활을 심각하게 침해할 여지가 있다.

AI 기술의 중추 러너 플로우 플랫폼

페이스북 인공지능 기술의 '중추'는 페이스북 러너 플로우 플랫폼이다. 컴퓨터 엔지니어들이 머신러닝 전문가가 아니어도 페이스북 회사의 어떤 부문 운영에도 인공지능을 설치하도록 해주는 플랫폼이다.[9]

페이스북 엔지니어링 팀의 25퍼센트 이상이 현재 이 플랫폼을 사용하고 있고, 이 플랫폼은 페이스북과 그 고객들을 위해 초당 600만 건의 사안을 예측하는 일을 맡고 있다. 일단 효과적이라고 판명된 알고리듬은 다양한 페이스북 프로젝트에 쉽게 재사용될 수 있도록 설계되었다.

연구 부서 확장 투입

페이스북의 머신러닝 연구개발은 페이스북 인공지능 연구 부서를 통해 조율된다. 연구 분야는 스마트한 학습 컴퓨터 기술을 페이스북 서비스와 통합하는 방법, 자연어 처리와 컴퓨터 비전과 같은 핵심적인 인공지능 훈련 시스템의 개선 방안, 증강현실과 가상현실 기술이 앞으로 인간들 간의 교류를 어떻게 바꿔놓을지를 아우른다.

2018년 페이스북은 이 부서를 대폭 확장해 몬트리올, 피츠버그, 파리, 런던, 텔아비브 등 전 세계 지사에 걸쳐서 170명의 데이터 과학자와 엔지니어들을 투입하는 계획을 발표했다.[10]

── Tip ────────────────────────

💬 페이스북에서 사용자들이 방대한 양의 정보를 공유하는데 이는 페이스북이 그 누구보다도 사용자의 개인 정보에 쉽게 접근한다는 뜻이다.

💬 페이스북은 이 기능을 이용해 사용자들이 끊임없이 페이스북을 방문하도록 하고 더 많은 데이터를 공유하도록 만드는 사양들을 구축해왔을 뿐만 아니라 사용자들이 사고 싶어할 만한 제품을 만드는 광고주들과 사용자들을 연결시켜주고 있다.

💬 사용자의 사진과 텍스트를 포함해 모든 데이터는 페이스북에게는 매우 소중한 자산이다. 페이스북은 이를 이용해 안면인식과 자연어 처리 알고리듬을 훈련시킬 수 있다.

💬 페이스북이 사용자의 삶을 전례 없이 높은 수준까지 들여다볼 수 있다는 사실은 페이스북이 사용자가 사고 싶어하는 것이 무엇인지에 대한 정보에서부터 자살하려고 하는지 여부에 이르기까지 사용자에 관한 예측을 점점 더 정확하게 할 수 있게 된다는 뜻이다.

7 IBM

인간과 토론하는 프로젝트 디베이터를 만들다

IBM은 컴퓨터 산업의 맏형으로서 설립된 지 100년이 넘었다. IBM은 끊임없이 혁신을 거듭하면서 1960년대와 1970년대 메인프레임 산업을 지배했고 1980년대에 개인용 컴퓨터 개념을 개척했다.

미국의 다른 거대 기술기업들과 마찬가지로 IBM도 머신러닝의 중요성을 발 빠르게 포착했다. IBM이 제작한 가장 유명한 인공지능은 IBM 왓슨IBM Watson이다. '인지 컴퓨팅' 플랫폼인 왓슨은 TV 게임 프로그램인 〈제퍼디Jeopardy!〉에서 여러 차례 우승한 인간 출연자 두 명을 물리쳐 유명해졌다.[1] 그 후로 왓슨은 산업용으로 수없이 이용되었고, 머신러닝 기술의 위력과 융통성을 보여주기 위해 IBM이 여전히 이용하고 있다.

IBM은 인공지능을 어떻게 사용할까?

왓슨은 TV 게임 프로그램에 출연하는 데 그치지 않고 자연어 처리 역량의 효율성을 높이고 새로운 기회를 창출하는 수많은 산업에 쓰여왔다.

본래 왓슨은 질의응답 엔진으로 고안되었지만 세월이 흐르면서 왓슨이 지닌 기술역량이 늘어남에 따라 쓰임새도 다양해졌다.

스코틀랜드 왕립은행은 왓슨을 이용해 고객서비스 챗봇 코라^{Cora}를 구동한다. 코라는 200개의 고객 서비스 문의사항에 대해 1,000개 이상의 응답을 하도록 훈련되었다. 코라는 투입된 이후로 여전히 계속해서 학습하고 있고, 인간 고객이 자연어로 제시한 질문과 코라가 데이터베이스에 축적해놓은 답변 간의 연계를 구축하고 있다.[2] 코라는 고객과의 대화가 너무 어려워지면 고객을 인간 고객 상담원에게 넘긴다.

코라가 인간의 도움 없이 혼자서 문의를 처리하는 비율을 '수용률$^{containment\ rate}$'이라고 하는데 바로 인공지능의 성공을 가늠하는 핵심적인 척도다. 현재 수용률은 40퍼센트 정도다. 시중 은행 관련 문의의 경우 그 비율이 80퍼센트까지 올라간다.[3] 수용률은 코라라는 챗봇이 인간을 상대하는 경험을 많이 쌓을수록 증가하게 된다.

문구류 전문 거대 기업인 스테이플즈^{Staples}는 왓슨을 이용해 이지 버튼$^{Easy\ Button}$이라는 '스마트 주문' 시스템을 구축했다. 본질적으로 아마존의 알렉사와 유사한, 음성인식 개인비서인 이 시스템은 스테이플즈의 기업 고객들에게 필요한 문구용품이 무엇인지 예측하는 훈련을 받았다. 고객이 이 시스템을 되풀이해서 사용하면 그 고객이 요구하는 브랜드와 세품이 무엇이고 필요한 양이 어느 정도인지 학습하게 된다.[4]

왓슨은 스포츠 분야에도 진출했다. 윔블던의 올 잉글랜드 론 테니스 클럽*은 IBM과 손잡고 세계적으로 유명한 윔블던 토너먼트에서 극적인 경기장면을 자동으로 보여주고 팬의 참여를 향상시켰다. 5,300만 개 이상의 데이터 포인트를 망라해 22년간의 테니스 경기에서 축적된 데이터로 훈련을 받은 왓슨은 실시간으로 통계와 분석 자료뿐만 아니라 팬들에게 자동화된 경기해설을 직접 전달하도록 훈련받았다. 왓슨으로 구동하는 애스크 프레드^Ask Fred라는 앱은 윔블던 3회 연속 챔피언인 영국 선수 프레드 페리^Fred Perry의 이름을 따서 지어졌으며, 테니스의 역사에서 윔블던 경기장의 공중화장실 위치까지 팬들의 문의에 답하는 용도로 제작되었다.[5]

왓슨은 의료산업에도 널리 이용되고 있다. 미국 암 협회는 왓슨을 이용해 암 진단을 받은 사람들을 도와주는 인공지능 비서를 최초로 제작했고, 왓슨 포 온콜로지^Watson For Oncology라는 임상지원 플랫폼은 수천 쪽의 의학 자료와 사례들을 이용해 최상의 결과를 낳을 치료과정을 예측하고 의사들에게 어떤 치료를 할지 자문한다.[6]

상식적으로 볼 때 인공지능이 아직 할 수 없다고 생각되는 한 가지 과업이 있다면 바로 향수를 제조하는 일이다. 그러나 세계적인 향수 제조 거대 기업인 에스테 로더, 에이본, 도나 캐런 등의 업체에게 향수를 납품하는 심라이즈^Symrise는 생각이 달랐다. 향수 개발은 보통 오랜 세월 동안 훈련받은 인간 전문가들만이 할 수 있는 일이었다. 그럼에도 심라이즈는 IBM과 협력해 필리라^Phylira라는 인공지능을 제작했고 이 시스템이 개발한 향수들은 곧 브라질의 4,000여 개 화장품 매장에서 판매된다.

필리라는 향을 구성하는 요소들을 분류한다. 향수마다 독특한 향을 더하는 데 사용되는 기름, 화학물질, 자연추출물들이 바로 이러한 요소

---

* 올 잉글랜드 론 테니스 클럽 All England Lawn Tennis Club, 매년 6월에 세계 제일의 테니스 선수권 대회가 열리는 장소로 전 세계에서 가장 유명한 테니스 구장이다.

들인데 모두 170만 가지에 달한다. 그러고 나면 필리라는 판매 데이터와 고객서비스 데이터를 읽어서 어떤 조합의 향이 서로 다른 인구 집단들에게 호소력이 있을지 추측해낸다.

이 알고리듬으로 개발된 두 가지 향은 포커스 집단* 테스트에서 '눈부신' 결과를 낳았다. 과거 대상 고객층인 브라질 밀레니얼 세대에게 성공적으로 팔렸던 다른 향수들보다 훨씬 인기가 있었다.[7]

왓슨은 〈제퍼디!〉에서 왕좌에 오른 이후로 IBM이 이룬 획기적인 성공 사례로 자리매김해왔다. 이러한 응용 사례들 외에도 왓슨은 세계 10대 자동차회사 가운데 7개사, 세계 10대 석유가스회사 가운데 8개사가 사용하고 있다.[8]

인간과 토론하는 프로젝트 디베이터

IBM이 언어 처리 인공지능 기술을 응용한 가장 획기적인 사례는 프로젝트 디베이터Project Debater다. IBM에 따르면, 프로젝트 디베이터는 복잡한 주제에 관해 인간과 토론할 수 있는 최초의 인공지능 시스템이다. 이 시스템은 언어 처리 기술과 100개의 주제 분야를 망라하는 수억 건의 자료들을 데이터베이스로 사용한다.[9]

이 인공지능은 이러한 도구들과 데이터를 이용해 상대방의 관점을 듣고 분석하고 논리적·윤리적 이론을 바탕으로 반론을 제기한다.

---

* 포커스 집단 focus group, 시장 조사나 여론 조사를 위해 각 계층을 대표하도록 뽑은 소수의 사람들로 이뤄진 집단.

최초로 열린 생방송 공개토론에서 프로젝트 디베이터는 토론 경험이 풍부한 두 명의 대학생 토론자들을 상대로 정부가 우주탐험을 지원해야 하는지, 그리고 원격의료 의사가 원거리에서 의료행위를 하는 일이 바람직한지에 대해 토론했다. 원격의료 주제에서 청중은 IBM의 인공지능이 인간보다 훨씬 설득력 있는 주장을 제시했다고 평가했다.[10]

이 행사는 일종의 관심끌기라는 총평이 주를 이루었지만, 인공지능의 언어 처리에서 의미 있는 진전을 보여주었다. 이 기술은 수십 년 동안 이메일 스팸을 걸러내는 데 사용되었듯이 개별적인 단어를 인식하는 수준에서 알렉사와 시리의 경우에서처럼 기본적인 질문에 답하는 수준을 넘어 이미 짜인 틀에 얽매이지 않고 자유자재로 공개토론을 벌이는 수준에 이르렀다.

이 기술은 인간이 말하는 문장의 의미를 분석하고 알고자 하는 게 뭔지 파악하려 애쓰기보다 요점을 파악하고 이를 반박하는 주장을 만들어낸다. 상대방이 한 주장이 그릇된 정보를 바탕으로 하고 있음을 보여주기 위해 권위 있는 사실들을 인용하거나 상대방의 주장에서 논리적인 결함을 찾아냄으로써 이러한 기능을 수행한다.

이러한 언어 처리 기법을 논점 발굴argument mining이라고 한다. IBM이 논점 발굴 기법을 이용한 사례를 보면, 이 기법은 논점 포착과 논점 입장 분류로 다시 세분화된다. 전자는 논점을 분석해서 제시되는 주장이 무엇이고 주장의 바탕이 되는 증거가 무엇인지 판단한다. 후자는 그 주장의 구성요소들이 토론의 상반된 입장과 관련해서 어느 위치에 놓여 있는지를 판단한다.[11]

프로젝트 디베이터는 어떤 주제든 토론할 역량을 갖춘 듯이 보이지만 완전히 일반화된 인공지능이라기보다 여전히 특화된 인공지능의 한 사례일 뿐이며 일반화된 인공지능이 가까운 장래에 등장할 가능성은 없다는 점을 주목할 필요가 있다. 인공지능은 다양한 주제에 관해 전문가 수준의 지식을 지녔지만 그러한 지식을 토론에 응용하도록 훈련받았을 뿐이다. 그 지식을 교육 등의 다른 목적에 사용할 만한 역량을 갖추려면 더 많은 훈련을 받아야 한다.

현재 프로젝트 디베이터가 하는 일은 주로 인공지능의 역량을 과시하는 역할이지만, 앞으로는 이 인공지능의 토대가 된 규칙들, 그리고 인공지능이 자체적으로 만들어내는 규칙들이 인간의 편견과 잘못된 논리나 모호함으로부터 영향을 받기보다 실제적 증거에 기반을 둔 의사결정을 하는 데 도움이 될 것이라고 IBM은 주장한다.

— Tip

💬 수천 개 기업들이 IBM 왓슨을 이용해 인공지능을 충분히 활용하고 있다. 특히 적극적으로 쓰이는 분야는 고객관리, 챗봇, 의료 부문이다.

💬 IBM은 언어 처리 능력에 집중함으로써 인간과 기계 간의 소통 장벽을 허물고 인간이 인공지능의 잠재력을 더 쉽게 이용하도록 한다는 전략을 추진하고 있다.

💬 IBM은 게임을 통해 자사의 인지 시스템이 인간처럼 퍼즐을 풀도록 학습할 능력이 있고 연습을 거듭하면 인간보다 나아진다는 사실을 보여준다. 이를 최초로 입증한 사례가 바로 1997년 체스 컴퓨터 딥블루Deep Blue가 세계 체스챔피언 카스파로프Kasparov를 이긴 사건이고 이제는 프로젝트 디베이터가 그 뒤를 잇고 있다.

💬 프로젝트 디베이터는 인공지능이 현재 문의에 답하는 능력을 넘어 인간과의 자연스러운 대화에 관여할 능력을 갖추는 수준으로 진화하고 있음을 보여준다. 이는 인공지능의 미래와 관련해 여러 가지로 시사하는 바가 크다.

8 제이디닷컴 JD.com

10년 안에 직원 수를 반으로 줄이려는 목표를 세우다

제이디닷컴은 중국 최대의 온라인 소매업체로 손꼽히는 기업으로서 첨단기술과 인공지능으로 운영한다는 자부심을 지니고 있다. 이 회사는 드론 배송 시스템, 자율주행 배달자동차, 로봇으로 자동화된 주문처리 센터 등을 이용한다.

우리는 이 책을 쓰면서 수많은 기업들과 대화를 했다. 그들은 인공지능의 미래에 대해서는 의견이 분분했지만 대부분 한 가지 점에는 동의했다. 인공지능은 인간의 일자리를 위협하고 인간을 있으나마나 한 존재로 만들기보다는 인간이 지닌 능력을 증강시킨다는 점이었다.

그러나 제이디닷컴 창립자 류창동(리처드 류)은 예외다. 2018년 세계 소매업 회의에서 한 인터뷰에서 그는 다음과 같이 말했다. "우리 회사가 100퍼센트 자동화된 회사가 되기를 바란다. 언젠가 더 이상 인간 직원이 없는 회사가 되기를 바란다. 100퍼센트 인공지능과 로봇만으로 운영되는 회사 말이다."

대부분의 다른 기술기업 최고경영자들과 달리 그는 그저 훨씬 솔직할 뿐이라고 생각할지도 모르겠다. 실제로 대부분의 최고경영자들은 적어도 자기 업체에서는 감정적이고 까다로운 인간들을 상대할 필요가 완전히 없어지기를 바랄지도 모른다.

그러나 이는 인공지능 활용도를 높이겠다는 제이디닷컴의 전략이 무엇인지 심층적으로 이해하도록 해준다. 제이디닷컴은 로봇을 이용해 소매 영업을 대부분 자동화하는 데 집중하고 있다.

제이디닷컴은 인공지능을 어떻게 사용할까?

제이디닷컴은 자사의 방대한 소매 네트워크 전체에 걸쳐 배송, 물류, 공급 사슬을 관리하는 데 집중적으로 인공지능을 이용하고 있다.

실제로 상하이에 있는 플래그십 주문처리 센터는 하루 20만 건의 주문을 처리하지만, 직원은 네 명뿐이다.[2]

머신러닝으로 구동하는 로봇은 제품 상자들을 복잡하게 연결된 컨베이어벨트로 이동시키고, 여기서 포장할 준비가 된 품목들을 나눠주면 다른 로봇들이 그 품목들을 포장하고 배송 준비를 한다.

제이디닷컴의 물류 처리에 인공지능이 어느 정도나 이용될까? 제이디닷컴은 1,000만 제곱킬로미터에 달하는 중국 영토 어디에 거주하든 상관없이 14억 인구 누구에게나 익일 배송 서비스를 제공할 정도의 역량을 갖췄다. 이제 이 기업은 주문 당일 배송 서비스로 도약할 준비를 하고 있다.[3]

물론 이 회사는 고객 만족도를 개선하는 데도 인공지능을 사용하고 있다. 고객이 선물용으로 상품을 구매하면 자동으로 시를 지어 고객에게 제시할 역량을 갖춘 챗봇까지 제조했다. 구매자가 선물받을 사람의 특징과 선물하는 이유를 자세히 입력하면 로봇이 나머지는 알아서 한다. 얼마나 낭만적인가!

이 회사는 중국의 소셜 미디어 거대 기업인 텐센트 및 바이두와 협력해 자사의 상품을 이 두 회사가 제작한 엄청나게 인기 있는 메시지 및 이미지 공유 앱에 통합시켰다. 여기서도 다시 인공지능이 핵심적인 역할을 한다. 사용자의 프로필 데이터를 바탕으로 사용자와 그 사용자가 관심을 끌 만한 제이디닷컴의 상품을 짝지어준다. 이러한 정보는 후원 광고로 화면에 뜨고, 사용자는 소셜 앱 화면에서 나가지 않고도 상품을 주문하고 결재할 수 있다.[4]

하늘과 땅으로 드론 배송망의 자동화

2016년 아마존이 무인 비행기를 이용해 최초로 배달 시범 운행을 하고 있을 때, 제이디닷컴은 이미 드론 배달망을 본격적으로 가동하고 있었다. 그 후로 중국에서는 드론 배송이 현실이 되었고, 현재까지 제이디닷컴의 배송 비행단은 30만 분 이상의 비행시간을 기록했다.[5]

제이디닷컴은 최대 5톤까지 화물을 배송할 수 있는 드론을 개발하고 있다. 현재 이 드론 서비스는 드론 정거장과 아주 가까이 위치한 지역들로 물건을 배송하는 데 주로 사용되고 있다. 가장 멀리까지 배송한 거리는 15킬로미터 정도다. 그러나 머지않은 장래에, 특히 배터리의 수명이 개선되면, 트럭이 접근하기 어려운 오지에까지 배송함으로써 배송에 드는 비용을 대폭 줄이게 되기를 바라고 있다. 이 드론은 고객에게 상품을 배송할 뿐만 아니라 상품을 창고에서 창고로 옮기는 작업도 하게 된다. 현재 이 업무는 주로 트럭이 담당하고 있다.

트럭 얘기가 나왔으니 말인데, 제이디닷컴은 물론 트럭도 자동화하고 있다. 이 회사가 투입한 자율주행 트럭은 1만 7,000시간에 달하는 도로 주행 경험을 축적했고 경우에 따라서 배송에 이미 사용되고 있다. 현재로서는 이 트럭이 개방형 도로에서의 주행은 수월하게 해내지만, 도시에 진입하면 인간 운전자에게 운전대를 넘겨야 한다. 이 회사의 X-비즈니스 부서장인 샤오 준은 다음과 같이 말했다. "우리 기술로 운전사를 세 명에서 두 명이나 한 명으로 줄이는 데 그친다면 큰 가치가 없다. 이 트럭이 무인 운행되도록 하는 게 목표다."[6]

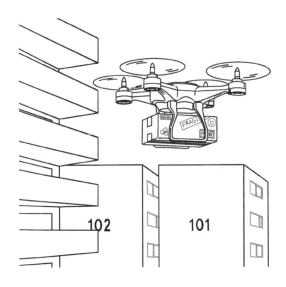

안면인식 기술로 신원 확인

제이디닷컴이 안면인식 기술과 관련해 관심을 보이는 분야는 고객의 신원을 확인하는 데 유용한지 여부다. 고객이 실제 매장에서 상품을 집어들기만 해도 구매가 이루어지고, 자동화된 배송 주체가 고객의 집 문앞에서 소포를 넘겨줄 때 고객의 신원을 확인하는 데 쓰인다.

고객은 스마트폰을 이용해 가입하고 카메라로 자신의 얼굴을 찍은 고해상도 사진을 업로드하면 된다. 이 사진은 여러 각도에서 봤을 때도 확인 가능하다. 머신러닝 덕분에 어떤 각도에서 봐도 얼굴이 어떻게 보이는지 예측할 수 있기 때문이다. 안면인식은 일반적으로 지문과 같이 생체측정을 통한 신분확인 기법보다 훨씬 안전한 것으로 간주된다. 지문 같은 방법은 복제하거나 위조하기가 비교적 쉽기 때문이다.

건강에 대해 조언하는 스마트 냉장고

아마존 같은 미국 경쟁업체들과 마찬가지로 제이디닷컴도 인공지능이 장착된 '스마트' 소비재를 개발하고 판매하는 분야로 사업 영역을 넓혀가고 있다.

제이디닷컴은 냉장고 개발에 집중하고 있는데, 이미지 인식 기술을 갖춘 카메라를 이용하는 '스마트 냉장고'를 개발하겠다고 발표했다. 카메라가 냉장고에 들어 있는 품목들을 스캔하고 언제 유통기한이 만료되는지 파악할 수 있다. 다 떨어져가는 품목들을 새로 주문하는 데 사용되는 스마트폰 앱을 통해 사용자들에게 냉장고 안에 무엇이 얼마나 남아 있고 무엇이 필요한지 지속적으로 알려준다.[7]

중국의 인구가 점점 부유해지고 건강한 식생활에 대한 관심이 높아지면서, 제이디닷컴과 알리바바 및 바이두를 비롯한 경쟁사들이 판매하는 스마트 냉장고 같은 가전기기는 이것을 소유한 고객들에게 어떤 음식을 더 먹고 덜 먹어야 하는지 건강에 대해 조언하고 냉장고 안에 있는 식품들을 이용하면 어떤 음식을 조리할 수 있는지 조리법까지 제안할 수 있게 된다.

무인 상점으로 운영되는 스마트 매장

인터넷에서 시작한 아마존과 알리바바 같은 경쟁사들과는 달리 제이디닷컴은 중국 상하이에서 실제 상점으로 출발해 2014년에 가서야 온라인 사업을 시작했다. 여전히 오프라인 소매업에 관심을 두고 있는 이 회사는 베이징 본사에 최초로 무인 상점을 선보였다. 이 상점에서는 고객이 카메라를 한 번 쳐다보기만 하면 결제를 할 수 있다. 카메라는 고객의 신분을 안면인식 알고리듬을 통해 등록하고 고객의 계좌에서 결제 금액을 인출한다. 또 다른 무인 상점은 2018년 인도네시아 자카르타에 개장했다.[8]

이 기술은 이미 신선식품을 주로 판매하는 식품점 가맹점들이 시범적으로 운영하고 있다. 이 회사는 건강한 식생활에 관심이 높아지는 중국인들에게 식품을 판매하는 7프레쉬[7Fresh] 브랜드 매장을 1,000개 이상 개장한다는 계획을 발표했다. 인공지능은 거주지의 인구구조를 토대로 어느 곳에 상점을 개장할지에서부터 재고를 관리하고 그때그때 수요가 있는 품목의 안정적인 공급을 확보하는 업무에 이르기까지 각 단계마다 사용된다.[9] 이 상점에서는 스마트 스크린도 사용된다. 스마트 스크린은 안면인식 기술을 통해 고객의 성별과 나이를 파악하고 이에 따라 고객에게 맞춤형 광고를 화면에 띄워준다.[10]

Tip

💬 제이디닷컴 창립자는 앞으로 10년 안에 자기 회사의 직원이 16만 명에서 8만 명으로 줄기를 바란다고 말했다.[11] 그는 많은 직원들이 재훈련을 받게 된다고 했지만, 고용유지를 효율성 제고와 고객 만족도 개선보다 우선시 하지는 않는 듯하다.

💬 영업과 공급사슬에서 효율성을 높이는 게 제이디닷컴이 인공지능을 이용하는 주요 이유다. 자동화된 창고, 배송망, 소매점 모두가 이 계획의 일환이다.

💬 제이디닷컴은 소셜 미디어 제공자들과 협력해 그들이 자사의 고객에 관한 데이터를 이용해 인공지능으로 구동하는 정밀 마케팅 광고를 전적으로 그들의 소셜 앱을 통해서 실시하도록 해주고 있다.

💬 오프라인 소매업체로 출발한 제이디닷컴은 전자상거래 기술을 오프라인 매장에 도입하는 전략을 추진함으로써 온라인과 오프라인 쇼핑의 경계를 허물고 있다.

9 마이크로소프트 Microsoft

해안도시 해저에 수중 데이터 센터를 구축하다

마이크로소프트는 미국에 본부를 둔 다국적 기술기업이다. 세계에서 가장 가치 있는 기업으로 손꼽히는 이 회사는 컴퓨터 소프트웨어, 소비자 가전제품, 비디오게임, 클라우드 컴퓨팅과 소셜 미디어 부문에 집중하고 있다.

마이크로소프트의 사업 모델은 기술을 대중에게 보급하는 업무를 중심으로 이루어져왔다. 마이크로소프트의 운영체계 덕분에 컴퓨터가 가정과 중소기업에 보급되어 수백만 명의 사람들에게 유용하게 쓰이고 있다. 그리고 마이크로소프트의 사무용 생산성 향상 도구들 덕분에 스프레드시트, 데이터베이스, 발표자료 제작용 소프트웨어에 대한 이해가 폭넓게 확산되었다. 인터넷 익스플로러Internet Explorer와 닷넷.Net 프레임워크 같은 프로젝트들을 추진하는 이 회사는 인터넷에 힘입어 일반인들에게 정보의 세계를 활짝 열어젖히는 데 핵심적인 역할을 했다.

마이크로소프트가 추진하는 인공지능 전략은 바로 이와 똑같은 원칙을 따라 구축된다. 최고경영자 사티아 나델라는 '인공지능의 민주화'에 대해 언급했다.[1] 즉, 인공지능의 혜택을 가능한 한 많은 사람들이 누리도록 해주는 데 그치지 않고 자기 회사가 그런 미래를 설계하는 데 일익을 담당하겠다는 의지를 표명한 셈이다.

이러한 목표를 염두에 둔 마이크로소프트는 애저 인지 서비스[Azure Cognitive Services] 플랫폼을 통해 개발자들이 자기 나름의 인공지능 앱을 개발할 도구를 제공하고 있다. 마이크로소프트는 인공지능과 관련된 사업 추세가 인터넷이 걸었던 길, 즉 거의 모든 사람이 합류하는 길과 비슷한 길을 걷게 되는 미래를 꿈꾸지만, 인공지능이 기업과 사회에 미치는 영향은 인터넷보다 훨씬 심오하리라고 믿는다.[2]

마이크로소프트는 인공지능을 어떻게 사용할까?

가장 기본적인 차원에서 이는 그저 오피스 365[Office 365]에 담긴 인공지능 도구들을 이용한다는 의미일지로 도른다. 파워포인트는 사용자가 작업하는 방식을 바탕으로 디자인을 조언해줄 역량을 갖추고 있고, 워드는 인공지능을 이용해 단어의 의미를 제시하고 대안이 될 만한 구절과 맞춤법, 문법, 구두점 확인 등을 하도록 해준다.

애크로님즈[Acronyms]라는 사양은 조직 내부에서 쓰이는, 사람 짜증나게 만드는 약어와 속기를 해독하는 능력까지 갖추고 있다. 이메일과 내부 문서들을 분석해 구체적인 언어를 사용하는 독특한 버릇을 이해하고 자동화된 번역을 제시한다.[3]

애저 인지 서비스는 음성인식, 텍스트 분석, 컴퓨터 비전, 언어번역에 필요한, '이미 구축된' 머신러닝 솔루션을 제공한다. 자기 사업을 운영할

74

때 어떻게 하면 인공지능을 이용하여 데이터에서 가치를 얻을 수 있는지 아이디어가 있는 사람이라면 누구나 인공지능 전문가가 아니라도 이 서비스를 곧바로 사용할 수 있다.

물론 그런 사람들은 데이터가 어떻게 사용되고 핵심적인 기술이 무엇인지에 대해 어느 정도 개념을 파악하고 있어야 하는데, 이를 돕기 위해서 마이크로소프트는 온라인 인공지능 학교인 에이아이 스쿨^AI School^을 운영하고 있다. 인공지능의 역량과 인공지능의 사용방법에 대한 기초지식을 망라하는 정보를 제공하는 사이트다.[4]

마이크로소프트는 심지어 일반인이 자기 나름대로 로봇을 쉽게 만들 수 있는 방법을 모색하고 있다. 이 회사의 인공지능 학교는 오픈 소스 로봇 운영체계^Robotic Operating System^와 로봇 시뮬레이터 거지보^Gazebo^에 관한 강좌를 제공하고 있고 이를 애저 인지 서비스와 통합해 진정으로 스마트하고 자율학습이 가능한 로봇을 구축하는 방법까지도 제공한다.[5]

아주 유용한 잠재력을 보유한 또 다른 도구는 스케치2코드^Sketch2Code^인데, 이 도구는 단순한 스케치를 통해 실제로 작동하는 HTML 웹사이트를 만들어내는 역량을 갖추고 있다. 이 도구는 컴퓨터 비전을 이용해 손으로 그린 스케치를 이해하고 이 스케치를 와이어프레임과 실제로 작동하는 웹사이드로 변모시킨다. 이 도구는 손으로 쓴 데이터뿐만 아니라 버튼과 텍스트 상자처럼 손으로 그린 페이지 디자인 요소들의 수천 가지 그림을 바탕으로 훈련되었다.[8]

수중 데이터 센터 구축 프로젝트 나틱

클라우드를 기반으로 한 인공지능은 엄청난 광대역 망이 필요하고, 이를 누구나 사용하기 쉽게 하려면 누구든지 광대역 망에 접속할 수 있어야 한다. 이러한 난관을 타개하기 위해 마이크로소프트는 프로젝트 나틱Project Natick을 시도하고 있다. 데이터 센터를 해안도시 근처의 해저에 구축하는 프로젝트다. 수중 데이터 센터는 화물 컨테이너 크기에 모든 시설이 완비되어 있으므로, 수년 동안 전혀 오염을 유발하지 않고도 자율적으로 운영된다.[7] 미국 인구의 50퍼센트가 해안 가까이 거주하므로 각 가정의 인터넷 속도를 비약적으로 증가시킬 잠재력을 지닌 프로젝트다.

우버 운전사들의 신분확인과 스포츠 분석기술에 활용

마이크로소프트의 페이스 APIFace API는 우버Uber가 이용하는 안면인식 시스템으로서 우버의 운전사들이 업무를 하기 위해 우버 시스템에 로그인할 때 운전사의 신분을 확인하는 데 쓰인다. 운전사들은 정기적으로 자기 사진을 최신 것으로 업데이트해야 하는데 애저 컴퓨터 비전 알고리듬은 순식간에 수백만 명 운전사들의 신원과 사진을 대조할 역량을 갖추고 있다. 그 덕분에 고객들은 자기가 탄 차를 모는 운전사의 신원에 대해 걱정하지 않고 안심하고 서비스를 이용할 수 있다.[8]

마이크로소프트는 르노 포뮬러 원Renault Formula One 팀과 함께 머신러닝 시뮬레이터를 구축해 F1 경주용 자동차들이 경주트랙에서 보이는 성능의 모든 측면들을 분석한다. 이 자동차들은 200만 개 이상의 센서를 이용해 바퀴 소모에서부터 트랙의 상태, 엔진의 온도에 이르기까지 모든 정보를 애저 클라우드 서버에 전송한다. 이 서버에서 머신러닝 알고리듬은 유용한 결론을 도출해내고 이러한 결론들은 더욱 정교한 시뮬레이션을 만들고 경주에서 성과를 개선하는 데 이용된다.[9]

그런데 앞서 말했듯이 마이크로소프트는 중소기업들에게도 인공지능을 이용할 역량을 갖추도록 하려고 한다. 한 가지 흥미진진한 프로젝트는 스펙타컴Spektacom이라는 회사와의 협업이다. 스포츠 기술업체인 이 회사는 인도 크리켓 팀 주장인 아닐 컴블Anil Kumble이 설립했다. 이 회사는 애저 인지 서비스를 이용해 무게가 5그램인 작은 센서를 크리켓 방망이에 부착해 이 센서에서 전송되는 데이터를 해석한다. 이 센서는 코치에게는 선수의 기량을 정확하게 평가할 데이터를 제공하고, 팬들에게는 통계치를 제공함으로써 팬들의 참여와 상호작용이 가능하게 하는 게 목표다.[10] 마이크로소프트는 이러한 센서와 분석기술을 다른 스포츠 분야에까지 확대 보급할 계획이다.

스타트업 본사이

올해 마이크로소프트는 스타트업 본사이Bonsai*를 인수했다. 본사이는 강화학습이라고 알려진, 자율과 감독이 혼용된 형태의 머신러닝에 특화된 기업이다. 이 업체는 심층 강화학습용 원천기술을 개발해왔는데, 마이크로소프트에 따르면, 이러한 기술이 새로운 자율시스템의 '두뇌'가 될 것으로 보인다. 본사이는 산업관리 시스템을 프로그래밍하는 데 사용되는

---

* 분재(盆栽)의 일본어 발음.

지능 시스템을 구축하는 작업으로 주목받아왔다.

　마이크로소프트에 따르면, 이 시스템은 산업관리 시스템 프로그래밍 경력은 있으나 인공지능 경험이 전혀 없는 사람이 기존의 전통적인 방법보다 30배 빠르게 기계를 프로그래밍하도록 도와준다.[11]

── Tip ──

💬 마이크로소프트 최고경영자 사티아 나델라는 컴퓨터와 인터넷처럼 인공지능도 결국 일상생활의 일부로 자리 잡을 미래를 내다본다.

💬 이러한 미래를 실현하기 위해 마이크로소프트는 다른 기업들이 마이크로소프트의 애저 클라우드 시설을 통해 머신러닝을 실행하도록 해주는 도구와 서비스를 구축하고 있다.

💬 마이크로소프트의 주요 상품인 오피스 생산성 향상 소프트웨어에 인공지능 기능을 포함시키는 방안도 이러한 계획의 일환이다. 이러한 기능은 이미 수백만 명이 사용하고 있고 이들은 머신러닝 덕택에 더 빠르고 쉽게 업무를 처리하고 있다.

💬 마이크로소프트는 각양각색의 기업들과 손잡고 인공지능 솔루션을 출시해왔고, 이제 본사이를 인수하면서 강화학습에 뛰어들고 있다.

10 텐센트 Tencent

의사보다 업무 수행력이 높은 AI를 사업화하다

텐센트는 인터넷 서비스와 기술을 전문으로 하는 중국의 다국적 거대 기업이다. 게임과 소셜 미디어 분야에서의 성공에 힘입어 텐센트는 이제 세계에서 가장 가치 있는 기술기업으로 손꼽히게 되었다. 가장 잘 알려진 제품은 사진을 공유하고 결제 기능도 갖춘 모바일 메신저 서비스인 위챗Wechat 앱이다. 위챗은 세계 최대의 소셜 미디어 플랫폼으로 한 달에 10억 명 이상이 사용한다.

텐센트는 금융과 부동산에서부터 우주 탐험과 의료산업에 이르기까지 손을 뻗은 산업 부문이 방대하지만, 신기술 응용이 항상 관심의 초점이다. 이는 특히 게임과 오락 부문에서 두드러진다. 바로 이 때문에 텐센트 인공지능 연구소의 모토가 '인공지능의 보편화'인지도 모른다.[1]

텐센트는 인공지능을 어떻게 사용할까?

텐센트는 자사의 수많은 사업 활동 영역에서 효율성을 높일 만한 기술을 발견하면 그 기술을 보유한 인공지능 개발 스타트업에 공격적으로 투자한다. 2017년, 텐센트는 그 어떤 중국 거대 기업보다도 미국 인공지능 관련 투자거래를 성사시킨 건수가 높았다.[2]

이 회사는 특히 안면인식 기술에서 두드러진 진전을 이룩했다. 이 기술이 어느 정도까지 진전되어 있는가 하면, 중국의 세 개 지역에서 주민들은 신분증을 휴대하고 다닐 필요가 없을 정도다. 위챗 디지털 신분증을 통해 자신의 신원을 확인할 수 있기 때문이다.[3]

이 기술은 비디오 게임에도 사용된다. 장시간 게임을 하면 아동들의 건강과 교육에 해롭다는 대중의 우려가 높아지는 가운데 텐센트는 게임을 하는 사람에게 자동화된 카메라 인식 절차를 거치게 함으로써 그 사람이 미성년인지를 판단하는 기술을 시범 운영하고 있다. 이 서비스가 상용화되면 이 알고리듬의 확인 절차를 거부하거나 통과하지 못하는 사람은 게임에 접속하지 못하게 차단된다.[4]

텐센트가 훈련시킨 소프트웨어 '로봇'은 스타크래프트 2$^{Starcraft\ 2}$ 게임의 최고 난이도 상황에서 컴퓨터 팀의 인공지능 봇^{bot}을 물리칠 정도로 뛰어난 기량을 보였다. 여기서 흥미로운 점은 컴퓨터 팀의 봇은 우리가 이 책에서 관심을 두는 의미에서의 인공지능이 아니라는 점이다. 이 봇들은 자율학습 알고리듬이 관장하는 게 아니라 단순히 되풀이해서 이기도록 프로그래밍되었을 뿐이다. 종종 편법을 쓰기도 하면서 말이다.

텐센트의 인공지능 봇은 스타크래프트 '인공지능'에게 도전장을 내밀고 최고의 기량을 보인 인간 게이머들의 전술을 모방함으로써 '인공지능'을 물리쳤다. 이 시스템은 과거의 게임에서 시각 데이터를 연구하면서 초당 1만 6,000프레임의 비율로 이미지를 소화해냈으며, 그리고 난

후 최고 수준의 컴퓨터 인공지능을 물리칠 기량을 갖추게 되었다.[5]

소비자용 로봇과 자율성

텐센트는 소비자용 로봇에 큰 관심이 있다. 2018년 텐센트는 스타트업 유비테크^{UBtech}에 대한 1차 투자를 주도했다. 이 회사는 가정용 로봇 개발에 특화한 기업이다.[6] 이 기업은 사람처럼 두 발로 걸어다니는 데서 그치지 않고 계단도 오르내릴 수 있는 이 로봇을 제작할 뿐만 아니라 여러 가지 도우미 역할을 수행하고 오락과 동반자 역할, 가정 보안 기능까지도 하는 다양한 기계들을 선보이고 있다.

이 기업은 또한 자율주행 자동차, 무인상점, 가정용 개인비서 스피커 기기 등도 개발하면서 중국 내에서는 알리바바와 바이두, 미국에서는 아마존과 구글과 경쟁하고 있다.

의료 분야의 인공지능 사업화

텐센트가 다른 기업들보다 두드러진 분야는 의료 분야에서 인공지능을 응용하는 사업이다.

텐센트는 대대적인 인기를 모으고 있는 위챗 메시지 플랫폼을 3만 8,000여 개 의료시설의 예약 시스템과 통합했다. 이 앱을 이용하는 고객은 온라인으로 진료 예약을 하고 위챗 결제 시스템으로 치료비를 결제할 수도 있다.[7]

이 기업은 게놈분석과 첨단 스캐닝 기술을 이용하는 스타트업 아이

카본엑스^{iCarbonX}와도 제휴해 지금까지 구축되었던 인간 모델 가운데 가장 정밀한 디지털 모델을 구축하고, 정밀의료 분야의 발전에 반드시 필요한 데이터를 수집하고 있다.[8]

덕분에 이 회사는 의료기관과 환자 간에 오가는 방대한 정보로 구축된 데이터 세트에 접근하고 있으며, 이러한 데이터를 이용해 머신러닝 모델을 훈련시켜 중국 전역에서 치료 수요를 예측할 수 있다.

이 회사는 머신러닝과 컴퓨터 비전을 이용하는 시스템으로 파킨슨병 환자를 찍은 동영상만 보고도 병의 진전 상황을 모니터할 수 있다. 이 시스템은 환자의 동작을 카메라로 측정하고 환자들에게 진척 상황을 계속 알려주며 약물 투여 용량을 정하는 데 도움을 준다. 그 덕분에 대부분의 경우 환자는 정기적인 검진을 하기 위해서 병원을 찾을 일이 줄어든다.[9]

AI 영상 분석과 보조 진단 플랫폼 텐센트 미잉

병원의 인공지능인 텐센트 미잉$^{Tencent\ Miying}$은 인공지능 의학 영상 분석 및 보조 진단 플랫폼으로서 중국의 10개 병원에 배치되어 있고 추가로 100개 병원과 설치 협약을 맺었다.[10]

이 플랫폼은 두 개의 주요 시스템으로 구성되어 있다. 하나는 컴퓨터 비전을 이용해 MRI나 엑스레이 스캔과 같은 의학 영상 분석과 관련해 의사들에게 도움을 주는 시스템이고, 다른 하나는 진단 및 치료 처방과 관련한 도움을 제공한다.[11]

미잉은 텐센트의 인공지능 연구소에서 자체적으로 개발한 시스템으로서 딥러닝을 이용해 수천 건의 스캔으로 훈련받은 이미지 인식. 알고 리듬을 구동시킨다. 이 시스템은 질병을 뜻하는 이상 징후들 간의 상관 관계를 포착하는 학습을 수행함으로써 의사의 수가 태부족인 나라에서 의사들의 업무량을 덜어주는 소중한 도구로 점점 그 가치가 높아지고 있다.[12]

영상 스캔 분석이 끝나면, 두 번째 인공지능 기능인 수천 건의 의료문 서와 사례 기록들에 훈련된 딥러닝 시스템이 환자의 진단과 치료 처방 을 돕는다.

이 인공지능은 의사가 데이터를 연구할 때 취할 접근방식을 모방하도 록 훈련되어 있다. 의사보다 훨씬 신속하고 일관성 있게 그 업무를 수행 할 역량을 갖추고 있다는 점이 다를 뿐이다. 이 인공지능은 700여 가지 질병의 징후들을 포착할 수 있다.[13]

═ Tip ═══════════════════════════

💬 텐센트는 인공지능과 사업에 투자하는 중국 최대의 투자자로서 자사가 관여하고 있는 모든 산업에 걸쳐서 인공지능을 이용할 기회를 끊임없이 모색하고 있다.

💬 텐센트의 자연어 처리, 이미지 인식, 머신러닝 기술은 모두 세계적으로 앞서가는 수준이라는 평가를 받고 있고 협력사와 자회사를 통해 그 쓰임새를 확정하는 게 핵심적인 사업 목표다.

💬 텐센트의 기술은 특히 게임 산업에서 엄청난 의미를 지닌다. 게임하는 사람의 신 원을 확인하고 새롭게 도전할 수 있는 게임을 제작하는 데 사용되기 때문이다.

💬 텐센트는 의료시스템에 인공지능을 구축해 수술과 병원 경영이 더욱 수월하게 이 루어지고 질병을 치료하는 데 도움을 주고 있다.

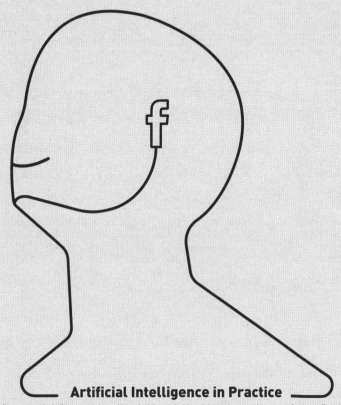

Artificial Intelligence in Practice

How 50 Successful Companies Used AI and Machine Learning to Solve Problems

2부

소매업 · 소비재 · 식품 · 음료수 제조업체

11 버버리 Burberry

부유하고 까다로운 고객을 온라인 매장에서 사로잡다

영국 패션 소매업체 버버리는 온라인으로도 명품을 팔지만, 50개국에 있는 500개 이상의 오프라인 판매 점포를 통해서도 상품을 판매한다.[1]

명품 패션 소매업체와 거래하는 고객은 고급 부티크에서 쇼핑할 때 극진한 서비스를 누린다. 버버리의 판매점은 수많은 공항에도 입점해 여행객들을 대상으로 명품을 판매하는데, 여행객들은 자택으로 배달을 시키기보다는 당장 그 자리에서 필요한 품목들을 구매하기도 한다.

오프라인 매장들이 온라인 매장들과의 경쟁에서 뒤지지 않도록 하기 위해 버버리는 웹 기술로 온라인 세계에서 가능해진 혁신적인 기술들을 오프라인 세계에도 도입하는 전략을 써왔다.

오프라인 매장들의 이러한 혁신들은 대부분 인공지능을 통해 성과과 달성되었다.

명품 고객의 특성과 오프라인 매장

'명품 쇼핑' 경험을 추구하는 브랜드가 전자상거래 추세에 합류하기까지는 시간이 좀 걸렸다. 일상적인 쇼핑 경험을 온라인에서도 똑같이 구현하려는 목표를 추진하기 때문이다.

명품을 구매하는 이들은 여전히 실제로 구매하기 전에 직접 고급 재료들과 장인의 정교한 손길을 살펴보고 그러한 경험을 하는 동안 극진한 대접을 받는 경험을 소중하게 여긴다. 그렇기 때문에 소매업 중심지에 오프라인 매장을 운영하는 게 전략적으로 반드시 필요한 소매업체들도 있고, 이 때문에 오프라인 매장이 온라인으로 완전히 대체될 가능성은 희박하다.

오프라인 매장은 여전히 온라인 매장보다 분명한 장점이 있다. 현장에서 고객에게 서비스를 제공하는 판매원의 존재는 아직까지 인공지능으로 완전히 대체하지 못하고 있다. 그러나 그러한 방향으로 나아가고 있는 것만은 분명하다.

한편, 온라인 쇼핑은 직접 매장까지 갈 필요가 없어 편리하고 다양한 제품들 가운데 고를 수 있으며 똑똑한 기계도구에 쉽게 접근할 수 있다는 장점이 있다. 검색엔진과 같은 이러한 도구들은 보통 고객의 잠재적 선택지들을 인간이 뇌로 처리하고 구매 결정을 내릴 수 있는 정도로 줄여주는 게 목적이다.

오프라인 매장에 의존하는 소매업체들은 온라인 매장이 제공하는 넓은 선택의 폭과 편리함과 경쟁해야 하는 난관에 직면하고 있으며, 이러한 난관을 극복하지 못하면 점점 고객을 잃게 된다.

상품 이미지로 온라인 매출 증가

부유한 고객들이 매장을 계속 찾도록 만들기 위해서 버버리는 인공지능을 비롯해 앞서가는 데이터 기술을 사용해 온라인 매장에서 고객들이 기대하는 장점과 편리함을 그대로 모방해왔다. 이는 주로 수많은 고객 충성도 프로그램을 통해서 실행된다.

고객이 건네주는 데이터는 고객의 프로필을 작성하고 분류하는 데 사용된다. 이러한 데이터를 바탕으로 매장의 판매원들은 해당 고객의 구매 내역뿐만 아니라 프로필이 비슷한 수천 명의 다른 고객의 구매 내역을 토대로 적당한 상품을 고객에게 추천한다.

데이터와 인공지능은 특정한 품목이 오프라인 매장에서는 잘 팔리는데 온라인 매장에서는 그렇지 않은 이유를 파악하는 데도 사용된다. 버버리는 상품의 이미지가 매우 중요하다는 사실을 터득했다. 온라인 매장에서 잘 팔리지 않은 상품의 새로운 이미지를 업로드했더니 매출이 100퍼센트 증가한 사례도 있다.[2]

축적된 구매 데이터와 전자태그

온라인과 오프라인 매장 전체에서 고객의 허락을 받고 그들의 구매 습관을 추적해 축적한 데이터는 태블릿 단말기를 통해 매장 판매원들이 접속할 수 있다. 매장의 판매원들은 고객들이 매장에서 검색한 상품과 구매한 상품, 그리고 그들의 소셜 미디어 내용 분석을 토대로 고객들에게 그들이 흥미를 보일 만한 상품을 보여주고 어떤 제품이 적당한지 권하기도 한다.

버버리는 매장 내 상품에 부착된 주파수 ID 식별^{Radio Frequency Identification,} [RFID], 즉 전자태그를 이용해 고객들에게 그 상품이 어떻게 제조되었고 어떻게 입고 연출할 수 있는지 제안해준다. 버버리가 이 기술을 사용할 경우 그 고객이 어떤 것에 관심이 있는지에 대한 정보를 얻게 된다. 아마존이 온라인 매장에서 고객이 검색하는 상품들을 추적하는 방식과 똑같다.

온오프라인 매장의 시너지 효과

버버리는 온라인 매장을 찾는 고객들이 어떤 사람들인지 재빨리 파악하고 그들이 온라인 매장과 마찬가지로 편리하게 살펴볼 만한 상품을 추천할 수 있다. 기존의 고객 서비스에 익숙한 이들은 아마도 자기 이름까지 아는 매장 판매원과 서로 소통한다는 사실을 소중하게 생각할지도 모른다.

버버리의 정보기술 수석부사장 데이비드 해리스^{David Harris}는 다음과 같이 말했다. "인공지능은 보다 나은 품질의 상품을 더욱 저렴한 과정과 더욱 철저한 분석을 통해서 고객에게 제공함으로써 기업 가치를 창출한다고 믿는다."[3]

💬 고객의 행동을 파악하고 추적하고 모델화하는 작업은 고객 충성도 프로그램 덕분에 온라인보다 오프라인에서 훨씬 오랫동안 사용되어온 쇼핑 기능이다. 새로운 점은 첨단 인공지능 솔루션을 데이터에 도입하는 능력이 생겼다는 사실이다. 이는 전자상거래 혁명에 원동력이 된 기술이다.

💬 고급 패션 소매업체들은 부유하고 까다로운 고객들을 위해서 온라인 매장을 운영해야 한다. 인공지능은 온라인 쇼핑의 편리한 점을 오프라인 매장에서도 구현하는 데 도움을 준다.

12 코카콜라 Coca-Cola

자판기 데이터와 SNS 분석으로 업계 1위를 유지하다

세계 최대 음료제조회사 코카콜라는 날마다 다이어트 코크, 코크제로, 환타, 스프라이트, 다사니, 파워레이드, 슈웹스, 미닛메이드 등 500여 개를 망라하는 브랜드의 음료를 19억 잔 판매한다.

　빅데이터와 인공지능은 코카콜라 업체가 하는 모든 일에 일일이 개입한다. 디지털 혁신 글로벌 본부장 그레그 체임버스는 다음과 같이 말했다. "인공지능은 우리가 하는 모든 일의 토대다. 우리는 지적인 경험을 창출한다. 인공지능은 그러한 경험을 가능케 하는 핵심요소다."[1]

탄산음료 마케팅은 지역적 선호도 파악이 핵심

전 세계적으로 탄산음료를 마케팅하는 업무는 '일률적으로 적용되는' 업무가 아니다. 코카콜라 상품들은 200여 개국에서 광고 판매된다. 이러한 시장들은 저마다 선호하는 향, 당분 함유량, 칼로리, 선호하는 광고, 코카콜라와 경쟁하는 업체 등이 각양각색이다.

모든 판매시장에서 최강자의 지위를 유지하려면 각종 정보원으로부터 방대한 양의 데이터를 수집하고 분석해서 500여 개의 브랜드 가운데 어떤 브랜드가 호응을 얻을지 판단해야 한다. 코카콜라의 가장 유명한 브랜드의 맛은 나라마다 다를 수도 있고, 이러한 지역적 선호도를 파악하는 일은 엄청나게 복잡한 업무다.

인공지능 자판기와 구매 취향

코카콜라는 자판기를 통해서 날마다 수많은 음료수를 제공한다. 새로 출시된 자판기를 사용하면 고객은 터치스크린 화면과 소통하면서 자기가 원하는 음료수를 선택하고 다양한 맛의 '샷'을 섞어서 맞춤형 음료수를 만들 수도 있다. 코카콜라는 이러한 자판기에 인공지능 알고리듬을 장착해 자판기가 설치된 특정 지역에서 반응이 가장 좋을 만한 음료수와 맛을 선전한다.[2]

자판기는 설치된 지역에 따라 '분위기'도 바꿀 수 있다. 예컨대 쇼핑몰에 설치된 자판기는 색상이 화려하고 재미있는 개성을 연출하고, 운동시설에 있는 자판기는 기량을 향상하는 데 집중하며, 병원에 설치된 자판기는 더욱 기능적인 면을 강조한다.

코카콜라는 인공지능을 이용해 소셜 미디어를 분석하고 언제 어디서 어떻게 고객들이 자사의 상품을 소비하는지 파악할 뿐만 아니라 특정한 지역에서는 어떤 상품들이 인기 있는지도 파악한다. 소비자의 90퍼센트 이상이 소셜 미디어 콘텐츠를 바탕으로 구매 결정을 내리므로[3] 수십억 명의 고객이 페이스북, 트위터Twitter, 인스타그램Instagram 같은 플랫폼에서 자사 브랜드에 대해 어떤 얘기를 주고받고 상호작용하는지 파악하는 일은 마케팅 전략의 필수적인 부분이다. 이를 위해 코카콜라는 12만 건 이상의 소셜 콘텐츠를 분석해 인구구조와 고객과 자사 제품들을 거론하는 이들의 취향을 파악한다.

인공지능의 또 다른 응용 사례는 회사에 대한 충성도를 확인하고 보상하기 위해서 구매 인증을 확보하는 방법에서 볼 수 있다. 고객에게 병마개에 인쇄된 14자릿수 상품코드를 웹사이트와 앱에 입력해 구매를 인증하라고 요청하면 융통성 없는 운영방식의 속성상 실제로 입력하는 고객의 수는 저조하기 마련이다.

보다 많은 고객들이 이러한 기획에 동참하도록 권장하기 위해서 코카콜라는 이미지 인식 기술을 개발해 스마트폰으로 사진 한 장만 찍으면 구매인증이 되도록 했다.

소셜 센터와 이미지 인식 솔루션

코카콜라는 터치스크린 자판기에 설치된 인터페이스를 통해서 해당 지역에서 선호하는 음료수에 대한 데이터를 수집한다. 이 자판기는 일본에만도 100만 개 이상이 설치되어 있다.

코카콜라는 소셜 미디어에서 사자의 상품을 둘러싸고 어떤 얘기가 오가고 공유되는지 파악하기 위해 37개 '소셜 센터'를 설치하고 데이터를 수집해 세일즈포스* 플랫폼Salesforce Platform으로 이를 분석한다. 고객의 긍정적인 관여를 창출하는 데 효과적인 것으로 보이는 콘텐츠를 더 많이 만들어내는 게 목적이다. 과거에 이러한 콘텐츠를 제작하는 과정은 인간이 수행했다. 그러나 이 회사는 소셜 데이터를 통해 얻은 소셜 콘텐츠와 광고를 생성하는 자동화 시스템을 개발하는 방안을 적극적으로 검토하고 있다.[4]

코카콜라는 이미지 인식 기술을 이용해 소셜 미디어에서 사진을 공유하는 사용자들을 겨냥해 그들이 잠재고객이 될지를 유추하고 있다. 이 전략이 어떻게 실행되는지 보여주는 한 가지 사례를 소개한다. 코카콜라는 자신이 아이스티를 즐긴다고 암시하는 이미지를 포스트한 이들을 겨냥해, 또 이미지 인식 알고리듬이 경쟁사 브랜드의 로고를 포착한 사진을 겨냥해 사사의 아이스티 브랜드 골드 피크의 광고를 집중 투하했다.[5] 이 알고리듬이 특정 개인이 아이스티를 즐길 가능성이 있다고 판단하면, 또 친구들과 이미지를 공유하는 적극적인 소셜 미디어 사용자라

---

* 세일즈포스 Salesforce, 고객 관리를 중심으로 한 클라우드 컴퓨팅 서비스 제공업체. '39장 세일즈포스' 편 참고.

고 판단되면, 이러한 사용자들을 겨냥해 광고를 하는 게 광고 수익을 효율적으로 사용하는 방법임을 터득한다.

구매인증을 하는 데는 기존의 이미지 인식 기술이 충분치 않았다. 상품 코드를 포장지에 인쇄할 때 저해상도 도트 매트릭스 인쇄 기법을 이용했기 때문이다. 그래서 코카콜라는 구글의 텐소플로우^{TensorFlow} 기술을 이용해 자체적으로 이미지 인식 솔루션을 개발했다.[6] 이 기술은 소용돌이 같은 신경망을 이용해서 인쇄된 시기와 장소에 따라 다르게 보이는 경우가 허다한 코드를 기계가 인식할 수 있도록 했다.

전 세계적인 고객 충성도 프로그램

인공지능 알고리듬으로 자판기 데이터를 분석한 코카콜라는 전 세계적으로 지역마다 다양한 수십억 명의 고객들의 구매 습관을 훨씬 정확하게 파악할 수 있다.

코카콜라는 이 기술을 신상품 출시 여부를 판단할 때 사용한다. 예컨대, 미국에서 체리 스프라이트를 병에 넣어 출시하기로 결정한 이유는 데이터 분석결과 이 방법이 성공할 가능성이 가장 컸기 때문이다.[7]

소셜 미디어 포스트를 컴퓨터 비전과 자연어 처리로 분석하고 사회참여 매트릭스를 딥러닝 기술로 분석하는 기법을 통해 코카콜라는 고객들이 훨씬 공감할 가능성이 큰 광고를 제작하고 제품의 매출을 올린다.

텐소플로우를 응용해 소용돌이 신경망을 구축하면 스캐너가 단순한 사진에 등장하는 상품 코드도 인식할 수 있다. 이를 통해 코카콜라는 전 세계적으로 지역에 따라 다양한 고객 충성도 프로그램에 더 많은 고객들이 관여하도록 만들 수 있다.

13 도미노 Domino's

매일 수만 판씩 품질이 관리된 피자를 대접하다

도미노 피자는 세계 최대의 피자 회사다. 2017년에 85개 시장에 있는 4만 8,000개 매장에서 날마다 30만 판 이상의 피자를 팔았다.[1]

피자를 만들고 배달하는 일은 얼핏 보면 첨단기술을 십분 활용할 만한 사업처럼 보이지 않을지 모르지만, 도미노는 새로운 기술이 등장할 때마다 이를 적극적으로 활용해왔다. 지금까지 가장 눈에 띄는 기술 이용법은 고객들이 그 어떤 플랫폼을 통해서든지 피자를 주문할 수 있도록 만드는 계획이다. 현재 매출의 60퍼센트 이상이 디지털 채널을 통해서 판매되고,[2] 스마트 TV, 페이스북, 트위터, 아마존 에코, 스마트 워치를 비롯해 수많은 다양한 방법을 통해서 피자를 주문할 수 있다. 심지어 짧은 문자 서비스인 SMS를 통해서 피자 이모티콘을 보내기만 해도 주문이 접수된다.

데이터와 분석은 오래전부터 도미노의 마케팅 전략에서 핵심적인 역할을 해왔고, 도미노는 방대한 양의 데이터를 수집해 누가 피자를 주문하고 어떻게 하면 서비스를 개선할 수 있을지 파악하는 데 사용한다. 이

제 도미노는 인공지능을 이용해 균질한 품질을 유지하고 더욱 빠르고 더욱 환경친화적인 배달 구조를 구축하고 있다.

변덕스런 고객의 입맛을 어떻게 맞출까?

패스트푸드 사업에서 고객은 변덕스러운 존재다. 습관과 유행하는 음식이 바뀌면서 신상품이 지속적으로 출시되고, 품질과 균질성 면에서 피자의 맛과 배달 서비스가 자신의 기대에 못 미친다고 생각하면 고객은 불만을 품게 된다. 그러면 고객은 새로운 대안을 찾고 패스트푸드가 먹고 싶을 때 경쟁사로 눈을 돌릴 가능성이 높다.

고객의 시각에서 보면 피자 배달은 끼니를 때우는 매우 편리한 방법에 지나지 않을지 모르지만, 회사가 지출해야 하는 연료와 임금 면에서 매우 비용이 많이 드는 사업이고, 피자 한 판을 배달할 때마다 치러야 하는 환경 비용도 만만치 않다.

자동화 기술 드루와 오븐이 있는 자율주행 배달 차

도미노는 피자 체커^{Pizza Checker}라는 시스템을 노입했다. 오븐에서 꺼낸 피자를 일일이 사진을 찍고 머신러닝 알고리듬을 이용해 품질을 확인한 다음 배고픈 고객에게 배달하는 시스템이다.[3]

이 카메라 시스템은 고객의 주문과 피자의 형태를 비교해서 고객이 주문하고 결제한 피자가 맞는지 확인한다. 이 시스템은 토핑이 골고루 뿌려져 있는지, 크러스트가 정확한 온도에서 적절이 구워졌는지도 확인한다.

2017년 7개국 2,000개 도미노 매장 주방에 설치된 이 시스템은 피자가 배달되기 전 피자의 사진을 사용자에게 전송하고 품질이 기대에 못 미칠 경우, 즉 피자를 다시 만들어야 하는 경우 사용자에게 고지해주기도 한다. 이렇게 하면 이따금 배달이 지연되어도 사용자들이 더 너그러이 이해한다는 게 회사 측의 생각이다.

인공지능은 고객의 전화주문을 처리하는 데도 사용된다. 애플의 시리 형태를 본떠 자체적으로 개발한 '가상 비서' 기술은 고객이 전화로 주문을 하면 음성으로 고객과 소통할 수 있다. 2014년 최초로 선보인 이 기술은 돔^{Dom}이라고 알려져 있다. 2016년 새로운 버전이 나왔는데 '드루 DRU, Domino's Robotic Unit'[4]라고 불리는 이 사양은 훨씬 정교한 자연어 처리 기술을 이용한다.

이 새로운 기술은 더욱 복잡한 질문에 답할 수 있고, 전화주문자에 따라서 이따금 아주 색다른 음성 패턴이나 특유의 버릇을 보이는 사람이 있는데 그런 경우에도 그 사람이 하는 말의 의미를 파악할 수 있다.

드루는 피자 체커, 가상의 주문접수 비서, 자율주행 배달 차량을 비롯해 도미노의 모든 부서에서 자동화 기술을 일컫는 이름으로 쓰인다.

그렇다. 도미노는 자율주행 자동차로 배달하는 계획을 현실화하기 위해 적극적으로 애쓰고 있다. 포드 자동차 회사와의 제휴로 미국의 앤아버,[5] 마이애미[6]에 거주하는 피자 애호가들은 자율주행 자동차 배달 시범 운행에 참여해왔다. 이 자동차들은 오븐이 장착되어 있어서 배달지에 도착할 때까지 피자를 따뜻하게 유지해준다. 최초의 시범 운행에서는 인간이 자율주행 차량에 동승해야 했다.

최근에 도미노는 독일과 네덜란드에서 스타십 테크놀로지스^{Starship}

Technologies라는 스타트업과 제휴해 완전 자율주행이 가능한 배달 시범 운행에 착수했다.[7] 도미노 그룹의 최고경영자이자 대표이사인 돈 메이Don Meij는 다음과 같이 말한다. "우리는 세계적인 기업이고 우리가 사업을 하는 모든 나라에서 혁신적인 기술을 이용하기 위해 애쓰고 있다. 스타십과 제휴를 맺게 되어서 매우 기쁘다. 그 덕분에 로봇이 일상적으로 배달하는 기술의 상용화를 한 발 앞당기게 되었다."

인간처럼 사물을 인식하는 피자 체커

도미노의 피자 체커는 드래곤테일 시스템즈Dragontail Systems가 개발했고 구글 이미지 인식 알고리듬을 이용해 피자가 구워진 온도뿐만 아니라 피자의 종류와 토핑이 골고루 뿌려졌는지도 확인한다. 이 시스템은 고객의 주문으로부터 얻은 데이터를 이용해 주문한 피자가 만들어지고 있는지 확인한다. 이는 컴퓨터 비전 기술을 이용해서 이루어지는데, 이 기술은 인공지능 알고리듬이 사람처럼 물체를 인식하고 '볼 수 있도록' 훈련을 시킨다.

자율주행 자동차 배달의 경우, 도미노는 스타십 테크놀로지스와 손잡고 고객의 자택까지 길을 찾아갈 수 있는 배달 로봇을 사용한다. 바퀴 여섯 개가 달린 스타십 봇은 카메라뿐만 아니라 GPS, 레이더, 초음파 센서를 이용해 스스로 길을 찾아간다. 고객은 자율주행 배달 차량인 스타십 봇이 도착하면, 스마트폰 앱을 통해 따뜻하게 보관된 음식 칸과 차갑게 보관된 음료수 칸의 잠금을 해제하고 자신이 주문한 피자를 수거한다.

고객 만족을 높이는 컴퓨터 비전 시스템

도미노는 컴퓨터 비전 시스템으로 피자의 품질이 기대에 못 미쳐서 퇴짜를 놓는 고객이 줄어드는 결과가 나오리라고 기대한다. 최악의 경우, 이는 고객생애가치^{CLV}*에 대한 기대가 높은 고객들이 다른 피자 체인점을 이용하는 사태를 낳는다.

올해 도미노는 자사의 매장 주방에 드래곤테일이 제공하는 자동화 카메라 시스템을 설치하는 데 추가로 100만 달러를 투자한다고 발표했다.[8]

도미노는 드루 배달 자동차가 '내일' 당장 고객의 집 앞에 나타나지는 않겠지만, 자율주행 자동차 배달은 머지않은 장래에 실현되리라고 기대한다.

---

* 고객생애가치 Customer Lifetime Value, 고객이 특정 기업의 제품서비스를 1회 구매할 때 얻는 가치를 넘어 특정 기업의 제품서비스를 이용하는 총 기간^{Lifetime} 내에 가져다주는 이익을 뜻한다. 예컨대 고객이 3만 원짜리 치즈피자를 주문했는데 실수로 다른 피자가 나왔다. 피자 한 판에서 6천 원 이익이 난다고 치자. 고객에게 얼마를 보상해야 할까? 6천 원 내에서 보상을 하면 그 고객을 놓치게 될지도 모른다. 눈앞의 이익만 따지면 이에 불만을 품은 고객에게 향후 여러 번 더 상품을 팔 기회가 사라진다. 그러나 만약 피자 값을 받지 않고 사과하는 뜻에서 1만 원 쿠폰까지 증정한다면 어떨까? 이에 감동한 고객이 앞으로 10번 더 구매한다면 회사는 이익을 보는 셈이다. 그리고 그 고객이 주변 사람들에게 자기가 이런 서비스를 받았다고 널리 알리게 되면 회사에는 더욱 이익이 된다.

💬 수백만 명의 고객을 상대하는 수많은 매장을 운영하면, 고객들은 어느 매장에 가든지 상품과 서비스의 품질이 균등한 수준을 유지하리라고 기대하게 된다. 인공지능은 그 수준을 유지하는 데 도움을 준다.

💬 도미노 같은 기업들은 자연어 기술이 인간 전화교환원과 같은 수준의 고객 서비스를 제공할 단계에 와 있다고 믿는다.

💬 자율주행 자동차는 사람들을 실어나르는 일 외에 물건을 실어나르는 일에도 응용 가능하다. 심지어 물건을 고객의 집까지 직접 배달할 수도 있다. 이러한 자동차를 운영하는 사업자들은 비용을 절약할 뿐만 아니라 비용절감으로 가격을 더 낮춤으로써 그 혜택이 고객에게 돌아가도록 할 수 있다. 로봇이 인간보다 훨씬 효율적으로 길을 찾아낼 수 있기 때문에 환경에도 긍정적인 효과를 낳게 된다.

14 킴벌리클라크 Kimberly-Clark

고객의 일상과 경험을 파악해서 제품을 팔다

킴벌리클라크는 세계에서 가장 잘 알려진 개인 위생용품 브랜드들을 생산한다. 기저귀 하기스, 화장지 클리넥스, 휴지 스캇 같은 제품들은 175개국에서 판매된다. 사실상 세계 인구 네 명 중에 한 명이 일상적으로 이 회사의 제품을 이용한다.[1]

그다지 우아한 제품은 아닐지 몰라도 항상 사용하는 생활필수품이다. 따라서 제품들이 효율적으로 생산, 판매, 유통되도록 하기 위해서 엄청난 재원이 투입되어야 한다는 뜻이다.

다른 수많은 대기업들과 마찬가지로 킴벌리클라크도 앞으로 가장 생산적인 회사가 되려면 기술기업이 되어야 한다는 사실을 깨달았다. 킴벌리클라크는 자사 명성의 토대가 되는 일상용품을 생산할 뿐만 아니라, 자체적으로 구축한 150여 가지의 기술을 스타트업에서 『포춘Fortune』이 선정한 100대 기업에 이르기까지 다른 기업에도 대여해준다.[2]

틀에서 벗어난 기발한 아이디어를 낼 수 있을까?

킴벌리클라크가 관여하는 시장에 진출한 기업들은 고객의 일상생활을 속속들이 파악하고 그들이 자사의 제품들에 어떤 반응을 보이는지 알아야 할 필요가 있다.

이는 임신과 결혼 같은 일생일대의 행사들이 고객들의 구매 습관과 패턴에 어떤 영향을 미치는지 파악해야 한다는 뜻이다.

그러려면 고객들이 자사의 웹사이트와 소셜 미디어를 방문해 상품들을 둘러보거나 매장에서 구매를 할 때마다 남기는 방대한 데이터에서 의미를 헤아려야 한다. 컴퓨터를 사용한다고 해도 이는 엄청나게 버거운 일이었다. 그러나 최근에 인공지능 소프트웨어 솔루션이 등장하면서 상황이 상당히 호전되었다.

이와 더불어 킴벌리클라크는 디지털로 면모를 일신하려는 모든 기업들이 공통적으로 직면한 난관에 부딪히고 있다. 기술을 터득하는 대열에서 앞장서기 위해 여전히 반드시 있어야 할 한 가지 요소는 사람이다. 머신러닝도 좋지만, 기발한 아이디어를 내려면 틀에서 벗어난 사고를 할 줄 알아야 하는데 아직 머신러닝은 그 수준에 도달하지 못했다.

틀에서 벗어난 사고를 할 줄 아는 사람들에 대한 수요는 매우 높다. 2018년의 경우 숙련된 데이터 과학자에 대한 전 세계적인 수요가 공급을 50퍼센트 앞지른 것[3]으로 나타났으며 이는 계속 증가할 것으로 예상된다. 몸값이 높은 이들에게 여러 가지 선택의 여지가 있다고 볼 때, 주로 휴지와 기저귀를 생산하는 기업이 재능 있는 사람들에게 크게 매력적인 대상은 아니다.

임신할 고객을 예측한 브랜드 홍보

킴벌리클라크는 인공지능을 이용해 고객들과 사업운영을 통해 수집하는 모든 데이터를 해석한다.

이 데이터는 자사의 고객들이 누군지 밝히는 구체적인 모델들을 구축하는 데 사용된다. 그러고 나면 실제 고객들이 어느 모델에 속하는지 '분류'하고 해당 고객이 무엇을 구매할지 파악하는 단서를 얻게 된다.

한 가지 중요한 성공 사례는, 고객이 언제 임신하게 될지 훨씬 더 정확히 예측하게 되었다는 것이다. 연구 자료를 보면, 고객이 임신했다는 사실을 깨달은 후 가능한 한 빨리 하기스 브랜드를 소개하는 게 임신 기간 동안 그들을 고객으로 만드는 핵심적인 비결이다. 일단 임신 관련 품목들을 구매할 가능성이 높은 고객이라고 확인되면, 그 고객에게 고객 충성도를 높이기 위한 기획에 참여하도록 권장하고 할인쿠폰을 증정하거나 육아에 도움이 되는 콘텐츠를 제공할 수 있다.[4]

웹트렌즈 솔루션이 제공하는 고객 맞춤형 정보

전 세계적으로 날마다 1초당 1만 5,000개 이상의 킴벌리클라크 상품이 판매된다. 한 번 판매될 때마다 데이터가 창출되는데, 이러한 데이터는 판매 시간과 장소에서부터 고객 충성도 강화 기획에서 얻는 고객 정보나 온라인 쇼핑 정보, 닐슨[Nielsen] 여론조사 정보와 같은 외부 데이터에 이르기까지 다양한 정보를 망라한다.

데이터가 넘쳐나기 때문에 기존의 사업 지식이나 고객관리 기술만으로는 데이터가 무용지물이 되기 전에 신속하게 데이터를 파악할 수가 없다.

인공지능과 기술이 바로 이러한 업무를 지원해준다. 하두프^{Hadoop} 같은 빅데이터 플랫폼과 사물인터넷 프레임워크를 이용하면 뒤죽박죽인 데이터에서 의미를 추출해낼 수 있다.

킴벌리클라크는 닐슨과 손잡고 닐슨의 마케팅 클라우드 플랫폼과 레브트랙스^{RevTrax} 소프트웨어, 또 머신러닝 기술을 이용해 프로모션과 고객 맞춤형 경험을 제공해주는 웹트렌즈^{Webtrends}의 솔루션을 이용해왔다.[5]

여기에는 예측분석을 이용하여 고객들이 어느 부류에 속하는지 파악하고 그들에게 타당한 상품, 예컨대 하기스 기저귀를 제공하는 방법도 포함된다.

이 회사가 제휴하려는 또 다른 기업들은 타블로*, 아마존, 패노폴리** 다. 킴벌리클라크는 자사가 수집하는 산더미 같은 정보들을 이 기업들과 함께 분류한다.[6]

특정 고객을 겨냥한 마케팅의 예를 보면, 서로 다른 집단으로 분류된 표본고객들에게 서로 다른 프로모션과 콘텐츠 마케팅 자료를 보여주고 그들이 보인 반응에 대한 자료를 수집한다. 전통적으로 마케터들은 포커스 집단을 이용해 이러한 업무를 처리했다. 그러나 소셜 미디어 전반에서 작동하는 머신러닝 솔루션은 인간이 조직한 포커스 집단보다 훨씬 빨리 서로 다른 목표 고객을 대상으로 마케팅 효과를 알아볼 수 있다.

---

* 타블로 Tableau, 데이터를 시각화하고 분석결과를 제공하는 소프트웨어 제작 업체로 데이터 검색, 비즈니스·빅데이터·모바일·클라우드 분석 등을 수행한다.

** 패노폴리 Panopoly, 데이터 저장 플랫폼을 제공하는 기업으로 여기저기 분산되어 있는 데이터 소스를 모두 취합해서 마치 하나의 데이터 소스처럼 만들고 이러한 데이터에 실시간으로 접속하고 분석할 수 있도록 한다.

그렇다면 킴벌리클라크는 언제든 특정한 상품에 따라 고객을 더욱 정확하게 규정된 집단들로 분류할 수 있다.

킴벌리클라크는 K-챌린지K-Challenge라는 행사를 주관해 데이터 과학과 인공지능 기술 분야에서 떠오르는 별들에게 개인 위생용품 제조 분야에서 경력을 쌓으라고 설득하기도 한다.

이러한 경연대회를 통해 혁신가들로 하여금 소비재 기술에 관한 기발한 아이디어를 제출하도록 독려한다. 킴벌리클라크는 우승자들에게 연구와 설계, 마케팅을 지원하여 그들의 아이디어가 실현될 수 있도록 해준다.[7]

회원 가입률 증가와 경쟁자 고객 유치 성공

킴벌리클라크가 웹트렌즈와 손잡고 첨단 분석기법을 이용하면서 회원 가입률이 17퍼센트 늘었다.

성인용 기저귀인 디펜드 브랜드를 이용할 고객들을 겨냥한 마케팅을 최적화한 또 다른 캠페인은 경쟁사의 고객을 유치하는 비율을 24퍼센트 증가시켰다.[8]

분석 도구가 적극적인 반응을 보이리라고 예측한 고객의 프로필과 훨씬 많이 일치하는 콘텐츠를 생산한 게 그 비결이다. 이러한 고객들은 친구와 가족에게 상품을 추천하고 오랜 기간 동안 반복 구매할 가능성이 훨씬 높은 고객들이다.

💬 오늘날, 모든 산업에서 시장을 선도하는 기업들은 기술기업으로 변신하고 있다. 경쟁자들보다 앞서가려면 불가피하기 때문이다.

💬 인공지능으로 구동하는 분석기법은 방대한 양의 데이터를 다루면서 고객을 분류하고 정확하게 특정 고객을 겨냥하는 업무에 있어서 전통적인 지능 솔루션보다 훨씬 유능하다.

💬 기업들은 기술 챔피언이자 개척자라는 평판을 얻어야 자사에 필요한 인재들을 유치할 수 있다. 물론 컴퓨터가 회사를 스스로 경영하기 시작할 정도로 똑똑해진다면 모르지만 말이다.

15 맥도널드 McDonald's

로봇과 자동화 공정으로 맞춤형 서비스를 제공하다

맥도널드는 120개국 이상에 걸쳐 3만 6,000개 매장에 40만 명 이상의 직원을 고용하고 있다.[1]

2017년 초 맥도널드는 인공지능을 비롯한 디지털 기술을 이용해 성장을 추진하는 새로운 전략을 공개했다.[2] 맥도널드가 무인판매기를 설치한 매장을 점점 늘리면서 인간 직원을 기계로 대체하는 추세로 나아가는 두드러진 징후로 여겨지기도 했다.

그러나 맥도널드가 직접 한 말을 인용하자면, 무인판매기를 설치한 주요 동기는 기술을 이용해 "고객이 매장에서 먹든 포장하든 자동차를 탄 채로 주문하든 배달주문을 하든 상관없이 고객을 상대하는 방식을 재구성하는 것"이다.

매장 재고 관리와 고객이 몰리는 시간 주문 문제

가맹점 매장들은 재고를 잘 관리해야 남은 식품이 버려지거나 재고가

떨어져 고객이 원하는 품목을 제공하지 못하는 난처한 상황에 처하지 않게 된다.

전통적인 메뉴판을 손으로 직접 업데이트하지 않는 한 매장들은 하루 중 시간대에 따라서 고객들에게 가장 호소력이 있을 만한 제품들을 선전할 수 없다.

게다가 맥도널드 매장들마다 하루 중 가장 고객이 많이 몰리는 시간대가 있다. 그 덕에 브랜드가 성공하기도 했지만, 하나같이 빠르고 정확하게 주문한 음식을 제공받기를 기대하는 대규모 고객을 상대하는 일 자체가 난관이다.

스마트 분석기술이 장착된 무인판매기

최근 전 세계적으로 맥도널드 매장에 등장한 무인판매기와 매장에 비치된 디지털 메뉴판은 단순한 단말기가 아니다. 거기에는 스마트 분석기술이 장착되어 있다.

어떤 제품을 고객에게 선전하고 판매할지 매장 차원에서 자율적으로 판단을 내릴 수 있다는 뜻이다. 매장이 위치한 해당 지역의 주문 상황, 날씨, 재고 중 유통기한이 끝나기 전에 처리해야 할 재료 목록 등 여러 요인들을 토대로 이러한 판단을 내린다.[3]

메뉴도 똑똑하게 상황에 적응할 수 있다. 예컨대, 기온이 떨어지면 훨씬 속을 든든하게 해줄 메뉴를 제시하기 시작한다. 화창한 날에는 샐러드와 아이스크림이 메뉴판에서 눈에 띄게 만들 수도 있다.

맥도널드는 고객들이 자기 휴대폰으로 계정을 만들고 직접 주문할 수 있는 앱도 제공한다. 이 방법을 통해 맥도널드는 어떤 고객에게 한정판매 메뉴를 보여주면 흥미를 보일지 예측하는 데 사용할 데이터를 확보할 수 있다.

이를 통해 맥도널드는 서로 다른 지역에서 서로 다른 부류의 고객집단에게 가장 인기 있는 품목이 무엇인지 보여주는 통합된 데이터 세트를 구축할 수도 있다.

고객 행동 자료 수집과 주방 보조 로봇

맥도널드의 무인판매기는 이미 영국과 캐나다 전 매장에 설치되었다. 미국에서는 1분기당 1,000개의 무인판매기를 설치해 2020년 무렵이면 전 매장에 설치할 계획이다.[4]

맥도널드는 정확히 어떤 자료를 수집하고 이용했는지 말을 아끼고 있지만, 인텔Intel은 무인판매 단말기들을 통해 맥도널드가 "고객 행동에 대한 자료를 수집하고 파악한다"라고 말한다.[5]

맥도널드는 이 데이터를 이용해 하루 중 주문이 들어오는 시간과 매장의 위치, 구매한 항목 같은 외적 요인들과 유사한 패턴에 들어맞는 다른 주문들을 바탕으로 고객이 어떤 제품을 구매할지 예측할 수 있다.

맥도널드 말고도 무인판매대로 전환하는 패스트푸드 업체들은 많다. 따라서 맥도널드는 무인판매 기술을 경쟁업체들이 어떻게 사용하는지 계속해서 예의주시할 가능성이 높다.

예컨대, 베이징에 있는 KFC는 바이두와 손잡고 무인판매대에 안면인식 기술을 장착했다. 이 기술은 인공지능을 이용해 고객의 연령과 성별

뿐만 아니라 그들의 기분 상태까지 파악해서 고객이 가장 구미가 당길 메뉴들을 예측한다. 유사한 프로필을 지닌 사람들이 주문한 품목들과 같은 품목들이 메뉴스크린에 가장 두드러지게 나타난다.[6] KFC는 이러한 메뉴스크린을 5,000개 매장에 보급할 계획이고, 결과가 긍정적이면 맥도널드도 KFC의 뒤를 따를 것으로 보인다.

패스트푸드 산업에서 자동화되는 직종은 고객을 직접 상대하는 직종뿐만이 아니다. 미국 체인 캘리버거^{Caliburger}는 플리피^{Flippy}라는 주방 보조 로봇을 시범 운전하고 있다. 이 로봇은 클라우드를 토대로 한 인공지능과 열 감지 카메라가 장착되어서 버거의 속이 얼마나 익었는지 '볼 수' 있다.[7]

구매 패턴 예측으로 매출 증가

고객들은 주문한 품목을 가지러 매장에 오면 줄을 서지 않아도 되고 원하는 품목을 고르느라 메뉴를 살펴보는 시간을 훨씬 절약하는 이점이 있다.

대신 맥도널드는 고객의 행동에 대한 자세한 정보를 수집하고 이를 이용해 미래의 구매 패턴을 예측한다.

맥도널드 매장이 최초로 고객의 주문을 예측하는 디지털 메뉴판을 설치한 캐나다에서는 첫 해에 매출이 3~3.5퍼센트 증가했다.[8]

그리고 일본에서는 휴대전화 앱 사용자들이 평균적으로 주문거래 한 건당 35퍼센트 더 긴 시간을 소비하는데, 맥도널드는 이를 개인별로 맞춤형 프로모션을 제시하기 때문인 것으로 해석한다.[9]

그렇다면 이는 사회적으로 어떤 의미를 지닐까? 맥도널드가 사용하는 단말기와 앱은 거대 기업들이 인간을 기계로 대체하는 추세를 보여주는 징후일까?

과연 기계를 사용하면 비용이 상당히 줄어들까? 아직 그렇다고 증명되지는 않았다. 적어도 장기적으로 볼 때 이에 대한 답은 유감스럽지만 "그렇다"일 가능성이 높다.

정치인들이 개입해서 그런 사태를 막거나 그 효과를 경감시키려고 할지도 모른다. 이에 딴지를 거는 사람이 벌써 등장했다. 예컨대 영국 노동당 지도자 제러미 코빈$^{Jeremy\ Corbyn}$은 "로봇 세$^{Robot\ Tax}$를 신설하자"고 주장한다.[10]

그는 인공지능에서 이득을 보는 기업들이 창출한 부의 일부를 사회와 나누고 그로 인해 야기되는 것으로 보이는 실업 비용을 일부 흡수할 의무가 있다고 주장한다.

그러나 대체로 크게 공론화되어서 여론이 들끓고 이에 따라 정치인들이 팔을 걷어붙이고 해결하겠다고 나서는 수준까지는 가지 않을 듯싶다. 적어도 아직은 그렇다. 시간이 흐르면서 대중이 이 문제를 더 심각하게 인식하게 되면 문제가 될 가능성은 있다.

물론 이 사안에 관해 맥도널드는 인간 직원이 로봇으로 대체되지 않는다고 극구 부인하는 입장을 밝혔다.

맥도널드에 따르면, 기계 때문에 필요 없는 직종이 된 계산원은 주로 매장 전면에 나서는 고객서비스 담당 같은 다른 직종으로 전환된다.[11] 이론상으로는 이렇게 직종을 전환하면 직원들이 훨씬 보람을 느낄 뿐만 아니라 회사가 이들에게 새로운 기술을 가르치기 때문에 경력 관리에도 훨씬 도움이 된다.

어쨌든 회사 입장에서는 그렇게 말해야지 달리 어쩌겠는가?

Tip

💬 자동화와 인공지능을 도입하는 기업들은 기술이 직원을 대체하기보다는 직원을 보조하는 역할을 한다고 강조한다.

💬 그러나 인공지능과 자동화가 모든 기업 부문에 확산되면 인간의 일자리에 장기적으로 어떤 영향을 미칠지는 여전히 미지수다.

16 삼성 Samsung

가정과 직장을 AI로 자동화하다

삼성은 해마다 5억 개의 기기를 제조하고 판매하는 매출액 기준 세계 최대의 가전제품 제조업체다.

2018년 삼성은 2년 내에 자사가 제조하는 모든 제품에 인공지능을 탑재하겠다고 발표했다.[1] 최신 스마트폰에서부터 냉장고, TV, 세탁기에 이르기까지 삼성은 인공지능을 추가해 더욱 편리해진 자사 제품을 사기 위해 고객들이 더 많은 돈을 쓰게 된다고 장담하고 있다.

삼성은 공업기술도 제조하는데, 2018년 '사람[Saram]'이라는 로봇을 공개했다. 인공지능이 장착된 로봇은 우선 무거운 물건을 들어올리는 데 사용될 예정이지만 최종적으로 수술까지 할 역량을 갖추게 될지도 모른다.

머신러닝 기술 도입 전 제한된 기술 문제

각 가정에서 연결된 기기들이 점점 일상의 한 부분으로 자리 잡고 있다. 자동차, 집, 휴대폰, 가전제품들은 데이터를 수집하고 공유하는 기능들로 가득하다. 데이터를 수집해 스마트폰으로 분석할 수 있는 피트니스 추적기에서부터 전기 사용 패턴을 분석해 낭비를 줄일 방법을 찾아내도록 도와주는 전기미터기에 이르기까지 사용 가능한 앱도 무궁무진하다.

그런데 아직 이러한 기술이 초기 단계라는 점이 문제다. 서로 다른 여러 가지 표준과 프로토콜이 뒤엉켜서 우리의 선택을 받으려고 다투고 있다. 이러한 데이터를 얻기 위해서 서로 다른 앱과 인터페이스에 의존해야 한다면, 데이터들 간의 상관관계를 밝혀내고 이를 유용하게 해석하는 우리의 역량은 정보 과잉으로 심각하게 훼손될 수밖에 없다.

직장에서도 인공지능 기술과 로봇이 점점 흔해지고 있다. 과거에 인공지능과 로봇은 아무리 애써서 프로그래밍해봤자 단순하고 따분한 업무를 수행할 역량밖에 없었다. 그러나 규정에서 아주 조금이라도 벗어나는 업무를 수행하는 능력은 머신러닝 기술이 등장하기 전까지만 해도 아주 제한되어 있었다.

빅스비, 로봇 '사람', 요양 도우미 '엘리큐'

현재 삼성은 애플의 시리, 아마존의 알렉사와 아주 유사한 인공지능 개인비서인 빅스비^{Bixby}를 보유하고 있다.

음성인식 가상 비서가 시장에 쏟아져나오면서 각 회사들의 제품마다 어떤 점이 혁신적이고 어떤 부분이 그저 시류를 따르는지 차이점이 나타났다. 빅스비가 지닌 가장 두드러진 특징은 빅스비가 인터페이스로 접속하는 앱 전체와 통합하는 기능이 있다는 점이다.[2] 다른 음성인식 시스템의 경우에는 특정한 핵심단어가 그 앱의 특정 기능과 고정적으로 연결되어 있다. 예컨대 음악 앱에서 음악을 틀거나 중지시키거나 되돌려 감기 같은 기능 말이다.

이 기술은 삼성이 2020년까지 자사의 모든 기기들을 인공지능화한다는 계획의 성패를 가늠하게 될 가능성이 높다.

삼성은 인공지능을 이용해 인간과 기계의 소통을 가로막는 마지막 장벽을 허물겠다는 계획을 추진하고 있다. 과거에 기계는 기술 프로그래밍 언어로 열심히 애써서 프로그래밍해야 했다. 이제는 기계와 소통하기 위해서 간단히 인간의 음성 언어를 쓰는 추세로 전환되고 있다.

이러한 혁명은 가정뿐만 아니라 산업 현장에서도 일어나고 있다. 삼성은 이미 제조공정에서 인공지능 로봇 팔을 이용하고 있다.

삼성의 인공지능 로봇 '사람'은 2018년에 공개되었고 우선 공장과 제

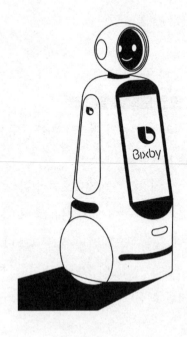

조업 공정에 투입되어 궂은일을 맡아 수행한다. 이 인공지능은 첨단기술 제조공정에 흔히 쓰이는 형태의 로봇 팔에 장착될 예정이다. 인공지능을 기계 팔에 추가하면 더 똑똑하게 일할 수 있다는 뜻이다. 예컨대, 부품들을 조립해 완성품으로 만들기 전에 특정 부품이 손상되거나 하자가 있는지 포착하는 일을 한다.

앞으로 이는 직립보행 로봇의 일부가 될지도 모르는데, 현재 삼성은 직립보행 로봇을 개발하고 있다고 알려져 있다.[3]

공장의 로봇 종업원들은 인간이 장시간 하기에는 위험하고 불편한 업무들을 수행하는 데 사용될 수 있다.

삼성은 이스라엘의 로봇 제조사 인튜이션 로보틱스Intuition Robotics에도 투자하고 있다.[4] 인튜이션은 '동반자' 로봇 엘리큐ElliQ를 개발했다. 고령자들을 돕는 가상의 요양 도우미다. 이는 삼성이 인공지능과 로봇을 각 가정에 보급하는 계획에 매진하고 있다는 증거다.

다양한 AI를 통합하는 플랫폼 스마트싱스 앱

삼성의 빅스비 음성인식 개인비서는 자연어 처리 기법을 이용해 사람의 말을 이해하고 이를 바탕으로 어떤 행동을 해야 할지 파악한다. 다른 음성인식 개인비서들과 마찬가지로 빅스비도 신경망과 딥러닝을 이용해 인간이 어떻게 말하고 그 말이 무슨 뜻인지 파악하는 능력을 점점 개선한다. 컴퓨터가 이해할 수 있는 정확한 명령어와 문구 목록을 암기해야 하는 열등한 뇌를 지닌 인간이 야기하는 소통 장벽을 이를 통해 극복하게 된다.

올해 삼성은 스마트싱스^{SmartThings} 앱도 출시했는데, 이는 서로 다른 인공지능 기기들을 모두 통합하는 플랫폼이다. 삼성은 이를 관리하는 과정이 편리해지면 주요 구매자들이 스마트 냉장고, 주전자, 커피메이커를 자기 집에 설치하게 되리라고 기대하고 있다.

로봇 '사람' 시스템에 대해서는 알려진 바가 거의 없다. 삼성의 대변인이 인공지능 기술을 사용했다고 언급한 게 전부다. 특허와 상표출원 장보를 바탕으로 추측해보건대 아마도 인간처럼 직립 보행하는 로봇을 산업 현장에 도입하는 쪽으로 추진하고 있는 듯하다. 그런 로봇을 제작할 때 직면하는 문제들은 인공지능을 통해 컴퓨터로 조종하는 모터를 제작해 인간의 몸동작을 정확히 모방하는 기술에 점점 가까워지면서 신속히 해결되고 있다. 가장 최신 인간 형태의 로봇은 움직이는 물체로부터 갑자기 타격을 받아도 몸의 균형을 잃지 않고 유지할 수 있다.[5]

'연결된 집'을 마케팅하는 최초의 기업

삼성은 빅스비로 자사의 스마트폰에 자연어 가상 개인비서를 장착함으로써 아마존, 애플, 마이크로소프트와 경쟁하게 되었다. 사용자들은 자기가 쓰는 기기와 상호작용할 때 마찰을 훨씬 더 줄이고 궁극적으로 더욱 쉽고 빠르게 업무를 완수하게 된다.

빅스비는 2018년 5월 판매된 인공지능 구동 음성인식 개인비서 기기 시장의 6.2퍼센트를 차지했다. 시장을 주도하는 애플의 시리가 45.6퍼센트, 구글의 어시스턴트가 28.7퍼센트인 것에 이어 세 번째다.[6] 구글 어시스턴트 및 시리와 달리 빅스비는 휴대폰으로만 이용 가능하고 개인비서 기기로는 따로 제공되지 않는다는 점을 주목할 필요가 있다. 그러나 2020년까지 자사의 모든 기기에 인공지능을 장착하겠다는 삼성의 계획이 결실을 거두면 이는 바뀌게 된다.

스마트싱스 플랫폼을 개발함으로써 삼성은 기술에 문외한인 대중에게 '연결된 집$^{Connected\ living}$'이라는 개념을 성공적으로 마케팅하는 최초의 기업이 될 기회를 잡았다. 집이 점점 컴퓨터화되면서 모든 기기를 연결하는 표준 운영체계를 개발하는 사람이 대박을 터뜨리게 된다.

— Tip —

💬 삼성은 2020년에 달성할 계획을 발표함으로써 인공지능이 가전제품 시장을 지배한다는 개념을 실현하는 데 혼신을 다하겠다는 확고한 의지를 보여주었다.

💬 삼성은 자율적으로 움직이는 로봇이 가정과 직장에서 엄청난 영향력을 발휘하리라고 확신하고 있다.

💬 이러한 서비스들은 인공지능을 이용해 각각의 '스마트' 기기로 수집한 모든 데이터를 한데 묶어 제시해준다. 그럼으로써 이를 바탕으로 우리가 어떤 행동을 취할지 결정할 수 있도록 해준다.

💬 기기들이 서로 연결된 스마트 홈은 아직까지 기술에 대해 잘 아는 소수만이 누리고 있지만, 더 많은 사람들이 그 효율성을 인식하고 더욱 소비자 친화적인 방식으로 솔루션이 제시되면 이러한 추세는 바뀔 가능성이 높다.

17 스타벅스 Starbucks

고객을 위한 맞춤형 프로모션을 제안하다

스타벅스는 전 세계적으로 3만 개에 가까운 매장[1]을 가지고 있으며 연간 40억 잔의 커피를 제공하고 있다.

그러나 스타벅스는 단순히 커피만 파는 게 아니다. 전형적인 에스프레소에서부터 아이스 캐러멜 모카치노에 이르기까지, 여러 가지 재료를 배합한 품목에서부터 세트메뉴에 이르기까지 메뉴에서 고를 수 있는 품목은 약 8만 7,000가지[2]에 이른다!

이 브랜드는 미국에서 설립된 이후로 미국 시장에서 선두 자리를 지켜왔지만 1990년대 중반에 지역 토종 가맹점과 열띤 경쟁을 벌여야 하는 해외로 시장을 확대하기 시작했다. 2018년 현재 최대 해외시장은 중국으로, 스타벅스 매장의 12.4퍼센트가 중국에 위치해 있다.[3]

스타벅스 매출의 대부분을 차지하는 커피와 차를 소비하는 방식은 문화마다 다르다. 커피숍 거대 기업 스타벅스는 수백만 명에게 맞춤형 서비스를 제공하기 위해서 고객과 거래를 통해 산더미 같은 데이터를 수집하고 분석한다.

미국 스타일을 넘어 각 나라의 문화로

세계 도처에서 수많은 상품들을 판매하는 수많은 매장들이 있으므로 수천 개의 매장에 재료들을 구비해놓고 고객들에게 제품을 서비스할 준비를 갖추려면 정확한 계산이 필요하다. 조금만 계산을 잘못해도 운송과 보관 같은 물류에 과도한 지출을 하게 된다. 스타벅스처럼 거대하고 매장들이 널리 분포되어 있는 기업에게는 아주 사소한 비효율성도 금방 엄청난 비용으로 늘어난다.

전 세계적으로 매장을 운영하는 스타벅스는 자사가 진출한 지역에 이미 자리를 잡고 고객들의 삶과 밀착된 지역 가맹점 및 브랜드들과 경쟁하게 된다. 스타벅스는 뜨거운 음료를 제공하면서 전통적으로 훨씬 격의 없는 접근방식을 취해온 시장에 미국 스타일 고객 서비스를 제공할 수도 있다. 그러나 해당 지역 주민들의 일상생활의 일부로 자리 잡으려면 지역의 문화 규범과 그 지역 고객의 습관에 적합하게 적응할 필요도 있다.

음식 배달 로봇과 디지털 플라이휠

스타벅스는 고객 충성도 프로그램과 모바일 앱을 통해 고객의 동의를 얻어 고객 행동을 추적함으로써 그들의 행동에 관한 데이터를 수집한다.

고객은 주문한 상품을 매장에 가지러 가기 전에 앱을 이용해 음식과 음료수 값을 미리 지불할 수 있고, 2017년 기준으로 1,700만 명 이상이 이 서비스를 이용하고 있다.[4]

이 정보는 다른 기상관측 데이터, 지역 데이터, 재고 수준과 같은 기업 데이터를 비롯해 대내외 데이터와 상호 연관되어서 스타벅스가 매출의 원동력이 무엇인지 파악하도록 도와준다.

이로써 맞춤형 프로모션을 고객에게 제공할 수 있다. 다시 말해 고객이 흥미를 느낄 만한 품목에 대해 직접 그 고객에게 특별가격을 제공할 수 있다는 뜻이다.

이 모든 업무를 하기 위해서 스타벅스가 사용하는 인공지능 구동 시스템은 디지털 플라이휠 프로그램^{Digital Flywheel Program}으로 불린다.[5] 이 시스템은 지역 특성에서부터 하루 중 시간대와 날씨에 이르기까지 모든 요인을 고려해서 고객이 매장 문을 열고 들어설 때 또는 휴대폰에 앱을 켤 때 어떤 품목을 주문할지 예측하는 업무를 담당한다.

인공지능은 스타벅스가 중국에서 배달 부문으로 진출하는 데도 핵심적인 역할을 한다. 스타벅스는 소매업 거대 기술기업인 알리바바와 손잡고 알리바바 산하의 이러머^{Ele.me}가[6] 개발한 기술을 이용할 예정이다. 이러머는 최근에 알리바바가 인수한 기업으로 스마트 기술을 집중적으로 이용하는 음식 배달 서비스 업체다. 2017년 이러머는 자율주행 음식 배달 로봇을 공개했는데,[7] 이 로봇은 머신러닝을 이용해 음료와 스낵을 배달한다. 거대한 사무용 건물에서 자율적으로 작동하도록 설계된 이 로봇은 머지않아 사무실 책상까지 직접 커피를 배달하게 될지도 모른다.

스타벅스가 중국에서 자체 배달 서비스를 개발하지 않고 알리바바와 제휴하기로 결정한 것은 영리한 판단이었다. 알리바바의 이러머는 이미 정교한 배달망을 갖추고 있고 효율성을 높여주는 인공지능도 사용한다. 스타벅스가 처음부터 이러한 기술을 개발하려면 큰 비용을 들여야 할지도 모른다.

뛰어난 고객 충성도 프로그램

스타벅스는 2017년 인공지능이 디지털 플라이휠 데이터 분석 프로그램에 내장된다고 발표했다. 스타벅스가 이 분석 프로그램에 입력하는 데이터는 대부분 매장과 앱을 통해 매주 처리하는 9,000만 건의 주문에서 비롯된다.[8]

이를 통해 누가 무엇을 어디서 언제 구매하는지에 대한 모든 정보를 수집한다. 이 데이터는 고객 충성도 프로그램이나 앱 사용을 통해 수집된 개별적인 고객 데이터와 상호 연관된다.

앱 자체도 가상 바리스타 기능의 형태로 된 인공지능이 장착되어 있다.[9] 다른 가상 비서들과 마찬가지로 이 앱도 자연어 처리 기법을 이용해 인간이 말할 때 보이는 미묘한 차이를 포착한다. 이 앱은 커피전문점에서 음료수를 주문할 때 사람들이 사용하는 복잡하고 변화무쌍한 언어에 적응하도록 훈련되어 있다.

현지화된 마케팅 전략 추진

고객의 습관을 더욱 잘 이해함으로써 스타벅스는 제때에 알맞은 상품을 제공하고 맞춤형 프로모션을 제안함으로써 브랜드 충성도를 구축할 수 있다.

이는 관련성 높은 현지화된 데이터 세트를 활용해 개별 시장에 맞춤형으로 상품 범위를 정하고 마케팅 전략을 추진할 수 있다는 의미다.

스타벅스는 2019년이면 전 세계 자사 매장의 80퍼센트가 디지털 플라이휠에 접근하게 된다고 말했다.[10]

═ **Tip** ══════════════════════════════

💬 전 세계적으로 수많은 시장에서 영업하면서 고객 기반을 총체적으로 파악하기란 매우 어렵지만, 오늘날에는 머신러닝 기술로 이러한 분석이 가능해졌다.

💬 스타벅스는 고객으로부터 서비스 개선을 위해 사용할 수 있는 데이터를 받는 대가로 미리 주문하고 줄서서 기다릴 필요가 없는 편리한 서비스를 제공한다.

💬 소매업의 다른 부문에서와 마찬가지로 식음료 매장들은 온라인 편의성을 제공하기 위해 변모하고 있다. 이는 휴대전화와 매장 내의 시스템, 앱을 통한 구매 사이의 상호작용이 이루어진다는 뜻이다.

💬 새로운 방향으로 진출할 때 제휴를 맺으면 큰 이득이 된다. 오늘날 기술전문 기업과 제휴를 맺으면 개별 서비스를 기반으로 한 그들의 데이터, 분석기술 또는 두 가지 모두를 공유할 수 있다.

18 스티치 픽스 Stitch Fix

패션 소매업 시장에서 혁신적으로 반품을 줄이다

2011년에 미국 캘리포니아에 본부를 두고 창립한 스티치 픽스는 개인 스타일리스트 역할을 하면서 고객이 입고 싶어할 만한 품목을 자동으로 배달해 패션 소매업계에 혁명을 일으킨다는 목표를 갖고 있다.

스타일리스트의 업무는 데이터 과학과 인공지능으로 보강되는데, 고객의 선호도를 분석하고 이를 그 고객의 프로필과 동일한 다른 수천 명의 고객들의 선호도와 비교 분석함으로써 고객이 입고 싶어할 것 같은 옷을 고객들에게 제공한다.

반품 고객의 비율을 어떻게 줄일 수 있을까?

사람들이 온라인 쇼핑을 하는 비율은 점점 증가하고 있다. 영국에서만도 2013년 온라인 쇼핑은 식품을 제외한 총 소매 소비의 11.6퍼센트를 차지했는데, 2017년에는 24.4퍼센트로 증가했다.[1]

패션 소매업체들은 반품 고객 비율이 비교적 높다는 독특한 난관에 봉착해 있다. 그들은 또한 경쟁에서 살아남으려면 무료 배송과 무료 반품 서비스를 제공해야 한다. 고객이 옷을 대량으로 구매해 집에서 입어보고 대부분을 반품할 경우 영업비용이 엄청나게 늘어난다.

이러한 상황에 처하면 소매업체들은 배송과 반품 처리 비용만 늘어나는 데 그치지 않고 재고를 관리하기가 어려워지고 고객의 수요를 충족시키기 위해서 엄청난 물량의 재고를 쌓아두어야 한다. 패션 산업에서는 대폭 할인된 가격에 대량으로 의상을 판매하거나 수요를 잘못 예측해 엄청난 양의 상품을 파기하는 일이 비일비재하다.[2]

이는 엄청난 낭비일 뿐만 아니라 수익을 깎아먹는 일이다. 고객의 기대에 부응하는 품질의 의상을 고객에게 제공하고 반품을 최소화하는 게 모든 온라인 패션 소매업체들이 직면한 주요 과제다.

스타일리스트 알고리즘

스티치 픽스는 인공지능을 이용해 고객의 신체치수뿐만 아니라 그들의 취향과 선호도까지 파악한다.

이러한 알고리즘은 모두 인간 스타일리스트의 업무를 증강시키는 역할을 한다. 스티치 픽스는 소매업뿐만 아니라 의상을 디자인하고 인공지능 분석에서 얻은 정보를 토대로 어떤 스타일이 유행하는지 분석해 새로운 품목을 제작하는 아이디어로 활용한다.

알고리즘 담당 최고책임자 에릭 콜슨[Eric Colson]은 다음과 같이 말했다. "우리 업무는 적합한 상품을 고객에게 전달하는 일이다. 우리가 세계에서 최고로 잘하는 일이 바로 이 업무다. 기계만 가지고는 이 일을 해낼 수 없다. 인간 혼자서도 이 일을 해낼 수 없다. 그래서 우리는 인간과 기계가 힘을 합해서 이 일을 하게끔 하려고 애쓰고 있다."

잠재고객 선호도 파악과 부적합한 품목 제거

85명 정도의 데이터 과학자들로 구성된 팀이 스티치 픽스 인공지능 플랫폼과 협력해 고객이 반품하지 않을 확률이 높은 구매 품목들을 선정한다.[3]

콜슨은 자신이 데이터 과학과 엔지니어링 부사장으로 일하던 넷플릭스로부터 머신러닝을 도입했다. 이 기술을 이용하는 기업은 특정한 고객에게 적합하지 않은 품목들을 걸러내는 데 이미 사용되고 있는 알고리듬의 효율성을 대폭 증가시킬 수 있다.

회원가입을 할 때 잠재고객은 신체치수, 체중, 선호하는 스타일(날렵한 스타일이나 헐렁한 스타일), 선호하는 색상, 예산, 그리고 얼마나 파격적인 의상을 원하는지, 셔츠나 청바지가 너무 꽉 끼거나 헐렁하다고 느끼는 때가 종종 있는지와 같은 세부 선택사항과 개인의 성향에 대한 질문을 받는다.

고객이 허락하면 고객의 소셜 미디어로부터 고객의 스타일이나 선호도에 대해 얻은 정보를 참조하기도 한다. 고객이 반품할 때 반품하는 이유를 해당 형식에 적어넣도록 하는 등 고객이 제공하는 피드백을 수집한 데이터도 고려한다.

상품과 고객을 짝짓기하는 업무 외에도 스티치 픽스는 개인 스타일리스트를 고객에게 배정하고, 재고를 판단하고, 고객이 소셜 미디어인 핀

터레스트^{Pinterest}에 포스트한 이미지를 분석하고, 고객이 스타일 픽스의 서비스에 얼마나 만족하는지 평가하는 구체적인 알고리듬도 사용한다.[4]

비용 절감으로 수익과 고객 만족도 증가

우리가 온라인 소비에 쓰는 금액이 실제 매장에서 소비하는 금액을 빠르게 따라잡고 있다. 온라인 소매업체는 고객 서비스와 관련해 극복해야 할 독특한 난관에 직면하고 있고, 인공지능은 여러 가지 솔루션을 제공할 잠재력을 지니고 있다.

고객의 요구사항과 선호도를 파악하게 되면서 스티치 픽스는 데이터에 따라 고객이 마음에 들 가능성이 높은 품목들을 자동적으로 제안할 수 있게 되었다. 그 덕분에 창고 공간 낭비, 운송비, 반품 비용, 계절 끝자락에 재고가 산더미처럼 쌓이게 되는 상황을 모면하게 되었다.

스티치 픽스는 머신러닝의 도입으로 수익과 고객 만족도가 증가하는 동시에 총비용도 줄었다고 말한다.[5]

💬 인공지능이 고객을 더 잘 파악할수록 고객이 상품과 서비스에 실망할 가능성은 줄어든다.

💬 인공지능은 과거에 일어났던 모든 산업혁명과 마찬가지로 인간의 일자리를 위협하는 게 사실이다. 인간을 쓸모없게 만드는 게 아니라 인간 근로자의 능력을 증강시키는 인공지능 시스템을 설계하는 게 모든 산업이 직면한 핵심적인 과제다. 스티치 픽스의 알고리듬은 인간 스타일리스트와 애널리스트의 업무에 유용한 정보를 제공하고, 이들이 최종적인 판단을 내린다. 어쩌면 이는 당연한지도 모르겠다. 기억하는가? 제1차 산업혁명에서 팔을 걷어붙인 이들 가운데는 직공들이 있었다는 사실을.

19 유니레버 Unilever

신입사원 채용부터 조직사회화까지 AI가 담당하다

세계적인 소비재 제조업체인 유니레버는 190개국에서 400개 이상의 자사 브랜드 제품들을 판매하고 있다. 세계적으로 16만 명 이상의 직원을[1] 두고 있는 이 기업은 세계 최대의 고용주로 손꼽힌다.

여느 기업과 마찬가지로 이 기업에게도 사람이 가장 소중한 자산이다. 자사에 꼭 필요한 인재를 영입하기 위해서 유니레버는 인공지능 솔루션을 이용해 해마다 채워야 하는 수천 개의 일자리에 가장 적합한 사람들을 유치하고 분석하고 궁극적으로 선정한다.

조직에 맞는 인재를 뽑는 인공지능

채용 과정에는 늘 위험이 따른다. 채용 공고를 내고 지원자들을 걸러내고 신입사원을 조직에 익숙해지도록 교육시키는 일은 비용과 시간이 많이 드는 과정이다. 그러나 제대로 해야 하는 과정이다. 엉뚱한 사람들을 채용하면 비싼 대가를 치러야 하고 기업에도 큰 피해를 입히게 되기 때문이다. 유니레버는 이처럼 인공지능을 이용해 사원을 조직사회화*하는 것으로 유명하다.

채용 담당자는 제한된 시간 내에 적당한 후보들을 물색하고 면접후보 목록을 만든 다음 아주 짧은 시간 내에 그들이 공고를 낸 자리에 적당한 인물인지 결정해야 한다.

유니레버의 경우, 자사의 미래지도자 프로그램을 통해 직원을 채용할 때 전 세계에서 25만 명의 지원자들을 걸러내고 걸러내서 800개의 일자리를 채우기까지 넉 달에서 여섯 달까지의 시간이 걸린다.[2]

적합한 사람을 채용하고 나면 더 이상 비용이 들지 않는 게 아니다. 인력관리협회에 따르면, 신입사원 연수비용은 평균적으로 그 신입사원이 맡게 될 직책의 여섯 달에서 아홉 달치 봉급과 맞먹는다.[3]

직책에 맞는 사람을 뽑는 온라인 게임

유니레버는 인공지능 채용 전문가와 손잡고 지원자를 직책과 효율적으로 짝짓기하는 글로벌 구상을 구축했다.

신입사원 채용을 위해 다단계 과정을 개발했는데, 이는 세계 어디서 든 지원자들이 온라인으로 이력서나 링크트인LinkedIn 프로필을 제출하라 고 권고하는 것에서 시작된다.

그 다음 지원자에게 12가지 서로 다른 온라인 게임에 참여하라고 요

---

* 조직사회화 Onboarding, 신입사원을 조직의 문화와 규범에 익숙하게 훈련시키는 사회화 과정. 신입사원 이 효과적인 조직 구성원이 되기 위해 필요한 지식, 기술 및 행동을 습득하는 과정을 일컫는 전문 용어.

청한다. 파이메트릭스^{Pymetrics}가 개발한 이 게임은 지원자들이 지원한 직책에 필요한 다양한 분야에서의 능력을 테스트하도록 설계되었다.[4]

이 게임은 딱히 승패가 판가름나도록 설계되었다기보다는 지원자의 특성을 가늠하는 게 목적이기 때문에 이상적인 결과는 지원자가 지원한 일자리에 따라 다르다.

예컨대, 지원자가 얼마나 위험을 감수하는지 평가하기 위해 풍선을 부풀리는 게임이 있다. 카드게임 블랙잭처럼 '스틱^{stick}', 즉 현재 입장을 고수하든가 '트위스트^{twist}', 카드 한 장을 더 택해서 위험을 감수하든가 결정을 내려야 한다. 지원자는 가상의 풍선에 공기를 많이 불어넣을수록 점수를 따고 풍선이 터지기 전에 공기주입을 멈춰야 한다.

그 다음에는 비디오 인터뷰를 제출해야 한다. 다른 게임과 마찬가지로 이 경우에도 지원자가 자기 시간을 내서 웹캠이 장착된 컴퓨터나 스

마트폰으로 제작할 수 있다.

이 동영상을 보고 인공지능 알고리듬은 지원자의 언어, 표정, 몸짓을 분석해 채용하려는 직책에 적합한 인물인지 판단을 내린다.

이 단계에서 최종 후보 3,500명의 지원자들을 선정하고 이들은 평가 센터로 초청되어 유니레버 채용담당 직원들과 처음으로 대면하게 되며, 여기서 최종적으로 800명이 뽑힌다.

일단 채용되면 유니레버의 신입사원들은 유나봇^{Unabot}에 접속하게 된다. 유나봇은 인공지능으로 구동하는 챗봇으로서 자연어 챗 인터페이스를 통해 신입사원들의 질문에 답함으로써 신입사원의 조직사회화 과정이 더욱 신속하게 진행되도록 한다.

하이어뷰의 안면인식과 유나봇의 자연어 처리

파이메트릭스의 게임은 지원자의 구체적인 능력 프로필을 구축하고 후보자의 장단점을 전통적인 대면 면접 과정보다 훨씬 정량적으로 평가하도록 해준다. 이러한 프로필은 머신러닝 알고리듬이 가장 적합한 지원자의 자질이라고 제시하는 가치들과 대조해 평가한다.

그다음 유니레버는 하이어뷰^{HireVue}가 개발한 안면인식 분석기술을 이용해 사전에 제작된 비디오 면접 절차에서 수집한 데이터를 분석한다.

컴퓨터 비전과 자연어 처리 기술로 비디오를 분석하고 데이터 포인트를 포착해 '목적의식', '체계적인 사고', '끈기' 또는 '사업적 재능' 등과 같은 특징들을 뜻하는 태그를 자동으로 제시해준다.

이러한 특징을 과거에 채용되어 자기 역할을 성공적으로 수행한 다른 사람들의 특징과 대조한다.

자연어 처리는 유나봇도 구동한다. 유나봇은 마이크로소프트의 봇 프레임워크를 토대로 구축되었다.

이 봇은 내부 문서와 회사 안내서에서 얻은 회사 데이터를 이용해 사람에 의한 자연어 질문을 처리하고 직원의 역할, 회사의 절차, 연금과 같은 혜택, 유니레버 사업장을 오가는 셔틀버스 시간표 등에 대해 답한다.

면접시간을 7만 시간 줄이다

해마다 180만 건의 지원서류들을 처리해야 하는 유니레버의 최고 인력 관리 책임자 리나 네어Leena Nair가 말하기를, 지원자를 걸러내는 절차로 면접시간을 7만 시간가량 줄였다고 한다.

이 시스템은 지원자들에게 자동으로 피드백을 제공하기 때문에 불합격한 지원자들도 이득을 본다. 이에 대해 그녀는 다음과 같이 설명한다.

"이 절차에서 마음에 드는 점은 우리 회사에 지원하는 사람은 하나같이 일정 정도 피드백을 얻는다는 점이다. 사람들이 거대 기업에 지원서류를 제출하면 보통 이력서는 '블랙홀'에 빠져 어디론가 사라지고 만다. '이력서를 제출해주셔서 감사합니다. 곧 연락드리겠습니다.' 그러고는 다시는 연락이 오지 않는다. 반면 우리 회사에 지원하는 이들은 한두 쪽 길이의 피드백을 받는다. 게임 성적이 어떤지, 비디오 면접 결과는 어떤지, 지원한 직책에 적합한 특성들은 무엇이었고 본인이 그 직책에 적합한지 그렇지 않은지, 적합하지 않은 이유는 무엇인지, 앞으로 일자리에 지원할 때 채용되려면 어떻게 해야 한다고 우리 회사가 생각하는지 등에 대한 피드백을 보내준다. 이는 인공지능을 이용해서 기업이 지원자들을 훨씬 인간적으로 대우할 수 있다는 본보기다."

유나봇은 유니레버의 글로벌 영업 전체에 조금씩 도입되고 있다. 현재 유니레버가 영업을 하는 190개국 가운데 36개국에서 활용되고 있다.

네어는 "지금까지 직원 36퍼센트가 유나봇을 이용했고, 유나봇을 이용하는 직원의 80퍼센트가 반복해서 유나봇을 사용한다"고 말한다.

사용자에게 유나봇이 제공하는 답변에 얼마나 만족하는지 등급을 매겨보라고 하자, 네어는 "5점 만점에 3.9점"이라고 답한다.

═ **Tip** ═

- 💬 인공지능 채용 시스템이 수십만 건의 지원서류를 평가할 역량을 갖추면 더 많은 지원자들을 평가할 수 있게 된다.

- 💬 인공지능을 이용하면 채용 담당자가 산더미 같은 이력서를 훑어봐야 하는 기존의 절차에 비해 채용될 가능성이 높은 지원자들을 누락시킬 가능성이 훨씬 줄어든다.

- 💬 인간 채용 담당자는 일차로 부적격자들을 걸러내고 일일이 분석할 시간이 없을지 모르지만, 인공지능과 머신러닝을 이용하면 지원자가 아무리 많아도 그 가운데 최종 후보자 목록을 금방 만들어낼 수 있다.

- 💬 챗봇은 사용이 간편한 인터페이스를 통해 직원들과 신입사원들의 일반적인 문의에 신속한 답변을 제공하고, 인공지능은 직원들이 가장 필요한 답변이 무엇인지 파악하는 데 사용된다.

20 월마트 Walmart

자율 스캐닝 로봇이 매장 진열대 재고를 관리하다

전 세계적으로 1만 1,000개의 매장을 운영하는 월마트는 수익으로 볼때 세계 최대 기업이고[1] 230만 명의 종업원을 거느린 세계 최대의 민간고용주이기도 하다. 월마트의 온라인과 오프라인 소매영업은 회사 전략으로서 밀접하게 연결되어 있다. 전자상거래 상품들을 쌓아둘 창고가필요해지면서 오프라인 영업장은 두 배로 늘어난 한편,[2] 처음에 전자상거래를 위해 개발한 인공지능과 빅데이터 구상은 오프라인 매장에서도쓰이고 있다.

고객 충성도 프로그램을 통해 수집한 고객 데이터에서부터 최근에 도입한, 인공지능을 이용해 자율적으로 스캐닝하는 로봇에 이르기까지 월마트는 수십 년 전부터 첨단기술을 도입하는 데 선도적인 역할을 해왔다.

구매 추세 예측으로 재고 관리가 가능할까?

수많은 매장을 거느리는 월마트 같은 규모의 기업은 재고를 관리하는

138

일이 골칫거리다. 가격과 고객에게 제공하는 편의성에 기업의 사활이 걸린 시장에서 경쟁력을 유지하려면 고객의 구매 추세를 끊임없이 정확히 예측해야 하는데, 이러한 추세에는 지역 특성, 날씨 패턴, 고객 인구 구조, 경제적 여건 등이 모두 영향을 미친다.

실시간으로 확인하는 정도에 근접하지 않고는 상품이 운송 판매되는 과정을 정확히 모니터하기란 쉽지 않다. 서로 다른 여러 부서들이 서로 다른 재고 시스템을 이용하는 일이 종종 있다. 꼭 필요한 순간에 재고 데이터를 입수하지 못할지도 모르고, 데이터 자체도 인간이 직접 수집하고 업데이트하기 때문에 오류가 날 가능성이 있다.

월마트가 고객중심 기업임을 보여주는 한 사례는 매장 내에서 사용하는 앱이다. 이 앱을 사용하는 쇼핑객은 매장 내의 진열대에서 특정 품목의 위치를 찾을 수 있다. 이는 사용된 지 꽤 된 앱인데, 사용해본 사람이라면 누구나 알겠지만 정확도는 복불복이다. 상품이 진열대에 진열되는 때와 그 상품이 스캔되는 때, 즉 계산대에서 상품 바코드가 읽힐 때 사이에 무수히 많은 일들이 일어날 수 있기 때문이다. 계산대에서 스캔하는 순간 데이터가 업로드되지만 앱은 여전히 재고가 업데이트되지 않은 상태에 머무른다.

자율 스캐닝 로봇의 실시간 매장 비디오 분석

거대한 소매업체들은 저렴한 가격을 유지하는 일과 고객에게 편의를 제공하는 일 사이에서 아슬아슬하게 외줄타기를 해야 한다. 이 외줄에서 조금만 기우뚱해도 경쟁사들에게 시장점유율을 빼앗길 수 있다.

한 가지 매우 흥미로운 구상을 소개한다. 자율적으로 스캐닝하는 로봇을 배치해 매장에서 실시간으로 비디오 분석을 하는 방법이다.

이 로봇은 미국 내의 일부 매장에서 시범적으로 설치되었는데, 통로를 오가면서 진열대 위의 상품들을 비디오로 찍는다. 매장 내 재고 수준이 시간마다 어떻게 오르내리는지 보여주는 데이터를 사실상 실시간으로 수집한다는 뜻이다.

그 결과 하루 중 특정한 시간에 어떤 품목이 팔릴지 더 잘 예측함으로써 고객 행동을 더욱 정확하게 보여주는 모델을 구축할 수 있다. 이 데이터는 다시 공급사슬과 재고 시스템에 입력되고 그 결과 미래 수요를 더욱 정확하게 예측하게 된다.

위에서 소개한, 고객이 매장에서 사용하는 앱의 경우, 로봇의 센서가 실시간으로 전달하는 데이터를 통해 앱 사용자는 자신이 찾는 품목이 진열된 위치를 정확히 파악한다. 별도의 데이터베이스에 따라서 대충 그 위치를 짐작하지 않아도 된다는 뜻이다.

자동화가 인력에 미치는 장기적인 영향에 대한 관심이 높아지고 있는 때에 월마트 로봇은 인간을 대체하려는 의도로 제작되지는 않았다는 점을 주목해야 한다.[3] 이 로봇은 매우 반복적이고 따분한 업무를 지원하기 위해 설계되었다. 그 덕분에 매장의 직원들은 고객을 돕는 데 더 많은 시간을 할애할 수 있다.

혹스아이 기술과 세계 최대 클라우드

월마트의 로봇을 설계한 기업은 미국 캘리포니아에 위치한 보사노바 로

보틱스$^{Bossa Nova Robotics}$다.[4] 키가 약 60센티미터인 이 로봇에는 길게 뻗을 수 있는 카메라와 센서가 장착되어 있어서 높은 진열대까지도 스캔할 수 있다.

보사노바는 최근 월마트가 사용하는 로봇을 포함해서 자사의 로봇 기능이 향상되었다고 발표했다. 컴퓨터 비전 기술 전문인 혹스아이^{Hawxeye}를 인수한 때문이다. 혹스아이 기술은 머신러닝을 직접 카메라 같은 기기에서 구동할 수 있다는 점이 주목할 만하다. 먼저 데이터를 클라우드에 전송할 필요가 없다는 뜻이다.[5] 이 덕분에 속도가 빨라지고 가치 없는 데이터의 양을 줄이게 된다. 서버를 이용하는 시스템의 경우에는 이런 데이터를 저장하고 처리해야 한다.

이 로봇은 자율주행 자동차와 똑같은 방식으로 작동하고 실시간으로 진행 방향에 놓인 장애물(사람)을 인식하고 충돌하지 않도록 피해갈 수 있다. 이 로봇은 주변을 모니터하는 카메라를 이용해서 이러한 능력을 발휘한다.

월마트의 로봇은 머신러닝 알고리듬을 이용해 매장이 열려 있는 시간에 북적거리는 공공장소에서 해야 할 일을 안전하게 처리하도록 설계되었다.[6]

2017년, 월마트는 시간당 2.5페타바이트^{petabyte*}의 데이터를 처리할 수 있는 세계 최대의 사내용 클라우드를 구축하고 있다고 말했다.[7] 이 클라우드는 전자상거래와 매장거래 데이터, 고객관리 기록, 고객 피드백, 소셜 미디어, 제3자로부터 구입한 데이터를 망라한다. 매장 내 로봇이 수

* 1페타바이트=1,024테라바이트

집한 데이터도 당연히 클라우드에 입력되어 전 세계적으로 재고 수위를 판단하는 데 사용된다.

이 로봇의 분석 플랫폼은 오픈 소스 기술을 토대로 구축되었는데, 이를 사용하면 데이터 과학 팀은 직접 코딩을 하거나 제3자로부터 비싼 폐쇄형 원천기술 솔루션을 구매할 필요 없이 여러 가지의 산업표준 소프트웨어 솔루션들 가운데 선택할 수 있다.

재고와 공급사슬 공정에는 아파치^{Apache} 소프트웨어 재단의 스파크^{Spark}, 카산드라^{Cassandra}, 카프카^{Kafka}를 비롯한 여러 가지 도구를 사용한다.[8] 이러한 데이터 도구들은 시시각각으로 변하는 방대한 양의 데이터를 실시간으로 분석하는 쪽으로 특화되어 있다. 데이터에서 얻는 분석 자료는 타블로에 시각 자료로 나타난다. 인간이 금방 이해하고 필요한 조치를 취할 수 있다는 뜻이다.

효율적인 상품 관리와 고객의 편리함

자율 스캐닝 로봇의 초기 테스트는 매우 성공적이어서 미국 내 50개 매장에 시범적으로 깔렸다.

고객은 추가로 편리함을 누리게 된다. 자신이 찾는 품목의 재고가 있고 제자리에 진열되어 있을 가능성이 높아지기 때문이다. 월마트는 낭비되는 비용을 줄이고 팔리지 않을 품목에 진열대 공간을 할애하지 않아도 되므로 이득이 된다.

보사노바의 영업 최고책임자 마틴 히치$^{Martin\ Hitch}$는 『포브스^{Forbes}』와의 인터뷰에서 다음과 같이 말했다. "우리는 이미 어떤 품목이 매장으로 운송되고 어떤 품목이 계산기를 거쳐 팔려나가는지 놀라울 정도로 매우 정확하게 알고 있었다. 이제는 최초로, 하루 중 특정한 시간대에 적당한 양의 품목을 진열한 덕택에 많은 상품을 팔고 있다는 사실까지도 알게 되었다."[9]

═ Tip ═

💬 아마존 및 알리바바와 경쟁하는 월마트에게 오늘날 인공지능은 선택사항이 아니다. 생존에 필요한 필수조건이다.

💬 거대 소매업체들은 비용의 최소화와 고객편리의 극대화 사이에서 균형을 유지해야 한다. 인공지능과 데이터 구상을 잘 계획해서 실행하면 두 가지 목표를 모두 달성할 수도 있다.

💬 월마트 규모의 기업은 시시각각 변하는 부분들이 고도로 복잡하게 얽히고설킨 네트워크에 의존하므로, 사소한 효율성이 쌓이고 쌓이면 큰 이득이 된다.

💬 월마트의 로봇은 인간을 대체하기 위해 설계되지 않았다는 발언은 현재로서는 진정성이 담긴 발언으로 보인다. 그러나 인간이 수행하는 기능들을 대거 자동화하면 장기적으로 어떤 결과를 낳을지는 여전히 미지수다.

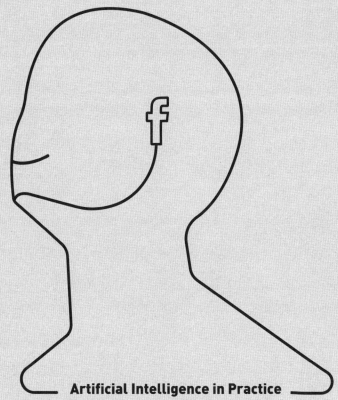

Artificial Intelligence in Practice
How 50 Successful Companies Used AI and Machine Learning to Solve Problems

3부

매체·연예·통신기업

21 월트디즈니사 The Walt Disney Company

매직밴드 데이터로 방문객의 취향을 맞추다

디즈니의 마법의 왕국 테마 공원은 '지구상에서 가장 환상적인 곳'이라고 자사를 소개한다. 1955년 캘리포니아에 첫 공원이 문을 연 이래 기술은 그 마법에 생명을 불어넣는 데 한몫을 해왔다.

하루 평균 5만 6,000명 이상이 마법을 체험하겠다는 기대에 부풀어 공원을 찾는다. 공원 플래너와 '출연자들cast members'로 불리는 엔터테이너는 고객이 좋은 추억을 간직하고 돌아가도록 하는 업무를 담당하고 있다.

줄서기와 기다리기, 수용능력을 초과하는 인원이 몰리는 탈것과 볼거리는 그다지 환상적이지 않다. 월트디즈니사는 첨단 데이터 분석과 스마트한 기술로 눈을 돌려 테마 공원에서 이러한 '마찰'을 제거하고 있다.

인기 장소에서 줄을 서서 기다려야만 할까?

날마다 수만 명의 방문객이 저마다 테마 공원 내에 있는 탈것과 볼거리를 가능한 한 최대로 체험하려고 하므로 방문객의 흐름을 관리하고 조율하는 일은 매우 복잡할 수밖에 없다.

가장 인기있는 탈것과 볼거리에는 사람들이 몰리기 마련이다. 방문객이 하루 종일 줄서서 기다려야 하면 짜증이 날 뿐만 아니라, 방문객이 줄서 있는 시간이 길면 아이스크림 판매대나 기념품점에서 돈을 쓸 시간이 줄어들기 때문에 월트디즈니사에게도 손해다.

게다가 수많은 식음료 매장과 아이스크림 판매대는 적시에 손님들을 끌어모을 수 있도록 최적의 위치에 있어야 하고 재고도 채워두어야 한다.

매직밴드와 디즈니 익스피리언스 앱

2013년 디즈니는 매직밴드^{MagicBand}라는 팔찌를 도입했다. 방문객은 이 팔찌를 발급받아 탈것과 볼거리를 예약하고 그들의 호텔방에 드나들고, 공원 내 식당에서 음식을 주문하고 기념품점에서 결제를 한다.

이 팔찌를 통해 디즈니사는 매 순간 각 방문객이 무엇을 하는지 자세한 정보를 수집한다. 이를 통해 방문객에게 맞춤형 체험을 하게 해준다. 예컨대, 방문객이 공원 내 식당에 도착하면 직원이 방문객의 이름을 부르면서 맞이한다. 공원 플래너는 전체적인 방문객의 움직임에 대한 구체적인 데이터를 축적할 수 있다.

이는 플래너가 발걸음이 뜸한 볼거리와 탈것에 방문객들을 골고루 분산시켜서 하루 종일 사람들이 몰려 병목현상이 발생하는 인기 지점들 주변의 밀집 현상을 완화할 수 있다는 뜻이다.

실시간으로 데이터가 분석되므로 대응도 실시간으로 가능하다. 예컨대, 디즈니 캐릭터의 즉석 퍼레이드를 열어 방문객이 집중적으로 몰려

있는 곳에서 한산한 곳으로 방문객을 유도한다.[1]

팔찌는 더욱 포괄적인 디즈니사의 구상인 마이매직 플러스$^{MyMagic+}$의 일환이다. 이 구상은 온라인으로 표를 예매하는 순간부터 시작해서 디즈니를 체험하는 순간마다 방문객들이 겪을 '마찰' 즉 불필요한 스트레스를 제거하는 구상이다.

이 시스템은 방문객들로 하여금 마이 디즈니 익스피리언스$^{My Disney Experience}$라는 앱을 이용해 어떤 곳을 방문할지 계획을 세우고 어디서 식사를 하고 어떤 만화 캐릭터들을 직접 만나보고 싶은지 결정하도록 해준다. 방문객이 계획을 세우면 이를 토대로 원하는 곳을 빼놓지 않고 모두 체험하면서도 군중이 몰려서 기다려야 하는 시간을 최소한으로 줄이도록 설계된 계획표를 자동으로 제시해준다.

호텔 투숙객은 체크인 할 필요도 없다. 팔찌가 호텔 직원에게 자동으로 투숙객이 도착했다고 알려주므로 투숙하는 가족은 곧바로 예약된 방으로 가서 팔찌로 방문을 열면 된다.

월트디즈니사는 회사 전체적인 차원에서 디즈니 리서치^{Disney Research} 구상을 통해 인공지능과 머신러닝 연구를 적극적으로 추진하고 있다는 점에 주목할 필요가 있다.[2]

이러한 시설들을 통해 디즈니사는 인공지능, 시각 컴퓨팅, 로봇 관련 연구에서 대학교들과 협력한다. 학계와의 제휴를 통해 디즈니사는 디즈니 제국 전체에 사용될 기술 솔루션을 개발할 기회를 얻는다. 연구소에서 비롯된 혁신안들은 디즈니의 테마 공원, 영화, 비디오게임, TV 프로그램에 응용된다.

최근에 나온 획기적인 사례는 픽사^{Pixar}가 컴퓨터로 제작하는 영화의 그래픽 작업의 속도를 높여주는 시스템 개발이다. 이 시스템은 머신러닝의 얽히고설킨 신경망을 이용해 3D 그래픽 렌더링* 과정 중에 생성된 '노이즈**'를 제거한다. 실물도가 낮게 작성된 프레임이라도 여전히 프로덕션 품질의 이미지를 만들어낸다는 뜻이다.[3]

디즈니사는 영화관에서 실시간으로 관중의 반응을 측정하는 도구도 개발하고 있다.[4] 캄캄한 극장 안에서 수백 명의 관중을 관찰하고 그들의 표정을 분석해 그들이 행복한지, 슬픈지, 따분해하는지 등을 판단하도록 훈련받은 딥러닝 알고리듬을 이용하는 방법이다. 이를 통해 디즈니사는 실시간으로 관중의 몰입도를 파악하고 관중이 재미를 느끼고 반응하는 방식에 따라 변화를 주는 반응형 체험이 되도록 조정할 수 있다.

---

* 렌더링 rendering, 2차원의 그림에 광원·위치·색상 등 외부의 정보를 고려하여 사실감을 불어넣어, 3차원 영상을 만드는 과정을 뜻하는 컴퓨터그래픽 용어.

** 노이즈 noise, 전자공학이나 기계제어 분야에서 주로 기계의 동작을 방해하는 전기신호를 말함.

주파수 ID 기술로 수천 개 센서와 소통

훌륭한 여느 마법사와 마찬가지로 디즈니사도 자사가 개발 중인 기술에 대해 철저히 비밀을 유지하는 것으로 악명이 높다. 디즈니사는 이러한 기술로 마법을 창조한다.

그러나 디즈니의 매직밴드인 팔찌는 주파수 ID 식별 기술을 이용해 공원 곳곳에 설치된 수천 개의 센서와 통신한다고 알려져 있다. 또한 팔찌에는 장거리 통신을 위해 휴대전화에 사용되는 것과 비슷한 무선 장치가 장착되어 있다.[5]

이 구상을 실행하려면 10억 달러 정도의 비용이 드는데다, 개찰구의 회전문, 호텔 객실 문, 탈것, 구매 시점의 단말기 등 방문객들이 상호작용하는 테마 공원의 모든 시설들을 데이터 포착 시스템에 통합시켜야 한다.[6]

이는 방문객이 탈것을 이용하거나 식당에서 식사를 하거나, 볼거리를 관람하거나 음식을 주문하거나 기념품점에서 물건을 구입하기 위해 팔찌를 이용할 때마다 데이터 포인트가 창출된다는 뜻이다.

이 시스템이 제작되는 동안 제작을 담당한 팀은 테마 공원에 있는, 더 이상 사용하지 않는 방음 스튜디오에 시스템의 대규모 '시연장'을 마련했다. 여러 개의 공간으로 나누어 방문객의 여정을 따라 각 단계를 나타내도록 세작하고 장식했다. 예건대, 거실은 고객이 가장 먼저 온라인으로 예약하는 장소를 나타내고, 테마 공원 내에 있는 유령의 집을 축소판으로 만들기도 했다.[7]

이것은 테마 공원 직원들이 공원을 관리하는 데 도움을 주는 반드시 필요한 시설이었다. 직원들이 업무를 처리하는 과정에서 대대적으로 기술을 도입하는 데 익숙하지 않았기 때문에 이 개념을 받아들이려면 필수적인 과정이었다.

볼거리와 탈것을 즐기는 재방문객 증가

방문객의 여정에서 불편함 등의 '마찰'을 제거하면 마법의 왕국 방문객들은 방문 기간 동안 더 많은 볼거리와 탈것을 즐길 수 있고 더 좋은 추억을 간직하고 돌아간다. 기념품도 더 많이 살지 모른다. 줄서서 기다리는 시간이 줄어들면 고객 만족도가 높아지고 만족한 고객은 디즈니를 다시 찾게 될 가능성이 높다.[8]

━ Tip ━━━━━━━━━━━━━━━━━━━━━━━━━━

💬 디즈니사는 테마 공원을 이용해 자사가 창조한 캐릭터들과 영화를 방문객의 실제 삶에 가져다준다. 이를 통해 디즈니사는 방문객들이 자사 브랜드와 상품에 더 강한 애착을 느끼게 만들어 자신들이 제작하는 영화와 영화 관련 상품들을 지속적으로 구매하기를 희망한다.

💬 그렇게 될 확률을 높이려면 방문객들이 즐거운 체험을 하도록 만들면 된다. 첨단 인공지능 분석기술은 많은 사람들의 움직임을 관리하는 업무를 대폭 간소화한다.

💬 디즈니사를 구성하는 수많은 부문들 가운데, 테마 공원은 신기술에 관한 위험 회피 성향이 높기로 정평이 나 있다.[9] 이것이 바로 마이매직 플러스 구상을 구축한 팀이 극복해야 할 과제다.

22 인스타그램 Instagram

괴롭힘 방지 시스템으로 사용자를 보호하다

인스타그램은 2010년에 등장했지만 이미 인스타그램 없는 삶은 상상할 수 없는 세대가 생겼다.

페이스북이 소유한 소셜 네트워크인 인스타그램은 이미지와 동영상 공유에 집중하는 사이트다. 2018년 6월 기준으로 10억 명에 달하는 사용자가 활동을 하고 있고,[1] 날마다 9,500만 건의 포스트가 올라온다.[2]

불행하게도 괴롭힘과 희롱, 학대가 온라인상에서 심심찮게 일어난다는 점을 인식한 인스타그램은 인공지능을 이용해 불쾌한 행동이 누군가의 삶에 영향을 미치기 전에 미리 방지하겠다고 발표했다.

온라인 괴롭힘 피해자들을 어떻게 보호할까?

화사한 모든 셀피selfie*와 뛰어난 경관을 찍은 사진들 이면에는 소셜 이미지 공유의 어두운 면이 도사리고 있다.

---

* 셀피 selfie, 한국에서는 셀카라고 함.

영국 자선단체 디치 더 레이블$^{Ditch The Label}$이 해마다 조사하는 괴롭힘에 관한 자료에 따르면, 청년층의 42퍼센트가 인스타그램에서 온라인상으로 괴롭힘을 당했다고 한다.[3] 그 어떤 소셜 미디어 플랫폼보다도 높은 수치다.

어린이협회가 2018년 초에 발간한 「온라인 괴롭힘이 청년층의 정신 건강에 미치는 영향」이라는 보고서에 따르면, 온라인 괴롭힘에 대응하기 위해 소셜 미디어 기업들이 취하는 조치들은 미흡하고 일관성이 없다.[4]

오프라인 괴롭힘과 마찬가지로 온라인 괴롭힘도 피해자의 삶에 심각하고 지속적인 영향을 미칠 수 있고, 극단적인 경우 정신건강을 해치거나 자살로 이어지기도 한다.

사용자를 괴롭힘으로부터 안전하게 보호하는 책임을 다하려는 과정에서 소셜 미디어 기업들은 표현의 자유에 대한 제약과 사용자의 콘텐츠에 대한 검열 사이에서 아슬아슬하게 외줄타기를 하고 있다.

댓글과 동영상 텍스트를 걸러내는 알고리듬

인스타그램은 인공지능 댓글 여과 알고리듬을 깔아 자사 네트워크에 업로드되는 모든 댓글들을 걸러내고 있다.[5]

여과 장치는 모든 계정에서 로그인하면 자동으로 작동하게 되어 있지만 검열을 거치지 않고 모든 댓글들을 읽고 싶다면 이 기능을 끌 수도 있다.

동영상 속의 말뿐만 아니라 텍스트도 여과 장치가 살펴보고 외모, 인종, 젠더 비하 발언 등 누군가를 괴롭히려는 댓글이라고 판단되는 것은 무엇이든 자동으로 걸러낸다.

특정 계정이 자주 걸러지는 댓글이라고 강조표시가 되어 자사의 직원에게 알려지면 직원이 직접 검토해 계정 사용자가 서비스 약관을 어겼는지 판단을 내린다. 직원의 판단에 따라 이 계정은 플랫폼으로부터 퇴출당하는 경우도 있다.

페이스북의 딥텍스트 기술 활용

인스타그램의 괴롭힘 방지 여과 장치는 페이스북이 개발한 딥텍스트 DeepText라는 자연어 처리 기술을 사용한다.

이 기술은 사용자의 댓글을 구성하는 텍스트를 살펴보고 과거에 괴롭히는 댓글로 경고딱지가 붙은 다른 댓글들과 비슷한 패턴을 보이는지 분석한다.

딥텍스트는 신경망과 연관된 딥러닝 기술을 이용해 업로드되는 텍스트를 분류하고 텍스트가 업로드된 맥락을 이해한다. 딥러닝 시스템은 훈련을 거듭할수록 정확도가 개선되므로 온라인상에서 친구들끼리 장난으로 욕설을 주고받을 때와 의도적으로 누군가를 겨냥해 집중적으로 괴롭힐 때 쓰는 욕설을 구분하는 능력이 점점 개선된다.[6]

자연어를 기본으로 하는 다른 딥러닝 시스템과 마찬가지로 딥텍스트도 인간들끼리 서로 문자를 주고받는 방식을 배우고 이에 적응하면서 속어, 말하는 패턴, 사투리, 어법 등을 이해하는 능력이 점점 개선된다.

페이스북은 딥텍스트를 통해 새로운 장을 개척하고 있다고 말하는데, 이는 이 기술이 분석을 실행하는 과정에서 각 단어에 지정하는 의미에 여러 층이 추가된다는 뜻이다.

각 단어에 의미를 규정하는 태그를 부착할 뿐만 아니라, 이를 이용해 단어의 빈도와 텍스트 안에서의 맥락을 추적하고 각 단어가 여러 의미의 관계망에서 차지하는 위치를 지정해준다.

이러한 기능을 통해 인공지능은 단어들 간의 공통적인 관계와 서로 다른 단어들이 똑같은 의미로 쓰이는 상황들을 학습하게 된다.

이 기술의 비결은 이러한 기능을 매우 신속하게 실시간으로 수행할 수 있으므로 매우 효과적이라는 점이다. 1초당 업로드되는 1,000건의 인스타그램을 분석하고 이해하고 판단을 내릴 정도다.

사용자들의 긍정적인 경험 기대

인스타그램의 괴롭힘 방지 시스템은 최근에 도입되었기 때문에 아직까지 어떤 결과가 나왔는지 언급된 적이 없다.

그러나 모욕적이고 불쾌하고 마음에 상처를 주는 댓글을 당사자가 보기 전에 제거함으로써 사용자들이 인스타그램을 이용하면서 더욱 긍정적이고 포용적인 경험을 하리라 기대한다.

💬 괴롭힘은 늘 사회에 존재해온 문제지만, 인터넷과 소셜 미디어가 등장하면서 상황이 악화되었다. 피해자들이 공개적으로 익명의 다수에 의해 집중 공격을 받을 수 있기 때문이다.

💬 인공지능이 없다면 인스타그램에 업로드되는 댓글을 하나하나 실시간으로 검토하기는 불가능하다. 딥텍스트가 예방적 차원에서 미리 댓글이 보이지 않게 하는 기능도 불가능했을지 모른다는 뜻이다.

💬 인공지능 괴롭힘 방지 여과 장치는 뜻하지 않게 누군가가 단순히 표현의 자유를 행사하거나 어떤 의견에 동의하지 않거나 이의를 제기할 권리를 침해할 위험도 줄어든다. 인공지능의 텍스트 분석과 자연어 처리는 올바른 판단을 내리리라고 믿어도 될 만큼 발달했다.

23 링크트인 LinkedIn

저비용으로 구직자와 고용주를 짝지어주다

링크트인은 직업 세계의 소셜 네트워크다. 페이스북이 친구 및 가족과 연락을 주고받는 데 도움을 주었다면, 링크트인은 직장판 페이스북인 셈이다.

페이스북은 주로 사용자의 데이터를 기업에 팔고 기업들이 사용자에게 상품을 광고하게 해줌으로써 돈을 번다면, 링크트인은 이 플랫폼 사용자들을 대상으로 자기 회사에 합류하도록 할 후보들을 물색하는 고용주들을 통해 수익이 창출된다.

링크트인은 '좋아요'를 클릭하는 영화나 음악에 따라 사용자들을 분류하는 대신 사용자의 경력과 업무에 유용한 기술에 따라 분류한다. 그러고 나서 이 플랫폼의 모든 사양에 내장되어 있는 인공지능을 이용해 사용자와 일자리를 짝지어주거나 직원을 구하는 고용주들에게 사용자를 소개해준다.

구인 구직의 비효율성을 어떻게 해결할까?

일자리에 적당한 구직자를 찾는 일은 기업들에게 부담스럽고 비용이 많이 드는 일이다. 글래스도어^{Glassdoor*}에 따르면, 미국에서 기업이 직원 한 사람을 고용하는 데 평균 4,000달러를 쓴다.[1]

운이 좋아서 원하는 사람을 구한다고 해도 상당한 비용이다. 그러나 특정한 일자리에 안성맞춤인 사람을 선정하는 인간의 능력은 그다지 뛰어나지 않다는 증거가 있다.

2017년 영국의 채용 및 고용 연맹^{REC}이 실시한 연구를 보면, 기업은 다섯 명당 두 명 꼴로 특정 일자리에 적합한 직원을 채용하는 데 실패하는 것으로 나타났다.[2] 중견급 직위에 적합한 직원 채용에 실패할 경우 기업은 평균 13만 2,000파운드를 손해보는 것으로 나타났다.

이러한 비효율성이 발생하는 부분적인 이유는 채용 담당자들이 채용 절차가 진행되는 동안 정보 수집을 거의 하지 않았기 때문이다. 대개의 경우 그저 이력서를 검토하고 면접 평가를 하고 추천서나 검토하는 데 그친다.

게다가 특정 직종의 경우에는 사람을 구하기가 매우 어렵다. 적합한 기술을 지닌 사람을 찾기 힘들거나 해당 지역에서 지원하는 사람이 없기 때문이다. 교사가 그 한 예다. 미국 내 10만 개의 학급이 교사 자질이 없는 교사와 함께 2016~2017학년도를 시작했다.[3]

한편, 미국 간호대학교 협회에 따르면, 고령화되는 인구를 돌보기 위해 2024년까지 100만 명 이상의 간호사를 채용해야 한다.[4]

---

* 글래스도어 Glassdoor, 특정 회사 직원이 익명으로 자기 직장과 상사를 평가하는 사이트.

특히 기술 분야는 인재난을 맞고 있다. 이따금 광범위한 실업률을 야기하리라고 예측되는 인공지능 혁명이 실제로 현재로서는 정반대 효과를 낳는 셈이다.

기업들이 앞다퉈 인공지능을 도입하면서 구인난까지 겹쳐서 2020년 무렵이면 데이터 과학 분야에서 채워지지 않는 일자리가 270만 개에 달하리라고 IBM은 예측한다.[5]

빈자리를 채울 후보를 물색하는 과정에서 발생하는 비효율성은 개별적인 산업에만 영향을 미치는 데 그치지 않고 경제 전체에 영향을 미치는 참담한 결과를 초래할 수도 있다.

성공적인 소개로 예측 정확도를 높이다

링크트인은 수백만 명의 전문직 종사자들에 대해 수집한 정보로 인공지능 검색 도구를 이용해 구직자에게 적당한 일자리를 찾아주거나 직원을 구하는 고용주에게 적당한 후보자를 찾아준다.

이 인공지능은 사용자가 알 만한 사람들과 사용자가 연락하고 싶어할 만한 사람들을 제안함으로써 사용자가 인맥을 구축하도록 해주고 인공지능 분석을 이용해 이러한 인맥을 확인해준다.

인공지능은 링크트인 학습강좌 도서관에서 사용자에게 유익할 만한 강좌도 제시해준다.

구직자는 선택 항목에서 자신을 '열린 후보'라고 지정할 수 있다. 새로운 기회에 마음이 열려있다는 의미다.

링크트인은 사용자가 제시한 정보뿐만 아니라 사용자가 자기 프로필을 어떻게 사용하는지, 예컨대 사용자가 어떤 구인광고를 살펴보는지에 대한 정보도 평가해 프로필을 구축한다.[6]

고용주가 사람을 구한다고 포스팅하면 링크트인 알고리듬은 과거에 유사한 일자리에 성공적으로 취직한 이들의 프로필과 비슷한 후보들을 이 고용주와 짝지어준다.

이 시스템은 머신러닝을 이용하기 때문에 과거에 고용주와 구직자를 성공적으로 짝지어주고 얻은 피드백을 바탕으로 알고리듬을 끊임없이 정교하게 다듬는다.

이는 특정 일자리에 가장 안성맞춤인 후보가 누군지 예측하는 역량이 점점 개선된다는 뜻이다. 이 시스템이 후보를 선정할 때 사용하는 기준은 산더미처럼 쌓인 이력서를 훑어보는 인간 채용 담당자라면 완전히 간과했을지도 모르는 무엇일 수도 있다. 그러나 머신러닝은 일자리를 구하는 데 성공한 후보들의 유형들 간에 패턴을 구축하고 예측 정확도를 점점 높이게 된다.

링크트인은 인공지능이 자사의 서비스를 설계하는 데 이용하는 절차의 일환이라고 말한다. 데이터에 기반한 인공지능의 안목을 이용해 사용자가 앞으로 링크트인 플랫폼으로부터 어떤 사양과 기능을 얻게 될지 결정한다는 뜻이다.

사용자 계정 데이터와 리크루터 플랫폼

링크트인은 사용자가 자기 계정에 제공하는 데이터를 이용한다. 그러한 데이터에는 직장경력, 보유하고 있는 기술, 업적, 어느 지역으로 이주할 의향이 있는지 등에 관한 정보가 담겨있다.

링크트인은 이를 이용해 사용자에게 솔깃할 만한 구인광고들을 구축하고 사용자가 해당 광고에 응할 확률이나 특정한 일자리에 그 사용자가 어느 정도나 적합한지에 따라 구인광고들을 분류한다.

링크트인은 사용자가 어떤 기업과 구인광고들을 살펴보는지, 또 그 사용자의 개인 네트워크에 어떤 사람들이 합류하는지 모니터해서 프로필을 구축한다.

기업이 사람을 구할 때 사용하는 링크트인즈 리크루터$^{LinkedIn's\ Recruiter}$ 플랫폼도 사용자가 검색하고 살펴보는 활동을 바탕으로 데이터를 수집한다. 이 데이터는 고용주들의 프로필을 구축하고 그들이 사람을 구할 때 어떤 자질들을 보는지 예측하는 모델을 구축하는 데 쓰인다.[7]

메시지 응답률과 구직자 고용주 간 대화 증가

링크트인은 자사의 도구와 검색엔진에 사용된 인공지능 알고리듬이 개선되면서 사용자의 인메일^{InMail} 메시지 응답률이 45퍼센트 증가했고, 고용주와 구직자 간에 대화가 오가기 시작한 횟수가 한 해에 두 배로 뛰었다고 말한다.[8]

소셜 네트워크 링크트인은 자사의 모든 소프트웨어 엔지니어들에게 인공지능, 특히 딥러닝을 이용하도록 연수를 받게 하겠다고 발표했다. 사업에서 인공지능이 도입된 측면은 무엇이든 개선된다는 확신이 들었기 때문이다.[9]

💬 여느 소셜 네트워크와 마찬가지로 링크트인이 작동하게끔 하는 연료는 사용자가 제공하는 데이터와 사용자의 서비스 이용 행태를 바탕으로 터득하는 정보다.

💬 머신러닝 알고리듬을 이용하면 구직자와 일자리를 정확히 짝지어줄 수 있지만 그러려면 데이터가 필요하다.

💬 인공지능의 구직자와 일자리 짝짓기는 해당 일자리가 요구하는 자질에 대한 고용주들의 인식과는 다른 경력과 기술을 지닌 후보를 살펴볼 기회가 된다.

24 넷플릭스 Netflix

프로필과 선호도 분석으로 체험의 격을 높이다

넷플릭스는 우편으로 DVD를 대여하는 기업에서 시작해 전 세계적으로 1억 3,000만 명의 가입자를 대상으로 VOD 스트리밍 서비스를 제공하는 거대 기업으로 변신했다.[1]

넷플릭스는 자사의 플랫폼에서 아직은 광고를 하지 않지만, 고객들이 지불하는 가입비에서 수익을 창출한다. 넷플릭스 영업이 유지되는 이유는 고객들이 월 정기 구독료가 아깝지 않을 만큼 가치를 얻는다고 생각하기 때문이다.

고객의 만족도를 유지하기 위해서 넷플릭스의 TV와 영화는 '몰아보기' 개념 쪽으로 나아가고 있다. 오랜 시간 동안 연속해서 고객을 TV 앞에 묶어두는 방식이다. 그렇게 만들면 가입자들이 구독료를 투자할 만하다고 생각하기 때문이라는 논리다. 그런데 이 논리가 먹혀들고 있는 듯하다.

엉뚱한 프로그램을 고르는 고객을 어떻게 도와줄까?

오늘날 소비자들에게는 오락거리가 차고 넘친다. 스트리밍 영화 서비스, 인터넷, 비디오게임, 기존의 TV 방송, 수천 개의 채널과 서비스는 앞다퉈 우리의 관심을 끌고 우리가 소파에 껌딱지처럼 붙어 앉아서 여가 시간을 보내기를 바라고 있다.

과거에 방송 편성은 정밀과학으로 간주되었고 TV 방송국들은 시청자의 생활방식에 맞춰 어느 시간대에 어떤 프로그램을 방송할지 엄선하고 시청자의 충성도를 얻었다.

예컨대, 사람들이 퇴근하는 이른 저녁에 뉴스 프로그램을 편성하고 뒤이어 가벼운 오락 프로그램으로 시청자의 긴장을 풀어주고 잠자리에 들기 전에 시청하도록 심야 영화를 편성했다.

그러나 주문 형On Demand 오락거리가 늘어나면서 이러한 편성 방식은 더 이상 가능하지 않게 되었다. 고객이 원하는 시간에 원하는 프로그램을 시청할 수 있게 되면서 고민거리가 생겼다. 고객이 계속 엉뚱한 프로그램을 고른다면, 그래서 지불한 가격에 상응하는 재미를 보지 못한다고 생각하게 되면 어쩌지?

인터넷 영화 데이터베이스와 맞춤형 편성표

넷플릭스는 인공지능을 이용해 자사가 보유한 1만 편 이상의 영화와 TV 프로그램 가운데 사용자가 다음에 무엇을 시청할 가능성이 높은지 예측한다.

영화나 프로그램이 끝난 직후 화면에 등장하는 추천 영상이 바로 그

것이다. 사용자가 넷플릭스를 TV, 노트북, 태블릿에 업로드할 때 서비스 메뉴에 등장하는 콘텐츠도 마찬가지다.

넷플릭스는 본래 인터넷 영화 데이터베이스[Internet Movies Database, IMDB]의 평가와 더불어 사용자의 과거 시청 습관, 사용자가 처음에 가입할 때 제시한 선호하는 프로그램에 대한 정보를 이용해 시청자가 흥미를 보일 만한 콘텐츠를 담은 '맞춤형 편성표'를 마련했다.[2]

그 이후로 넷플릭스는 시청 습관을 담은 방대한 데이터를 구축했다. 2018년 1월 7일 하루 동안에만 시청자들이 3억 5,000만 시간 동안 스트리밍 서비스로 시청하는 기록을 세웠다.[3]

우리와 비슷한 시청 습관을 지닌 사람들이 어떤 프로그램과 영화를 즐길지에 대해 넷플릭스가 엄청나게 많은 정보를 지니고 있다는 뜻이다.

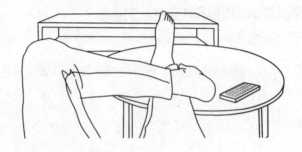

딥러닝 도서관 벡터플로우

맞춤형 편성표 알고리듬에 입력되는 가장 중요한 데이터는 각 고객의 과거 시청 습관이다. 넷플릭스는 자사의 벡터플로우^{Vectorflow}라고 불리는 딥러닝 도서관을 개발하고 소스를 오픈해 고객 시청 습관에 대해 수집한 데이터를 처리한다.[4]

본질적으로 이것은 추천 엔진이다. 아마존이 상품을 추천하고 페이스북이 '당신이 알 만한 사람들' 기능에 사용하는 인공지능 기술이 바로 그러한 예다.

넷플릭스는 콘텐츠 영화와 TV 프로그램을 분류해서 액션영화, 심리스릴러, 여자주인공 등 개별적인 요소에 따라 태그를 붙이는데, 개별적인 하나의 콘텐츠에는 수만 개의 태그가 붙기도 한다.

그러고 나서 이러한 태그가 달린 콘텐츠가 개인 사용자의 시청 취향과 일치하는지 측정한다. 특정한 태그가 시청자의 과거 시청 내력을 토대로 구축된 특정한 프로필과 일치하는 시청자들과 잘 맞아떨어지면, 그 프로필과 일치하는 다른 시청자들에게도 그 콘텐츠를 추천한다.

인공지능은 넷플릭스가 제공하는 서비스 전반에 걸쳐 제공되는 수많은 다른 기능들에도 사용된다. 사용자들이 최고 품질의 해상도를 수신하도록 하기 위해 스트리밍 품질을 최적화하는 것이 한 예다.

넷플릭스 데이터 과학자들은 고객들이 시청하고 싶어할 프로그램을 더욱 정확히 예측할 수 있는 새로운 머신러닝 방법을 개발할 때 일부 고객을 대상으로 먼저 시범 운행을 해본다.

전체적으로 지표들이 개선된다고 판단되면 네트워크 전체에 새 기술을 깐다. 이러한 지표들에는 고객이 시청한 시간, 가입했지만 볼 만한 게

없다고 판단해 구독을 취소하는 비율을 뜻하는 탈퇴율도 포함된다.[5]

스트리밍과 화상 품질을 최적화하기 위해서 넷플릭스는 실시간으로 화면 프레임 하나하나를 분석하는 알고리듬을 이용해 최소한으로 콘텐츠 사이즈를 압축할 방법을 모색하는 동시에, 시청자에게 보이는 이미지를 구성하는 데이터를 모두 그대로 보존한다.[6]

조명, 복잡성, 그리고 다음 프레임에서 그 이미지가 어떻게 움직일지 등, 각 프레임을 구성하는 요소들을 알고리듬이 모두 고려한다. 여기서 복잡성은 특정 이미지의 개별적인 부분들이 다른 이미지와 어떻게 다른지 보여주는 요소를 말한다.

가입 기간 연장과 고객생애가치 제공

넷플릭스는 시청자의 선호도 및 그 시청자의 프로필과 일치하는 다른 사람들의 선호도를 토대로 시청자들에게 그들이 원하는 콘텐츠를 정확하게 선별해 추천할 수 있다. 그 덕분에 고객들은 가입을 갱신할 때 가입 기간을 연장하고, 기업에게는 훨씬 긴 고객생애가치를 제공한다.

넷플릭스는 자체 콘텐츠 제작자로서, 시청자들의 선호도와 취향에 한결 가깝게 일치하는 새로운 영화와 TV 프로그램을 제작할 수 있다.

전송 파일의 크기를 최소화하는 데 사용되는 넷플릭스의 인공지능 압축 알고리듬은 스트리밍 품질을 개선함으로써 데이터 사용을 1,000배나 줄였다.

초당 750메가바이트의 대역폭이 필요한 〈제시카 존스Jessica Jones〉 한 편을 전송하는 데 필요한 용량이 750킬로바이트로 줄었다.[7]

💬 넷플릭스는 우편 주문에서 구독가입 형태로 사업 방식을 변화하면서 고객들의 취향뿐만 아니라 시청 시간과 시청 방법 등 수집할 수 있는 데이터의 양이 엄청나게 증가했다.

💬 고객에게 더욱 정확하게 보고 싶어할 만한 콘텐츠를 추천하게 되면 원하는 영화나 프로그램을 못 찾아서 가입을 탈퇴하는 고객이 줄어들게 된다.

💬 인공지능의 추천기능은 고객 습관에 대한 점점 증가하는 데이터를 학습할수록 더욱더 정교하게 다듬어진다.

💬 넷플릭스는 자사가 구축한 방대한 양의 시청 습관 데이터와 고객이 원하는 콘텐츠에 대한 데이터를 지침 삼아 자체적인 프로그램을 제작할 수 있었다.

💬 고화질 비디오 스트리밍 서비스는 광대역 전송 서비스가 필요한데 이는 한정되어 있고 비용이 많이 드는 서비스다. 인공지능은 중요한 데이터만을 전송하는 방법을 학습함으로써 이러한 경상비용을 줄여준다.

25 프레스 어소시에이션 Press Association

지역의 특화된 뉴스를 보도하다

프레스 어소시에이션(이하 PA)은 영국에 본부를 둔, 보도 에이전시로서 영국 전역의 지역 신문, 전국 신문, 잡지와 TV 방송국에 텍스트 뉴스, 비디오 뉴스, 사진, 광고, TV 프로그램과 스포츠 중계를 제공한다.

2017년 PA는 업스 미디어Urbs Media와 손잡고 인공지능 '기자'들이 작성한 뉴스를 지역 신문에 제공한다고 발표했다.

사양길에 접어든 지역 뉴스 산업

인터넷이 등장한 이후로 소셜 미디어와 온라인 사이트를 통해 지역에서 일어나는 일들을 접하는 사람들이 점점 많아지면서 영국의 지역 뉴스 산업은 사양길에 접어들었다. 이 때문에 신문사가 문을 닫고 기자는 설자리를 잃었다.[1]

그러면서 '민주주의를 위협'한다고 일컬어지는 빈틈이 생겼다. 지역 신문은 사실 일반 대중을 대신해서 의료와 사법 관련 이슈뿐만 아니라 지역의 정치 이슈와 지역 행정 당국을 들여다보는 '눈과 귀' 역할을 했다. 이러한 출입처들을 담당하는 기자들이 없다면 대중은 지역 당국에게 책임을 묻고 필요하다면 해명을 요구할 길도 없다.

언론보도를 활성화시키는 RADAR 서비스

PA는 데이터 기반 언론 전문가 업스 미디어와 손잡고 지역에 특화된 뉴스를 대량 생산할 역량을 갖춘 인공지능 시스템을 구축했다.

여전히 인간 기자들이 다뤄야 할 필요가 있는 기사들을 콕 집어주기는 하지만, 이 시스템은 인공지능 알고리듬을 이용해 기사를 작성하고 영국 전역의 신문과 웹사이트들에 알맞게 지역 맞춤형으로 그 기사를 조정한다.[2]

리포터즈 앤드 데이터 앤드 로봇Reporters and Data and Robots(이하 RADAR)이라고 알려진 이 서비스는 구글의 디지털 뉴스 구상 기금Digital News Initiative Fund으로부터 재정적 지원을 받는데, 이 기금은 신기술을 이용해 디지털 시대에 언론보도를 활성화시킬 목적으로 조성되었다.[3]

RADAR는 이 프로젝트로 인간 기자들을 대체하려는 게 아니라 기자들의 취재를 도와 정부의 오픈 데이터 같은 데이터 세트에서 정세 및 사회 상황을 파악함으로써 지역 주민들에게 보다 타당한 방식으로 보도를 하는 게 목적이라고 말한다.

그리고 나서 RADAR는 지역 차원에서 이러한 정세와 사회 상황이 어떤 영향을 미치는지 설명하는 지역 맞춤형 기사를 창출한다.

이렇게 작성된 기사는 지역의 주류 언론뿐만 아니라 사양길에 접어든

지역 신문 산업이 남긴 공백을 메우기 위해 많은 지역사회에서 우후죽
순 등장한 '고도로 지역화된' 신흥 보도 사이트들에도 제공된다.[4]

인간의 자연어 뉴스기사로 변환

RADAR 프로젝트에 사용된 핵심적인 인공지능 기술은 자연어 처리와 생
성이다.[5]

통계표와 정보를 '읽고' 이를 인간의 자연어(이 경우 영어) 뉴스기사로 변
환할 수 있다는 뜻이다.

예컨대, 일반 대중이 응급구호차를 부르면 평균 대기시간 목록을 받
아서 이를 바탕으로 응답 시간이 짧은 지역, 아니면 평균인 지역, 또는
긴 지역을 추론함으로써 이 목록을 지역화한다.

사용되는 데이터는 대부분 정부기관이 구축한 공개 데이터에서 가져
오고, 의료, 교육, 사법당국, 인구 데이터 등과 같은 부문을 다룬다.

가짜 뉴스 타파와 민주주의 절차를 통한 판단

RADAR 시스템으로 작성된 뉴스기사는 이제 PA의 뉴스 피드를 통해
1,000개 이상의 지역뉴스 보도 매체에 제공된다.[6]

뉴스기사가 대대적으로 지역화되면서 예산이 쪼들리는 지역 보도기
관들을 통해 중요한 이슈들을 대중이 접하게 될 가능성이 높아졌다.

인공지능이 보다 심층적이고 철저한 조사가 필요한 이슈들을 작성하
면, 인간 기자들에게 이러한 이슈들을 배당해 데이터만 봐서는 명백하

지 않은 근본 원인과 같은 이슈들을 파고들 수 있다.

이러한 기사들은 '가짜 뉴스' 타파에도 도움이 될 수 있다. 기자들이 지역에서 중요한 이슈를 보도하지 않으면 누군가가 나서서 그 문제를 다루게 되며, 이러한 경우 엄연한 사실과 데이터보다는 개인적인 일화나 경험을 바탕으로 보도하게 된다.

전체적으로 볼 때, PA의 방식 덕분에 대중은 알아야 할 정보를 제대로 받아보게 되고, 이러한 정보를 토대로 지역 민주주의 절차를 통해 판단을 내릴 수 있게 된다.

═ **Tip** ═

💬 지역 뉴스 보도기관들은 예산 부족으로 심한 압박에 시달리고 있고, 이로 인해 지역적으로 중요한 문제를 취재 보도하는 역량에 공백이 생겨 심각한 위험을 야기하고 있다.

💬 인공지능은 공공 데이터를 이용해 이해하기 쉬운 인간의 자연어로 보도기사를 신속 정확하게 작성할 수 있다.

💬 따라서 뉴스 생태계에서 잘못된 정보나 '가짜 뉴스' 유포자들이 활개칠 가능성을 낮춘다.

💬 인간 기자는 인공지능이 데이터만 살펴봄으로써 포착하지 못하는 배경 이슈를 심층적으로 조사하는 데 쓸 시간을 더 많이 확보하게 된다.

26 스포티파이 Spotify

스트리밍 서비스로 원하는 곡을 골라 듣는다

스포티파이는 2008년에 창립된 음악 스트리밍 서비스로서 현재 1억 8,000만 명의 사용자와 8,300만 명의 구독자를 보유하고 있다.[1]

아마존과 넷플릭스 등 지난 10여 년 동안 자기 분야의 최강자로 떠오른 다른 온라인 서비스와 마찬가지로 스포티파이도 사용자에게 방대한 양의 콘텐츠 목록을 전통적인 방식으로는 따라오지 못할 저렴한 가격에 제공하지만 이게 성공비결의 전부는 아니다.

머신러닝으로 구동되는 첨단 예측 기술이 스포티파이의 화룡점정이다. 이 기술 덕분에 사람들이 이해하고 즐기는 방식으로 콘텐츠를 제시할 수 있다.

이를 시행하는 데 성공한 한 가지 방식이 디스커버 위클리[Discover Weekly]라는 청취 목록인데, 이를 통해 사용자들에게 그들이 즐길 만한 신곡 목록을 인공지능으로 작성해 제공한다.

수천 곡의 신곡들 중에 무엇을 들을까?

손가락 끝으로 클릭만 하면 수백만 곡을 들을 수 있으므로 사용자가 들을 음악이 동나는 일은 결코 없다. 그러나 과거에 라디오 청취자들이 했던 방식대로 새로운 밴드나 음악가들을 발견하기는 어려울지도 모른다.

사용자는 자기가 좋아하는 밴드나 가수의 이름을 검색하고 그들의 최신 곡을 즐기기는 쉽지만 날마다 서비스에 추가되는 수천 곡의 신곡들로부터 새로운 음악인을 발굴하는 일은 훨씬 까다로워졌다.

매주 취향에 맞는 30곡 선곡

스포티파이는 사용자의 개인적인 디스커버 위클리 곡목을 통해 사용자가 좋아할 만한 신곡 30곡을 매주 제공한다.

카세트테이프에 여러 곡의 노래를 녹음해 친구에게 선물하면서 자란 사람들에게 이는 새로 친한 친구가 생겼는데 마침 그 친구가 인공지능인 셈이다.

라디오 DJ들이 과거에 했던 역할을 인공지능이 한다고 볼 수도 있다. 청취자의 취향을 읽고 그들이 좋아할 만한 곡을 틀어주는 역할 말이다.

디스커버 위클리 팟캐스트로 이끈 한 가지 혁신은 사용자에게는 스포트파이가 추천하는 곡뿐만 아니라 추천하는 방식도 중요하다는 점을 스포티파이가 깨달았다는 사실이다.[2]

디지털 음악 초창기 때부터 사용자들이 곡 선정 형태로서 '목록'에 익숙해졌으므로, 스포티파이가 이러한 포맷을 이용해 자동적으로 생성된 추천목록을 제시하는 게 이해가 된다.

협업 필터링으로 추천 목록 생성

넷플릭스의 추천 엔진과 마찬가지로 스포티파이의 디스커버 위클리 목록을 생성하는 데 사용되는 데이터는 사용자의 청취 습관을 모니터해서 수집한다.

이 덕분에 협업 필터링collaborative filtering이라는 과정을 통해 추천 곡의 목록을 구축하는 일이 가능해졌다.[3]

간단한 예를 하나 들어보자. A라는 사람이 X와 Y라는 두 음악가의 곡을 즐겨 듣는다고 하자. 또 다른 사용자 B는 Y와 Z라는 음악가들의 곡을 즐겨 듣는다.

이 데이터를 토대로 협업 필터링 알고리듬은 사용자 A가 음악가 Z를, 사용자 B가 음악가 X를 좋아하리라고 상당히 자신 있게 유추할 수 있다.

물론 수백만 사용자와 수백만 곡으로 매트릭스를 구축해 이러한 제안을 생성하는 일은 위의 사례보다 훨씬 복잡하다. 따라서 인공지능 알고리듬이 있어야 이러한 분석과 자료를 대규모로 생성해낼 수 있다.

이 알고리듬은 부정적 신호도 탐색한다. 예컨대 사용자가 곡을 틀고 30초 만에 다른 곡으로 건너뛰는 경우 스포티파이의 인공지능 알고리듬은 이 곡이 사용자의 마음에 들지 않는다는 신호로 해석하고 곡을 추천할 때 이 곡과 유사한 곡들에 비중을 덜 두게 된다.[4]

스포티파이의 추천 엔진은 여기서 더 나아가 오디오 분석과 자연어 처리를 이용해 추천 목록을 생성한다.

오디오 분석은 개별적인 곡을 그 곡을 구성하는 요소들, 예컨대 빠르기, 박자, 음역, 악기의 종류, 사용된 소리, 가사가 차지하는 비중과 가사의 패턴 등으로 분해한다.

그러면 이러한 요소들을 특정한 사용자가 좋아하는 다른 곡들, 그의 청취 취향과 비슷한 다른 사용자들이 좋아하는 곡들과 대조해서 이 사용자가 특정한 곡을 좋아할 가능성을 계산할 때 반영해 미세하게 조정할 수 있다.

자연어 처리는 외부 데이터도 가져오는데, 거기에는 온라인으로 검색되는 특정한 곡과 관련된 텍스트 같은 것들도 포함된다. 스포티파이는 웹을 검색해 음악과 관련된 새로운 기사와 블로그 포스팅을 찾아낸다. 그리고 각 곡을 묘사한 텍스트에서 감지되는 '흥겹다' '독특하다' '슬프다' '무겁다' 같은 감성들을 분석하고 이 데이터를 이용해 특정한 사용자가 그 곡을 어떻게 받아들일지 판단한다.[5]

스포티파이는 딥러닝과 신경망을 이용해 이 모든 정보를 취합하고 매우 높은 확신을 갖고 사용자가 좋아할 만한 추천 목록을 작성한다.[6]

여러분이 친구에게 여러분의 계정을 사용하게 하면 어떻게 될까? 스포티파이는 자사의 회원들 가운데 일부가 이런 짓을 한다는 사실을 잘 알고 있다. 따라서 인공지능 알고리듬은 갑자기 급격히 변했다가 원상 복귀되는 청취 습관을 무시할 만큼 똑똑하다.

스포티파이는 자체적인 데이터 센터가 없다. 2018년 플랫폼 전체를 구글 클라우드로 옮기는 작업을 완성했다. 이 덕분에 새로운 가입자들을 감당하느라 끊임없이 기간시설을 업그레이드하지 않고도 민첩하게 서비스를 확장할 수 있었다.[7]

800만 명 가입자 증가와 주가 상승

스포티파이의 디스커버 위클리 목록은 사용자가 좋아할 만한 신곡을 추천하고 사용자의 마음에 들면 가입자들이 자사의 서비스를 계속 이용하게 만들 가능성이 높다.

사용자가 좋아할 만한 신곡을 성공적으로 예측한 것이 스포티파이가 성공한 비결로 거론된다. 2018년 4월 뉴욕증권거래소에 상장된 뒤 3개월 만에 스포티파이의 가입자 기반은 800만 명이 늘었고, 주가는 25퍼센트 올랐다.[8]

Tip

💬 스포티파이 같은 거대 스트리밍 서비스는 방대한 데이터에 접근해 음악 취향과 같이 사적이고 인간적인 문제들에 대해서까지도 아주 정확하게 예측할 수 있다.

💬 빠르기, 박자, 가사 등과 같이 곡을 구성하는 개별적인 요소들은 그 곡을 즐길 만한 사람을 짝지어주는 데 사용할 수 있는 훌륭한 지표다.

💬 스포티파이의 딥러닝 시스템은 사용자 행동, 곡에 관한 데이터, 외부에서 가져오는 텍스트 데이터 등 여러 가지 서로 다른 데이터 세트를 분석한 결과를 종합해서 점점 더 정확한 예측 목록을 생성한다.

💬 사용자가 이해하고 편하다고 느낄 만한 방식으로 예측 목록을 제시하는 것은 예측을 정확히 하는 일만큼이나 중요하다. 음악을 목록을 통해서 소비하는 사람들이 점점 늘어나면서 스포티파이는 디스커버 위클리 포맷을 택했다.

27 텔레포니카 Telefonica
인터넷 접속이 단절된 지역에 혜택을 주다

텔레포니카는 스페인의 다국적기업으로서 세계 최대의 전화, 광대역 통신망, 모바일 네트워크 제공업체로 손꼽힌다. 영국에서 이 기업은 O2로 알려져 있다. 브리티시 텔레콤^{British Telecom}에서 파생된 이 기업을 2006년 텔레포니카가 인수해 O2의 모회사가 되었기 때문이다.

2018년 텔레포니카는 남미의 가장 외딴 지역에 거주하는 주민 1억 명을 연결시키는 야심찬 계획을 발표했다. 인공지능을 이용해 통신 기간시설이 미비한 지역사회들을 찾아내 재정을 투자하고 이들에게 온라인 서비스를 제공한다는 계획이다.

인터넷에 접속하지 못하는 세계 인구의 절반
첨단기술은 사람들의 삶을 개선하는 데 크게 기여할 수 있다. 바깥세상과 잘 연결되면 사업과 교육의 기회를 확대시키고 전기·수도 및 운송시설과 같은 필수적인 공공서비스를 보다 효율적으로 기획하고 집행할 수 있다.

그러나 세계 인구의 절반 이상이 여전히 인터넷에 접속하지 못하기 때문에[1] 많은 사람들이 이러한 기회를 이용하지 못하고 있다.

고객들이 기꺼이 서비스 비용을 지불할 의향이 있는, 비교적 좁은 지역에 인구가 집중된 도시지역에서는 온라인망과 접속 시설을 설치하는 비용이 대폭 하락했지만, 외딴 농촌 지역이라면 얘기가 달라진다는 데 문제가 있다.

인구밀도가 높지 않은 지역에서는 접속 시설을 설치하는 비용이 감당하지 못할 수준이 될 수도 있다. 오지에 사는 사람들의 경우 그들의 거주지를 찾아내기도 힘든 경우가 많고 그들이 어디로 이사를 가고 어디에 정착하는지에 대한 데이터가 제한되어 있다는 사실 때문에 상황은 더욱 악화된다.

라틴아메리카 오지의 온라인 접속을 돕는 파라 토도스

텔레포니카의 인터넷 파라 토도스Internet Para Todos 프로젝트는 인공지능을 이용해 온라인 접속 솔루션을 라틴아메리카 오지에 사는 1억 명에게 제공해 문제를 해결한다는 계획을 가지고 있다. 파라 토도스는 스페인어로 '모두에게 인터넷을'이라는 뜻이다.

라틴아메리카가 선정된 이유는 이 지역 인구의 20퍼센트가 여전히 사회경제적 발전에 중요한 역할을 하는 모바일 브로드밴드 서비스를 이용하지 못하기 때문이다.[2]

텔레포니카는 우선 컴퓨터 비전 기술을 이용해 위성사진을 분석하고 어디에 사람들이 거주하는지 파악했다. 그제야 비로소 이러한 오지의 인구를 연결하는 데 존재하는 물류 관련 문제에 대한 해결책을 세울 수 있었다.

그런 다음 해당 지역의 전송망을 분석하고 이 데이터를 이용해 가능한 많은 사람들을 망라하는 망을 깔기 위한 물류 작업을 최적화했다. 외딴 지역은 도로와 철도 같은 운송망이 허술한 경우가 많기 때문에 온라인 접속에 필요한 장비를 운송 배치하는 작업이 온라인 시설을 설치하는 여러 가지 작업들 가운데 가장 비용이 많이 드는 부분이다.[3]

이러한 정보를 텔레포니카의 자체적인 네트워크 데이터와 비교해 라틴아메리카의 어느 지역이 가장 절실하게 온라인 네트워크가 필요한지 찾아내고 어디에 시설을 깔면 가장 최적의 효율을 달성할지 판단할 수 있었다.

위성사진의 머신러닝과 오픈셀룰러

텔레포니카는 인터넷 파라 토도스 프로젝트를 추진하기 위해 페이스북과 손잡고, 우선 고해상도 위성사진의 머신러닝 분석을 이용해 사람들이 거주하는 위치를 보여주는 지도를 작성했다.

텔레포니카는 자사의 송신기와 송신탑의 위치에 관한 데이터와 지역 인구조사 데이터뿐만 아니라 위성 데이터를 이용해 전송 인프라 시설망을 파악했다.

이 프로젝트는 예측 유지관리 보수 계획도 포함되어 있다.[4] 이는 엔지니어가 장비에 결함이 생긴 지역에 도달하기 위해서 며칠이 걸릴지 모르므로 반드시 필요한 계획이다.

지역 기간시설 운영자, 지역사회 조직 및 기업가들과의 협력은 이 프로젝트에서 반드시 필요하다. 머신러닝을 이용해 가용자원에 대한 모든 데이터를 처리하고 최대한 많은 사람들을 연결할 수 있는 솔루션을 찾아낸다.

페이스북과 함께 텔레포니카는 고립된 농촌 지역사회에 접속 서비스를 제공하기 위해 페이스북이 특별히 개발한 오픈셀룰러OpenCelllular 무선 접속 플랫폼을 포함해 극초단파 무선 접속망 솔루션과 같은 기술도 평가하고 있다.

오픈셀룰러는 무선 전파를 이용해 모바일 브로드밴드 신호를 전송하고 이미 설치되어 있는 송신탑 같은 기존의 시설을 이용하도록 설계되어 있으므로 설치비용을 대폭 절감하는 효과가 있다.[5]

아마존 지역 주민 1만 명이 혜택을 누리다

이 프로그램을 구성하는 머신러닝과 컴퓨터 비전 기술은 분석 대상인 오지 인구의 95퍼센트의 위치를 지도로 작성할 수 있었고 통계상 실제로는 거짓인데 참이라는 결과가 나오는 긍정 오류(오탐지)false positive 비율은 3퍼센트에 못 미쳤다.[6]

페루에서 시범 운영을 통해 아마존 지역의 주민 1만 명이 인터넷에 접속하게 되었다. 궁극적으로 이 프로젝트를 통해 1억 명이 혜택을 누리도록 할 계획이다. 그들을 인터넷에 접속시키면 지역사회 전체의 경제 전망이 향상될 뿐만 아니라 그들은 처음으로 현대적인 의료 서비스와 교육 서비스를 이용하게 된다.

이를 통해 지금까지는 많은 선진국들에게만 제공됐던 기술 발전의 혜택을 이 지역의 사람들도 누리게 될 것이다. 이것은 그들의 삶의 질이 크게 향상되는 결과를 가져온다.

Tip

💬 선진국이 인터넷 보급으로 획기적인 발전을 이룬 반면, 오지에 고립된 인구는 그런 통신기술의 혜택을 누리지 못했다.

💬 인공지능은 위성사진을 이용해 인구밀도를 지도로 표시하고 외딴 지역 사람들의 거주지 위치에 대해 보다 정확한 데이터를 마련해준다.

💬 운송시설 분석을 통해 가장 비용 효율적인 방법으로 기술을 도입하면 이전까지 인터넷에 접속할 수 없었던 오지의 주민들에게도 인터넷 서비스를 제공할 수 있다.

💬 예측 유지보수 관리를 통해 언제 어떻게 시설보수 관리가 필요할지 파악할 수 있고 따라서 시설보수 계획을 보다 효율적으로 세울 수 있다. 이는 인구가 희박한 방대한 지역에 걸쳐 있는 접속망을 보수 관리할 때 반드시 필요하다.

28 트위터 Twitter

가짜 뉴스와 스팸봇에 맞서다

3억 3,000만 명 이상이 소셜 미디어 플랫폼 트위터를 이용해 날마다 수억 건의 메시지를 발송한다.[1]

전 세계 사람들은 이 플랫폼이 제공하는 서비스를 좋아한다. 트위터로 친구와 연락을 주고받고, 유명인사와도 교류하며, 뉴스에도 뒤처지지 않게 해주기 때문이다.

유감스럽게도 이 플랫폼 서비스를 이용하는 사람들이 엄청나게 많고 본질적으로 익명이 보장되므로, 이따금 가짜 뉴스가 등장한다. 그리고 이 플랫폼 서비스를 악의적으로 이용하는 사람들도 있다.

이 소셜 미디어 거대 기업은 인공지능을 이용해 유해한 정보를 퍼뜨리는 이들로부터 사용자들을 안전하게 보호하는 엄청난 난관을 극복하기 위해 애쓴다.

소셜 미디어의 거짓 정보를 어떻게 해야 할까?

소셜 미디어 시대는 모두에게 발언권을 부여했다. 그리고 항상 그렇듯이 자신의 발언권을 이용해 거짓말과 틀린 정보를 퍼뜨리는 이들이 있다.

정치적 이유에서든 탐욕에서든 소셜 미디어는 그것이 탄생한 이후로 온갖 사기꾼과 선동가들의 온상이 되어왔고 심지어 국가 차원에서 선거에 개입했다는 주장까지 나왔다.[2]

외국의 선거를 겨냥해 장난을 치는 이들이 언론에 대서특필되었지만, 개인을 겨냥한 사기도 만연하고 있고 그것은 표면화되지 않는 경우가 많다. 디자인, 기술, 공상과학 소설 등을 다루는 미국 온라인 IT 매체, 기즈모도Gizmodo가 조사한 바에 따르면, 사기꾼들이 무고한 제3자의 사진을 도용해 가짜 계정을 만드는 경우가 비일비재하다.[3]

누구든지 자신의 신원을 원하는 대로 쉽게 만들 수 있기 때문인 것도 그것의 한 이유다. 이름과 아바타만 고르면 익명의 장막 뒤에서 다단계 사기부터 음모론과 테러리스트 선동까지 무엇이든 퍼뜨릴 수 있다. 나이트 재단Knight Foundation이 진행 중인 조사에 따르면, 수백만 건의 가짜 뉴스 트윗이 트위터 상에 확산되고 있다.[4] 대부분의 소셜 네트워크와 마찬가지로 트위터도 이 문제를 타개하기 위해 심혈을 기울이고 있다.

스팸봇 계정 네트워크 폐쇄

가짜 뉴스의 심각성에 대한 대중의 인식이 높아진 이후로 트위터는 가짜 뉴스를 퍼뜨리는 계정을 찾아내 퇴출시키는 방법으로 좀 더 예방적인 조치를 취해왔다.

이 전략의 일환으로 머신러닝 도구를 개발해 가짜 뉴스 유포자와 사기꾼이 자기주장이 합법적이라는 인상을 주기 위해 사용하는 스팸봇 spambot 계정의 네트워크를 찾아낸다.[5]

트위터는 사용자들이 신고할 때까지 기다리지 않고 이 기술을 이용해 매주 1,000만 개의 계정을 찾아내 폐쇄한다.

작동 방식은 다음과 같다. 우선 잘 알려진 가짜 뉴스 사이트와 연결하는 것 같이 특정 계정의 행동패턴을 밝혀내고 이 패턴을 과거에 확인된 가짜 계정이나 봇 계정이 보였던 패턴과 비교한다. 일단 미심쩍은 계정이라고 판단되면 이 계정을 읽기전용 상태로 전환하므로 이 계정 주인은 포스팅을 할 수 없다.

그리고 나서 트위터는 이 계정 주인에게 전화번호나 합법적인 이메일 주소로 그가 실제 사람임을 증명하라고 요청한다.

가짜 뉴스, 음모론, 사기 네트워크들은 메시지를 확대 재생산하기 위해 수만 개의 가짜 계정을 사용한다. 이는 인간이 관리하는 네트워크로는 불가능한 일이다.

트위터 사내 전문가 팀 코텍스

트위터는 특정 계정이 가짜인지 찾아내는 데 어떤 징후들을 사용하는지 공개적으로 밝히기를 꺼린다. 이를 비껴갈 방법을 찾아내지 못하게 하기 위해서다.[6]

추측컨대, 트위터는 과거에 가짜로 확인되었던 계정들과 상관관계가 있는 행동패턴을 보이는 계정들을 색출할 가능성이 가장 높다.

가짜 계정이라는 징후 가운데는, 포스팅하는 빈도, 어느 계정을 팔로우하고 언팔로우하는지 보여주는 네트워킹 행동, 대량의 계정이 제한된 수의 IP 주소로부터 비롯되는 경우, 가상 사설망$^{\text{VPN, Virtual Private Network}}$ 같은 기술을 이용해 신원과 지리적 위치를 모호하게 만드는 행위 등이 있다.

이러한 활동들을 비롯해 특정한 패턴들을 보이는 계정은 가짜 계정일 확률이 높다. 그 계정은 신뢰성이 없거나 정직하지 않다고 규명된 웹사이트에서 가져온 콘텐츠를 지속적으로 공유하는 것으로 관찰된다.

트위터가 인공지능 기술을 이용하는 분야는 가짜 계정 규명에 국한되지 않는다. 트위터는 딥러닝 기술을 이용해 특정한 트윗이 개별적인 사용자들에게 얼마나 흥미로울지, 그리고 사용자의 타임라인 상에서 해당 트윗을 어느 정도나 눈에 띄게 해야 할지 판단한다.[7]

그러기 위해 특정 사용자가 팔로우하는 계정들에서 비롯되는 트윗을 일일이 분석하고 인기도를 토대로 그 트윗을 평가한다. 그 사용자가 트윗을 작성한 당사자와 예전에 교류했는지, 그 사용자가 과거에 반응을 보였던 다른 트윗의 특징들과 얼마나 일치하는지를 살펴본다.

트위터의 이러한 구상들은 대부분 사내 인공지능 전문가 팀인 코텍스^{Cortex}가 주도한다.

가짜 계정 삭제와 사업적 목적

트위터는 자동 탐색 도구를 이용해 두 달 만에 '가짜이며 미심쩍은' 계정 7,000만 개 이상을 삭제했다.[8]

해마다 스팸 정책 위반으로 삭제되는 계정들이 전년 대비 214퍼센트 이상 늘어났다. 동시에 사용자의 스팸 신고 건수가 2018년 3월 하루 2만 5,000건에서 2018년 5월 하루 1만 7,000건으로 감소했다. 트위터는 예방적인 조치로서 스팸과 가짜 계정을 사용자들이 보기 전에 플랫폼에서 제거한다는 증거로 이 사실을 지목한다.[9]

트위터가 가짜 계정을 자사의 시스템에서 퇴출시키는 까닭은 사회에 이득이 되는 일을 한다는 점 말고도 사업적인 목적에도 부합하기 때문이다. 광고주들은 자기가 광고비를 지불하고 트위터에 하는 광고가 로봇이 아니라 진짜 사람들이 보기를 바란다.

━ Tip ━━━━━━━━━━━━━━━━━━━━━━━

💬 사기꾼이나 악의를 품은 이들이 온라인에서 보이는 행동을 인공지능으로 분석해 색출할 수 있다. 여기에 사용되는 기법은 누구를 대상으로 광고를 할지 마케팅 전문가들이 판단할 때 사용하는 기법과 아주 유사하다.

💬 소셜 미디어 사용자 입장에서 익명이 필요할 때도 있다. 트위터는 사용자에게 신원을 증명하라고 요청하면 표현의 자유를 제한하게 될 위험이 있으므로 신뢰 및 안전 위원회를 운영한다.[10]

💬 트위터는 자사의 플랫폼이 제공하는 표현의 자유가 중요하다는 사실을 인식하고 있지만 사용자의 안전이 최우선 과제라고 확신한다.

29 버라이즌 Verizon

머신러닝으로 서비스 품질을 평가하다

버라이즌은 1984년 미국 법무부가 거대 통신기업 벨Bell을 여러 개로 쪼개면서 생긴 '베이비 벨즈baby Bells'의 하나인 벨 애틀랜틱Bell Atlantic으로 출발했다.

오늘날 버라이즌 커뮤니케이션즈Verizon Communications로 불리는 이 기업은 세계 최대 통신기술 회사로 손꼽힌다. 미국에서 무선서비스를 제공하는 1위 기업이고[1] 고속 광섬유 브로드밴드 서비스를 자사의 파이오스Fios 서비스를 통해 수백만 명의 미국인 가입자들에게 제공하고 있다.[2]

최근까지 버라이즌이 자사의 네트워크가 제대로 운영되는지 여부와 고객들이 체험하는 서비스 품질을 확인하기 위해 주로 사용한 데이터는 고객 피드백에서 비롯되었다.

이제 버라이즌은 자사의 네트워크를 통과하는 송수신 양과 데이터를 모니터하고 머신러닝을 이용해 사용이 급격히 증가할 때 서비스의 품질이 어떤 영향을 받는지 파악할 뿐만 아니라 날씨와 고객의 습관 변화와 같은 외부적 요인들도 파악하고 있다.

버라이즌은 2017년 야후!Yahoo!를 인수하면서 추가로 머신러닝 전문지식을 사업에 도입했다.

미리 문제를 예측하고 대응하다

버라이즌 규모의 네트워크를 모니터해서 서비스가 불통이거나 하자가
발생하는 부분을 파악하려면 엄청난 노력이 필요하다.

전통적으로 이는 고객으로부터 받은 피드백을 통해서 이루어졌다. 사
실상 문제가 발생하고 형편없는 서비스에 대한 불만이 쏟아져 들어올
때까지 기다리는 셈이었다.

이는 문제가 발생한 후에야 문제에 대응할 수 있었다는 의미다. 버라
이즌이 원인을 발견하고 바로잡으려 해도 고객들은 이미 서비스 품질의
저하를 겪고 난 뒤였다.

고객에게 영향을 미치기 전에 문제가 어디서 발생할지 예측할 수 있
게 된 것은 머신러닝이 상당히 발전하고 그러한 예측을 정확히 하는 데
필요한 분석 도구들이 등장하면서부터다.

예측 모델링으로 고객 이탈률 줄이기

버라이즌의 머신러닝 알고리듬은 자사의 모든 네트워크 요소들로부터
수집한 데이터를 입력하고 이를 바탕으로 언제 어떻게 서비스 중단과
결함이 발생하는지 파악한다.

이것은 과거에 네트워크 문제를 야기했던 상황과 비슷한 상황이 발생
하는지 인식함으로써 가능하다. 예컨대, 고객 데이터의 사용이 급증하거

190

나 극단적인 기상여건은 장비 오작동으로 이어질 수 있다.

이러한 작업을 수행하기 위해 입수 가능한 모든 요인들을 분석하고 '정상' 작동 수준을 설정한다. 그리고 나서 정상을 벗어나는 이상 징후의 기미가 있는지 살펴본다. 즉, 정상적인 행동 패턴 영역을 벗어나는 사건들이 일어나는지 살펴보고 그 원인을 규명한다.

버라이즌의 네트워크 성과와 분석을 책임진 매트 테저다인[Matt Tegerdine]은 이렇게 말했다. "인터페이스 통계치 같은 단일한 데이터 소스만 살펴보는 데 그치지 않고 외부로부터 환경 통계, 라우터[router] 상의 중앙처리장치 사용량과 같은 데이터도 수집한다는 게 장점이다. 우리는 머신러닝을 이용해 무엇이 '정상'인지 터득한다."

가능한 많은 네트워크 요소들을 살펴보고 나서 예측 모델링을 이용해 고객들이 어디서든 중단 없는 서비스를 받을 수 있도록 만전을 기한다.

사실 고객 만족도는 총체적인 전략의 중심이 되는 척도다. 가입이 만료될 때 갱신하지 않는 고객 비율을 의미하는 고객 '이탈률[Churn Rate]'을 줄이는 게 최우선 과제다.

버라이즌은 페이스북 메신저를 통해 작동하는 챗봇도 도입했다. 고객은 친구와 잡담할 때 사용했던 익숙한 대화 인터페이스를 통해 자연어로 TV 프로그램을 문의하고 라우터를 리셋하는 방법과 가장 최근의 청구서 같은 정보도 요청할 수 있다.[3]

페이스북 메신저로 답하는 버라이즌 챗봇

테저다인은 다음과 같이 말했다. "통신시장은 다양한 데이터 소스로 이루어진 매우 복잡한 생태계다. 이러한 데이터들을 복합적으로 분석해서 유용한 정보가 생성되고 분석의 가치가 높아진다."

사실 버라이즌의 예측 분석 알고리듬은 네트워크 인터페이스, 고객 라우터, 기온과 기상 데이터를 수집하는 센서, 고객 청구서를 비롯한 영업 데이터 등 초당 스트리밍 되는 3기가바이트의 데이터를 모니터한다.

버라이즌의 챗봇은 자연어 처리 기법과 신경망 기술을 이용해 페이스북 메신저 플랫폼을 통해 고객의 문의에 답한다.

고객 문제 사전 해결로 매출 증가

2017년 버라이즌은 머신러닝으로 구동하는 예측 기술 덕분에 '고객에게 영향을 미칠' 사건 200가지를 예측했다.[4] 이 예측을 통해 고객에게 문제가 될 만한 사안이 사전에 해결되었다.

거대 통신회사인 버라이즌은 자사의 네트워크 모니터 플랫폼으로부터 생성된 분석 자료들을 이용해 영업과 마케팅 의사결정도 내릴 수 있었다. 자사 서비스의 대대적인 모니터와 시범 운행을 통해 엔지니어들은 자사가 제공하는 초당 750메가바이트 서비스가 실제로는 고객의 자택까지 초당 1기가바이트 속도의 서비스를 제공해왔다는 사실을 깨닫고 깜짝 놀랐다. 따라서 버라이즌은 자사의 서비스 브랜드를 1기가바이트 서비스로 바꿨고 그 덕분에 매출이 눈에 띄게 증가했다.[5]

💬 고객에게 영향을 미치는 사건들을 예측하게 되면서 문제가 발생하기 전에 바로잡
   을 수 있게 되었고, 이는 다시 더 높은 고객 만족도와 고객 이탈률 감소로 이어졌다.

💬 버라이즌의 네트워크 규모와 범위를 볼 때 이러한 사건들을 예측하는 데 사용될 수
   있는 데이터가 방대했음은 말할 필요도 없다.

💬 버라이즌의 데이터는 대부분 내부 데이터이고 다른 기업들은 입수할 수 없기 때문
   에 버라이즌은 경쟁우위를 유지할 수 있다.

30 바이어컴 _{Viacom}

비디오 전송 속도와 품질을 높이다

바이어컴은 거대한 미디어 네트워크로서 니클로디언^{Nickelodeon}, 코미디 센트럴^{Comedy Central}, MTV 같이 누구나 아는 브랜드뿐만 아니라 400개의 유튜브 채널, 60개의 인스타그램 페이지, 100개의 트위터 계정을 망라한다.

이 기업은 인공지능 플랫폼을 이용해 데이터를 분석하고 유용한 정보를 추출해 고객의 체험을 개선하는 데 쓸모있는 단서를 얻으면서 자사의 네트워크 전반에 걸쳐 실시간으로 분석하는 기술에 집중적으로 투자해왔다.

비디오 전송의 환경 변수 문제

바이어컴은 TV 브랜드와 소셜 미디어를 모두 합한 수많은 채널을 보유하고 있으므로 고객의 시청 습관과 선호도, 편의와 관련한 데이터가 풍부하다. 그러나 이 방대한 데이터를 모두 해석하는 일은 까다로울 수 있다. 바이어컴 같은 기업은 페이스북 포스트의 '좋아요'에서부터 스트리밍 비디오를 출시하는 데 걸리는 시간, 시청자가 시청하는 시간의 길이에 미칠 영향에 이르기까지 모든 변수를 파악할 필요가 있다.

바이어컴은 자사의 콘텐츠를 세계 각지의 고객들에게 전송하는 데 필요한 대역폭이 충분히 확보되도록 만전을 기해왔다. 이를 제대로 확보하지 못하면 비디오를 트는 동안 버퍼링과 끊김 현상이 야기될 수 있다. 이런 불상사가 발생하면 고객이 다른 오락 서비스 기업으로 옮겨갈 가능성이 높다.

바이어컴의 상품분석 책임자 댄 모리스$^{Dan\ Morris}$는 다음과 같이 말했다. "비디오 전송은 우리가 하는 모든 업무의 핵심이고 우리가 추구하는 목표는 그 업무에서 누구도 따라오지 못할 정도로 탁월한 능력을 발휘하는 일이다. 그러나 여러 가지 변수들이 작동하고 있다. 외부 시스템과 접촉하는 내부 시스템이 있고, 콘텐츠 전송과 광고 서버가 있다. 또 사용자 쪽에는 우리가 전혀 통제할 수 없는 와이파이 접속 같은 여러 가지 환경적 요인들도 있다."

'북극성' 척도와 서비스 품질 모니터

바이어컴은 네트워크 데이터와 소셜 미디어 신호를 이용해 자사의 고객들이 서비스를 어떻게 소비하는지에 대해 가능한 많은 정보를 파악했다. 이를 통해 '북극성$^{North\ Star}$'이라는 척도를 구축할 수 있었다. 북극성이란 궁극적인 목표를 달성하기 위해 도달해야 하는 중요한 목표치다.

페이스북은 초창기에 사용자의 행동을 분석해서 이를 유추했다. 예컨대 사용자로 하여금 열흘 이내에 일곱 명의 친구들과 연결되도록 만들

면 이들은 페이스북을 장기간 이용하게 될 가능성이 높다는 식이다.[1]

바이어컴의 북극성 척도에 따르면, 두 개 이상의 프로그램에 꽂힌 고객은 장기간 충성도 높은 고객이 될 가능성이 350퍼센트 높였다.

이들을 설득해 정기적으로 네 가지 프로그램을 보게 만들면 장기간 충성도 높은 고객이 될 확률은 700퍼센트로 급증했다.

이러한 분석 결과를 통해 바이어컴은 보다 많은 재원을 들여 이미 한 가지 프로그램을 즐겨보는 고객들로 하여금 두 번째, 세 번째, 혹은 네 번째 프로그램을 시청하도록 설득할 수 있었다.

콘텐츠를 시청하며 여가시간을 보내기 위해 우선 바이어컴의 프로그램을 살펴보는, 장기간 충성도 높은 고객들이 바로 광고주들을 바이어컴으로 유인해 수익을 창출해주는 주역이다.

바이어컴은 인공지능 알고리듬을 이용해 자사의 온라인 스트리밍 비디오 플랫폼 전체에서 데이터의 흐름과 전송 대역이 확보되어 있는지 여부를 모니터한다. 또한 어느 지점에서 고객이 형편없는 서비스를 받고 있는지 파악하기 위해 이러한 비디오 전송의 품질을 끊임없이 모니터한다.

바이어컴은 이를 통해 고객이 계속 바이어컴의 콘텐츠를 시청하는 데 가장 큰 영향을 미치는 두 가지 변수를 파악할 수 있었다. 하나는 비디오 재생이 시작되기까지 걸리는 시간을 뜻하는 '첫 장면 재생까지 걸리는 시간$^{\text{time to first frame}}$'이고 다른 하나는 더 많은 데이터를 업로드하는 동안 비디오가 얼마나 자주 끊기는지 그 빈도를 뜻하는 '리버퍼링 비율^{rebuffering} ^{rate}'이다.

인공지능으로 구동하는 분석을 이용해 전송 대역 경로를 재설정하고 이 두 가지 척도가 최적 수준을 유지하도록 함으로써 바이어컴은 고객의 체험을 향상시킨다.

아파치 스파크와 데이터브릭스

바이어컴은 일곱 명으로 구성된 데이터 과학 팀을 꾸려 자사의 수백 개 소셜 미디어 채널에 걸쳐 자동화된 데이터 포착과 분석을 총괄하도록 했다.[2]

현재 바이어컴은 5분마다 소셜 네트워크로부터 정보를 수집하는 도구를 이용해 자사의 브랜드를 선전하는 마케팅 포스트의 콘텐츠가 얼마나 호응을 얻는지 모니터하고 접속자들을 자사의 웹사이트로 유인하고, 자사의 인기 있는 프로그램을 시청하라고 고객들에게 제안한다.

자사 네트워크에서 가장 많은 수익을 창출하는 효자상품 주변에 '소셜 작전본부Social war rooms'를 두고 소셜 미디어를 통해 영향을 받는 변수들, 예컨대 포스팅 참여 비율, 타이밍, 채널 선택 등이 고객의 체험에 어떤 영향을 미치는지 파악한다.[3]

바이어컴이 스트리밍 비디오 재생 행동을 관찰하도록 해주는 네트워크 신호들을 모니터하고 분석하기 위해 바이어컴은 아마존 웹서비스에서 구동되는 오픈 소스 분석 엔진 아파치 스파크와 데이터브릭스Databricks를 이용해 머신러닝을 기반으로 한 또 다른 플랫폼을 구축했다.[4]

이 시스템은 비디오 피드의 품질을 모니터해서 사용자 체험이 최적 수준 이하로 하락하면 자동으로 필요한 재원을 할당하는 예방 조치를 취한다.

고객의 브랜드 충성도 향상

바이어컴은 소셜 미디어 분석 플랫폼을 이용해 하루 중 서로 다른 시간대에 서로 다른 콘텐츠를 포스팅할 때 나타나는 효과와 각종 네트워크가 고객의 시청 습관에 미치는 영향을 측정한다.

이 시스템을 이용해 바이어컴은 분석 도구가 고객이 즐긴 프로그램의 수 등의 척도에 긍정적인 영향을 미친다고 예측하는 부분, 예컨대 소셜 미디어에서 영향력 있는 사용자들에 가용재원을 배분한다.

데이터브릭스 시스템을 통해 바이어컴은 자사의 웹서비스에서 재생할 때 비디오 스트리밍이 시작될 때까지 걸리는 시간을 30퍼센트 줄였다. 시청자의 체험이 이와 같이 향상되면서 고객 유지율이 증가하고 브랜드 충성도도 향상되었다.

Tip

💬 인공지능은 포스팅 참여와 같은 소셜 신호가 미치는 영향을 밝혀내고 핵심 영업 절차에 미치는 영향을 보다 심층적으로 이해할 수 있다.

💬 소셜 미디어는 기업이 고객을 파악할 수 있는 전례 없는 기회를 제공하지만, 인공지능 같은 첨단 도구들이 있어야 온갖 소음을 걸러내고 중요한 정보를 발견할 수 있다.

💬 인공지능은 이제 바이어컴의 스트리밍 비디오 생산과 같은 거대한 데이터 네트워크 전역에 걸쳐 자동으로 전송 대역 재원을 관리하고 실시간으로 모니터할 만큼 막강하다.

💬 북극성 척도 같은 성공의 핵심 원동력을 찾아낸 것은 업계에서 실행되는 많은 인공지능 분석이 어떻게 이용되는지 보여주는 중요한 사례다.

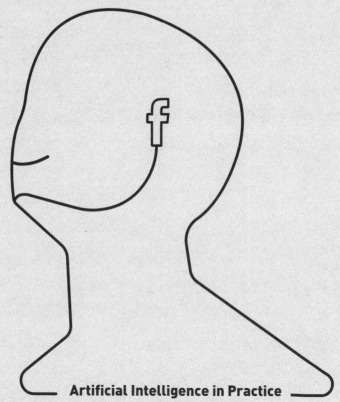

Artificial Intelligence in Practice

How 50 Successful Companies Used AI and Machine Learning to Solve Problems

4부

서비스 · 금융 · 의료업체

31 아메리칸 익스프레스 American Express

실시간으로 금융사기를 적발하다

아메리칸 익스프레스는 미국의 신용카드 지출의 25퍼센트 이상을 처리하는데, 2017년 처리한 신용카드 거래 액수가 1조 1,000억 달러에 달했다.[1] 『포브스』에 따르면 세계에서 가장 가치 있는 금융서비스 브랜드다.[2]

이 기업은 영업의 모든 면에서 그 핵심에 머신러닝으로 구동하는 데이터와 분석 도구를 이용하고 있다. 핵심적인 두 가지 사례는 사기를 적발하고 고객 체험을 증진시키는 부문이다.

금융사기로 피해를 보는 고객을 어떻게 안심시킬까?

세계적으로 해마다 신용카드 사기로 기업과 고객이 보는 피해가 200조 달러에 달한다.[3] 인터넷이나 전화로 훔치거나 조작한 정보를 이용해 상품과 서비스를 구매할 때 신용카드 사기라는 사실이 나타나지 않는 경우가 가장 흔한 사례다.

신용카드 결제 처리 시스템은 매일 매순간 방대한 양의 거래를 처리해 기업과 고객에게 편의를 제공하도록 구축되어야 한다. 사기를 치려는 시도가 이루어지면 이를 신속히 적발해야 한다는 뜻인데, 제때에 적발하기가 쉽지 않다. 정당한 거래를 사기라고 잘못 판단하면 고객에게 불편을 끼치게 되고, 이런 일이 자주 발생하면 고객은 이런 번잡함을 피하기 위해 다른 결제방법을 찾게 된다.

사기꾼들은 보통 기술적인 지식이 상당하기 때문에 사기방지 보안 시스템을 비껴가기 위해 자체적으로 첨단기술 시스템을 개발하고 설치한다. 거래가 세계 다른 지역에서 이루어지는 것처럼 보이게 하기 위해 보안 시스템 상으로 위치 데이터를 속이거나 신용도 있는 고객이 특정한 거래를 하는 것처럼 보이게 하기 위해 신원을 조작하는 방법 등이 그러한 사례다.

금융사와 사기꾼들이 서로 상대방을 능가하려는 경쟁은 수십 년 전부터 계속되어왔다. 인공지능은 이러한 경쟁이 진화한 결과 나타난 최신 기술이다. 사기는 결코 사라지지 않겠지만 금융사와 신용카드사들은 인공지능 기술을 이용해 고객들이 안심하고 자사의 네트워크를 통해 거래할 수 있기를 바라고 있다.

거래 조작 패턴 감지 시스템과 여행 개인비서 '메지'

은행, 신용카드사, 보험사와 같은 금융기관들은 과거의 데이터에 나타나는 패턴을 이용해 사기를 적발해왔다. 카드 소지자가 평소와 달리 고액 결제를 한다든가 자기 국적 국가가 아닌 해외에서 거래를 한다든가 하는 사례들을 예의 주시한다.

일단 사기라고 밝혀진 거래는 기록이 되고 그 특징들은 미래에 사기일지 모르는 거래가 포착될 때 사기 여부를 판단하는 지표로 사용된다. 거래를 하는 사람의 신상정보, 거래가 이루어지는 장소, 공급자, 거래 대상인 상품과 서비스 모두가 잠재적인 지표다.

이를 바탕으로 금융기관들은 모델을 구축해 미래에 특정 거래가 믿을 만한 거래인지 예측하는 데 사용하지만, 구축하기가 성가시고 새로운 정보로 업데이트하는 작업도 실시간이 아니라 이따금만 할 수 있었다.[4]

아메리칸 익스프레스는 전 세계적으로 거래가 이루어질 때 실시간으로 카드 결제 데이터를 읽을 수 있는 인공지능 시스템을 구축했다. 거의 실시간으로 사기 거래의 특징이 기록되고 이러한 정보가 사기를 적발하는 알고리듬에 입력된다는 뜻이다. 훨씬 방대한 데이터에 접근할 수 있으므로 사기의 특징들이 보이는 더욱 복잡한 패턴들도 살펴볼 수 있다.

사기꾼이 거래가 이루어지는 장소를 조작하거나 거래의 특징 중 일부만을 조작해도 알고리듬은 다른 특징들에서 이상 징후를 신속히 포착해 미심쩍은 거래라고 판단되면 경고해준다.

이 외에도 아메리칸 익스프레스는 머신러닝을 다방면으로 이용해 카드 사용자들에게 가치를 부가함으로써 고객 체험을 증진시킨다. 인공지능으로 구동하는 '여행 개인비서' 앱 메지^{Mezi}가 그 한 예다.[5] 보안 시스템으로 안전하게 결제를 하도록 도와주는 데 그치지 않고 카드 앱에 인공지능 비서를 장착해 고객의 습관과 과거 구매 내역을 토대로 맞춤형 여행 서비스를 추천함으로써 어디에서 돈을 쓸지 결정하도록 도와준다는 취지다. 아마존이나 다른 온라인 소매업체들이 이용하는 종류의 추천 엔진과 비슷한 역할을 하는 셈이다.

고객의 과거 거래내역 저장 솔루션

데이터는 고객이 아메리칸 익스프레스 카드 발급을 위해 등록할 때 수집하는 개별 정보뿐만 아니라 과거의 거래내역에서 주로 비롯된다.

머신러닝을 이용해 날마다 이루어지는 수백만 건의 거래에서 사기를 적발하려면 방대한 양의 데이터를 소화하고 제때에 이용할 역량을 갖춘 정교한 저장 솔루션이 필요하다. 이를 위해 아메리칸 익스프레스는 하두프^{Hadoop}를 기반으로 분산된 저장 인프라를 이용한다.[6]

전통적인 컴퓨터 저장 인프라를 이용하면 과거의 거래 데이터에 접속해 짧은 시간 안에 신속 정확하게 예측하기가 불가능하다.

아메리칸 익스프레스의 사기 적발 시스템은 감독과 무감독 머신러닝 기법을 복합적으로 이용해 사기 거래가 발생한다는 징후를 보여주는 데이터를 포착했을 때 경고를 하는 역량이 점점 향상되고 있다.

사기 거래 경고 역량 강화로 고객 신뢰도 향상

머신러닝 알고리듬을 이용해 실시간으로 거래를 분석하면 사기 거래를 적발할 확률이 높아진다. 또한 긍정 오류(오탐지)를 범할 가능성도 줄어든다. 이런 경우 고객에게 불편을 끼치게 되고 그렇게 되면 거래할 때 아메리칸 익스프레스 결제 시스템에 대한 고객의 신뢰도가 낮아질 수도 있다.

사기 거래가 일어날 때 결제를 막는 데 성공할 가능성이 높아지면 사후에 사기 거래를 수습하기 위한 조치 과정도 줄어들고 사기에 대응하기 위해 치러야 하는 비용 역시 대폭 줄어든다.

💬 사기를 적발하는 데 사용하는 머신러닝 모델은 실시간으로 끊임없이 적응하고 업데이트해야 하므로 학습할 데이터가 꾸준히 필요하다.

💬 대량의 정보를 저장하고 처리하는 능력이 있어야 실시간으로 정확히 예측하는 데 필요한 방대한 양의 데이터를 처리할 수 있다.

💬 아메리칸 익스프레스가 처리하는 수많은 거래에서 얻은 데이터를 바탕으로 효율성이 조금만 증가해도 전체적인 보안은 크게 향상될 수 있다.

💬 금융서비스 기업들은 인공지능을 사기행위를 적발하는 데뿐만 아니라 고객에게 제공하는 부가가치를 창출하는 데도 사용함으로써 고객이 자사의 서비스에 접근하는 방식에 변화를 일으키고 있다.

32 엘스비어 Elsevier

더 나은 의료 진단을 내리고 과학연구 성과를 높이다

엘스비어는 세계적인 멀티미디어 출판기업으로서 『란셋The Lancet』과 『셀Cell』 같은 선도적인 학술연구 간행물을 비롯해 교육, 과학, 의료 부문에서 2만 가지 이상의 상품을 제공한다.

이 회사의 끊임없는 디지털 변신의 1단계는 자사의 140년 역사 동안 보고서와 학술지를 통해 출간된 방대한 양의 데이터를 디지털화하는 작업이었다.

이제 회사는 인공지능 도구를 구축해 이 데이터에서 새로운 사실을 발굴해낼 뿐만 아니라 이를 익명화된 환자 데이터 및 보험 청구 데이터 같은 다른 빅데이터 소스와 통합하고 있다.

인공지능으로 치료를 더 신속하게 받을 방법은 없을까?

미국에서는 종종 나이와 성별이 같은 두 환자가 똑같은 증상으로 1차 진료 의사에게 진료를 받아도 두 사람이 받는 치료 결과와 비용에 큰 차

이가 나는 경우가 있다.[1]

그 이유는 지식과 경륜의 수준이 다르고 어떤 치료법이 더 효과적이고 어떻게 해야 더 나은 결과가 나올지에 대한 개인적인 생각도 다른 의료진이 각각 다르게 진단하고 치료하기 때문이다.

1차 진료에서부터 진단절차와 약품처방에 이르기까지 인공지능 구동 '경로'를 개발함으로써 환자는 더 나은 치료를 더 신속하게 받을 가능성이 높아지고 의료 비용도 줄어든다.

환자에게 적절한 치료법을 제안하는 임상 진단 시스템

엘스비어는 첨단 임상 진단 지원 플랫폼을 구축하고 있으며, 이는 자연어 처리와 머신러닝을 이용해 환자에게 최적의 치료 경로를 제안해준다.

이 시스템은 현재 미국 유수의 암센터들이 설치하고 있는 비아 온콜로지Via Oncology 플랫폼 상에 구축되어 있다. 또한 이 시스템은 엘스비어의 의학 학술지를 통해 출간된 방대한 연구자료뿐만 아니라 환자의 진료기록으로부터 관련 데이터를 추출했다.

그러고 나서 환자들이 똑같은 증상을 호소한 과거 사례들을 찾아내고 어떤 결과가 나왔는지 분석한다. 그리고 이러한 데이터를 토대로 어떤 치료법이 환자에게 긍정적인 결과를 가져올 가능성이 높은지 제안하게 된다.

엘스비어의 임상 솔루션 책임자인 존 데너허John Danaher는 "인공지능 분석과 자사의 방대한 데이터 소스를 결합한 플랫폼 개발을 추진하는 게 현재 최우선 과제"라고 말했다.

엘스비어는 서적, 학술지 논문 등 자사의 모든 콘텐츠를 이용해 질병에서 증상까지 지도를 작성했고, 이를 통해 예측 모델을 구축했다. 그런 뒤 방대한 환자 데이터베이스를 이용해 신경망 모델을 훈련시켜 차별화된 진단을 생성해냈다.

이 모델은 특정 연령과 성별의 환자에게서 이러한 특정한 증상이 나타날 확률을 가중치로 예측해 A 질병에 걸릴 확률은 70퍼센트, 또는 B 질병에 걸릴 확률은 35퍼센트라는 식으로 제시한다.

방대한 진료기록 데이터와 의료문서 콘텐츠 활용

엘스비어의 플랫폼은 익명으로 처리된 환자 데이터를 사용하는데 여기에는 환자의 진료 내역, 치료 내역, 그리고 결과가 포함되어 있다. 이 플랫폼은 500만 건에 달하는 보험 청구 데이터베이스도 사용한다. 그리고 지난 140년에 걸쳐 자사의 학술지에 발표된 논문을 모두 입력한다.

이 데이터를 바탕으로 분석을 실행하기 위해 엘스비어는 원천기술 분석 도구를 자체적으로 구축했다. 이 도구는 자연어 처리를 이용해 환자의 진료기록뿐만 아니라 자체 데이터베이스에 저장된 의료문서 콘텐츠를 이해한다.

데너허는 자사가 보유한 인공지능이 다음 단계로 도약하기 위해서 마이크로소프트와 아마존이 제공하는 것과 같은 인공지능 솔루션과 상업적 빅데이터를 평가하고 있다고 말했다.

엘스비어는 인공지능을 첨단 임상 진단 지원 플랫폼뿐만 아니라 자사의 사이언스 디렉트Science Direct 도구 같은, 의료 생태계 바깥의 연구 솔루션에도 응용한다. 이 도구는 발표된 과학 학술논문들을 이용해 연구자들에게 인공지능이 그들의 연구에 타당하다고 예측하는 간행물과 논문들을 제시해줌으로써 연구를 지원한다.[2]

85퍼센트의 의료진이 따르는 인공지능 치료 경로

데너허에 따르면, 결과를 가장 잘 보여주는 지표는 의료진이 자사의 비아 온콜로지 플랫폼이 제안하는 치료 경로를 따르는 비율인데 이 비율이 85퍼센트에 달한다고 한다. 그는 다음과 같이 말한다.

"여러분이 앤더슨이라는 의사에게 진료를 받으러 간다고 치자. 여러분은 가장 똑똑한 도구가 선정한 가장 최신 치료를 받게 될지 알고 싶다. 아, 그리고 최상의 결과를 얻게 될지도 알고 싶다. 우리 임상 치료사

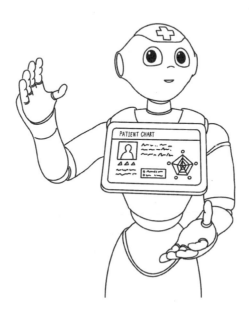

들이 우리가 제안한 치료 경로를 따르는 비율이 85퍼센트 이상인데, 이 따금 경로를 벗어나는 경우, 예컨대, 환자가 특정한 약품에 알레르기 반응을 일으킬지 모르는 경우 우리는 경로를 벗어난 이유를 알아보고 필요하다면 우리의 의사결정을 재검토한다."

데너허는 이렇게 덧붙였다. "앞으로는 연구진이 임상 연구를 하는 방식에 어떤 영향을 미칠지도 알게 된다. 이 모두가 이러한 분석 도구들에 의해 추진된다."

━ Tip ━━━━━━━━━━━━━━━━━━━━━━━━━━━━━━

💬 엘스비어는 환자 진료기록, 보험 청구 및 치료비 데이터, 출간된 의학 논문들을 모두 고려해 어떤 치료 경로가 가장 효과가 높을지 예측한다.

💬 엘스비어는 미국에서 발간되는 과학 의료 연구 학술논문의 25퍼센트를 보유하고 있다. 이 회사는 인공지능을 이용해 이러한 정보에서 가치를 추출하는 새로운 방법을 개발하고 있다.

💬 환자의 상태, 치료 내역, 환자가 보이는 증상 등에 따라 최적의 치료 경로를 결정하는 데 기계를 사용하면 치료법을 표준화할 수 있다.

💬 데이터에 따라 최적화되고 표준화된 치료법은 환자에게 보다 나은 결과를 가져다주고 의료서비스 제공자들에게도 전체 치료비용을 줄이는 데 도움을 준다.

33 엔트러피 Entrupy
4,500억 달러 규모의 진품 같은 모조품을 찾아내다

2016년에 창립된 엔트러피는 인공지능을 이용해 모조품을 적발한다. 이 회사는 모조품 때문에 입는 손실을 최소화하려는 명품 브랜드뿐만 아니라 본의 아니게 모조품을 판매해 법을 위반하는 불상사를 미연에 방지하려는 재판매자들에게 플랫폼을 서비스로 제공한다.

이 회사의 최고경영자이자 공동창립자 비듀스 스리니바산^{Vidyuth Srinivasan}에 따르면, 자전거로 전국 일주를 하는 동안 새로 산 진품 배터리가 망가지는 낭패를 겪고 나서 머신러닝 개발의 초점을 모조품 적발에 맞추게 되었다.[1]

지적재산권 도용과 반품 사기 문제를 해결할 방법은?

미심쩍은 배터리 외에도 모조품 판매로 발생하는 매출은 전 세계적으로 한 해에 50조 달러에 가깝다.[2] 지적재산권을 도용당하는 브랜드의 손실 외에도 모조품 산업은 명품 브랜드 정체성을 희석시키는데, 특히 패션 브랜드는 비싼 비용을 들여서라도 기꺼이 브랜드 정체성을 보호하려고 한다.

재판매업자와 도매업자들이 신의와 성실로서 구매한 제품이 가짜로 드러나는 경우 이들의 영업을 잠식하고 현금에 쪼들리게 만들기도 한다. 반품 사기라고 하는 널리 사용되는 사기수법은 소매업체에 부정직하게 진품 대신 모조품을 반품하는 수법이다. 이런 사기가 가능한 이유는 대부분의 소매업자들이 반품되는 품목을 일일이 확인할 시간이나 기술적 수단이 없기 때문이다.

진품 여부를 판독하는 딥러닝 고성능 스캐너

엔트러피는 머신러닝과 딥러닝 기법을 이용하는 스캐닝 기술을 개발해 진품 여부를 판독한다.[3] 의류, 액세서리, 보석, 전자제품, 심지어 자동차 부품에 이르기까지 지문을 채취하듯 미세한 부분까지도 스캐닝할 수 있다. 이 서비스 사용자는 전화 앱이나 전용 휴대 스캐너를 이용해 구매한 제품이나 재고가 진품인지 확인할 수 있다.

이는 직조 공정에서 초극세사의 올 방향과 같이 상품을 구성하는 아주 사소한 부분까지도 기록할 수 있는 현미경 카메라와 모조품일 가능성이 높은 상품을 판독하는 딥러닝 알고리듬 덕분에 가능하다. 스캔한 이미지는 클라우드에 저장된 진품의 표준 이미지와 실시간으로 대조해 진품 여부를 즉석에서 판독할 수 있다.

엔트러피는 인간의 능력으로는 진품과 구별하기 불가능한 고품질 모조품인 '슈퍼 모조품'도 자사의 기술로 식별할 수 있다고 주장한다.

인공지능을 훈련시킬 특수 현미경 렌즈

엔트러피는 자사가 다루는 브랜드 판매 상품의 이미지 수백만 장을 데이터베이스로 보유하고 있는데,[4] 여기에는 샤넬, 디오르, 버버리, 구찌, 루이뷔통, 프라다 등 세계에서 가장 모조품으로 많이 제작되는 명품 브랜드들이 포함되어 있다.

특수 현미경 렌즈가 있어야 인공지능을 훈련시키는 데 사용할 이미지를 포착할 수 있다. 대부분의 현미경은 세밀한 수준과 유용한 데이터에 요구되는 표면적을 모두 포착할 역량이 없기 때문이다.

진품의 이미지는 얽히고설킨 신경망 알고리듬을 훈련시켜 질감, 사용된 실과 올 방향의 차이, 제조과정에서 상품에 표시된 마크 등을 기반으로 이미지를 분류하는 데 사용된다.[5] 중고품의 경우 이 기술은 마모에 따른 차이점까지도 구분해 모조품을 적발해낸다.

높은 정확도가 상품 구매율을 늘린다

엔트러피는 자사의 시스템은 모조품을 판독하는 데 98.5퍼센트의 정확도를 보인다고 말한다.[6]

이 기술이 점점 널리 사용되면서 소매업자와 고객들이 보다 안심하고 상품을 구매할 수 있게 된다. 이는 모조품 제작자의 삶은 점점 고달파진다는 뜻이다.

💬 인공지능은 인간이 육안으로 구별하는 경우보다 훨씬 더 신속하게 놀라울 정도로 자세한 부분까지 이미지 데이터를 분석해 모조품과 진품을 구별할 수 있다.

💬 명품 제조업체들은 이 기술이 자사의 수익과 대중에게 인식되는 브랜드 가치를 보호하는 데 도움이 된다면 고객과 재판매업자가 이 기술을 이용하도록 지원할 의향이 있다.

💬 모조품 제작은 인류의 역사와 더불어 공존해왔고 완전히 퇴치될 가능성은 없다. 다른 유형의 사기 수법과 마찬가지로 모조품 제작자들은 모조품 식별 기술이 발달함에 따라 이에 대한 대응 차원에서 자기들 나름의 모조품 제작 기법을 한층 더 업그레이드시킬 가능성이 있다.

💬 독특한 데이터 세트를 바탕으로 자사의 비즈니스 모델을 구축하는 인공지능 스타트업 회사들은 그 데이터에서 가치를 발견할 역량을 갖춘 대기업의 소중한 협력업체로 점점 인식되어 가고 있다.

34 익스피리언 Experian

담보대출의 절차와 승인을 간편하게 만들다

익스피리언은 세계 최대의 소비자 신용평가 에이전시로 손꼽힌다. 기업, 은행, 금융기관이 누군가에게 돈을 빌려줘도 안전한지 판단할 때 이 회사의 도움을 받는다.

익스피리언은 우리와 우리의 금전지출 습관에 대해서도 방대한 양의 데이터를 보유하고 있다. 이 회사는 이제 인공지능을 이 데이터에 적용해 보다 정확히 예측할 뿐만 아니라 복잡한 금융 거래를 훨씬 편리하게 만들고 있다.

이 회사가 집중적으로 노력을 기울이고 있는 부문이 담보대출인데, 머신러닝을 이용해 담보대출 신청 절차를 마무리하기까지 걸리는 긴 시간을 줄여서 스트레스도 덜고 수수료도 낮추길 희망하고 있다.

담보대출의 비효율성을 어떻게 해결할까?

담보대출 신청은 시간이 많이 걸리는 복잡한 절차다. 평균적인 담보대출 신청에는 판매자, 구매자, 사정관, 부동산 중개업자. 법무관, 보증인, 담보대출 중개인과 대금업자 등 여러 에이전시가 서로 정보를 조율하는 절차가 포함된다.[1]

이런 이유로 부동산을 매입하는 일은 흔히 일생에서 가장 스트레스가 많은 사건으로 손꼽힌다.

정보가 전달되는 방식이 일관성이 없기 때문에 에이전시 간에 업무가 중첩되는 경우가 흔하고 이 때문에 이 절차를 거치면서 소비자들이 감당해야 하는 비용에 더해 수수료도 올라간다.

최근 몇십 년 사이 디지털 기술이 도입되면서 이 절차는 어느 정도 간소화되었지만, 여전히 며칠에 걸쳐 수많은 사무실과 에이전시를 드나들어야 하고 담보대출 승인이 나기까지 몇 주 심지어 몇 달이 걸리는 게 현실이다.[2]

대출 신청서 분석으로 업무 흐름 간소화

익스피리언은 먼저 수천 건의 담보대출 신청서를 분석해 어느 부분에서 비효율성이 발생하는지 판단했다. 그다음 서로 다른 관련자들 간에 중복되는 업무를 줄이고 업무의 흐름을 간소화하는 인공지능 시스템을 시범 운영하고 있다.[3]

이 시스템은 각 데이터 요소를 보고 대출신청 절차 동안 얼마나 자주 이 요소가 사용되는지 평가하고 분류해서 필요할 때 이를 신속히 찾아내고 필요한 에이전시에게 전달하도록 훈련을 받고 있다.

이런 종류의 업무는 소규모 표본으로 구성된 데이터 세트가 아니면 인간이 하기가 사실상 불가능하다. 그러나 기계는 실시간으로 빠르게 변하는 데이터로 작업할 수 있다. 이 데이터는 신규 담보대출 신청서가 완성될 때마다 업데이트된다.

이러한 형태의 예측 기술은 담보대출이나 개인 융자를 받기에는 신용거래내역이 제한된 이들에게 편의를 제공해준다. 대금업자는 해당 신청자의 프로필과 비슷한 다른 고객들의 데이터를 토대로 신청서를 평가해서 신청자의 부채상환 능력에 대해 보다 정확하고 믿을 만한 판단을 내릴 수 있다.[4]

데이터 분석도구 애널리틱 샌드박스와 엔터프라이즈 플랫폼

머신러닝은 업무흐름 전반에 걸쳐 데이터를 처리하는 데 쓰인다. 머신러닝 기술이 데이터가 어디에 사용되고 경우에 따라 어디에 사용되지 않는지에 대해 더 많은 것을 학습하면서 절차의 각 단계마다 어떤 데이터가 가치 있는지, 또 어떤 데이터가 추가로 요구되는지에 대해 정확한 모델을 구축할 수 있다.

익스피리언의 최고 정보책임자 배리 리벤슨Barry Libenson은 이렇게 말했다. "시간이 흐르면 5년치 소득신고 자료는 신경 쓸 필요가 없다는 사실을 깨닫게 될지도 모른다. 5년치 부채상환 자료만 있으면 된다."

익스피리언은 애널리틱 샌드박스Analytic Sandbox라는 플랫폼을 구축했는데, 이 플랫폼은 데이터를 토대로 한 분석결과를 즉석에서 생산해낸다. 애널리틱 샌드박스 플랫폼은 분석 알고리듬을 구동하는 데 오픈 소스 H2O 머신러닝과 딥러닝 프레임워크를 사용한다.[5]

익스피리언은 클라우데라*의 엔터프라이즈^{Enterprise} 플랫폼을 이용해 빅 데이터에 신속히 접근해서 소비자의 부채상환 내역을 토대로 보다 정확한 편단을 내리는 데 도움을 받는다.[6]

소비자 삶의 간소화와 수수료 부담 감소

리벤슨은 이 절차가 2018~2019년에 실제로 설치될 준비가 되어 있다고 말했다. 설치되면 담보대출 신청 승인을 받기까지 걸리는 시간이 몇 주나 몇 달에서 며칠로 줄어들게 된다.[7]

뒤이어 "2021년이나 2022년 무렵이면 우리가 이용하는 데이터 세트가 처음에 이용한 것과는 사뭇 다르다는 사실을 깨닫게 될 것"이라고 그는 예상한다.

장기적으로 볼 때 소비자의 삶이 간소화되고 기업은 데이터를 기반으로 보다 정확한 판단을 내리게 되므로 이득이 된다는 뜻이다.

여러 에이전시들이 신청 절차를 준수하고 승인받는 데 필요한 요소들과 관련된 업무를 중복해서 하지 않아도 되기 때문에 소비자는 이러한 에이전시들에 내는 수수료 부담이 줄어든다는 뜻이기도 하다.

---

* 클라우데라 Cloudera, 클라우드 컴퓨팅이라는 용어를 처음 만든 클리스토퍼 비시글리아를 중심으로 오라클, 구글, 야후, 페이스북 등에서 일했던 전문가 집단들이 모여 설립한 컨설팅 회사. 대용량 데이터 분석, 처리서비스를 기업고객에게 제공하고 있다.

💬 신용평가 에이전시는 여러 기관들 사이에서 접촉점 기능을 하므로 담보대출과 같은 복잡한 절차 전반에 업무의 흐름을 간소화할 수 있는 가장 좋은 위치에 있다.

💬 인공지능을 이용하면 방대한 사례들과 업무흐름의 모든 측면을 자세하게 살펴보고 추적해서 효율성을 높일 여지가 있는 부문들을 명백히 밝혀낼 수 있다.

💬 데이터를 재구성해서 머신러닝으로 처리하고 이를 서비스로 제공하는 사업은 인공지능의 시대에 서비스 범위를 다변화하는 좋은 방법이다. 점차 사실을 깨닫는 똑똑한 기업들이 생기고 있다.

💬 이런 시스템을 실행하면 필연적으로 보안에 대한 위험이 발생한다. 보안을 철저히 하는 것이 관건이다. 리벤슨은 다음과 같이 말한다. "여기서 비결은 기술이 보안을 앞서지 않도록 하는 일이다. 우리는 서비스를 제공하는 업무 못지않게 안전한 생태계를 만드는 데 시간과 에너지를 집중해야 한다. 이를 세계적인 차원에서 하려면 또 다른 복잡함이 추가된다."

35 할리데이비슨 _{Harley-Davidson}

온라인 타깃 광고로 매출 성장을 달성하다

할리데이비슨은 미국의 모터사이클 제조업체로서 해마다 전 세계에 15만 대의 모터사이클을 판매한다.[1] 이 회사는 자사의 유명한 브랜드를 의류, 가정용품, 액세서리에 사용하도록 허가를 내주기도 한다. 모터사이클은 전 세계의 대리점 망을 통해서 판매된다. 뉴욕의 할리데이비슨 매장주 아사프 제커비^{Asaf Jacobi}는 리버사이드 파크를 산책하면서 어떻게 하면 매출 부진에서 벗어날지 고민하다가 인공지능 마케팅 전문 애드고리듬^{Adgorithm}의 최고경영자 오르 샤니^{Or Shani}를 만났다.

어떻게 가장 효과적으로 마케팅 예산을 집행할까?

할리데이비슨 하면 처음에는 첨단기술 기업이라고 생각하지 않을지 모른다. 실제로 이 회사의 모터사이클은 사람이 조립한다. 주문한 사람이 요청한 대로 맞춤형 제작을 해야 하는데 이는 완전 자동화된 조립공정으로는 불가능하기 때문이다.

자동차나 모터사이클 같은 고가의 명품은 대량 판매되는 상품이 아니다. 할리데이비슨 뉴욕 매장은 일주일에 한 대나 두 대 정도 매출을 올린다.[2] 이런 유형의 사업에서는 매출 한 번 올릴 때마다 수익이 눈에 띄게 달라지므로 고객을 유치하는 데 투자할 가치가 있다. 그러나 제대로 된 고객을 유치하려면 돈을 써야 한다.

어떻게 하면 가장 효과적으로 마케팅 예산을 집행할지 파악하는 게 중요하다. 그러나 제대로 된 데이터 없이는 어디 사는 누가 고객이 될지 판단하는 일은 복불복이다. 일단 데이터를 입수하면 이 데이터를 분석해야 하는데, 사람은 테라바이트에 달하는 통계와 인구 데이터를 샅샅이 훑어서 상관관계를 포착하는 데는 그다지 능숙하지 않다.

마케팅과 판매영업에 도입된 인공지능

신규 고객을 유치하기 위해서 마케터들은 기존의 고객들이 누군지 파악하고 이들과 비슷한 프로필을 지닌 사람들을 찾은 다음 그들을 대상으로 광고나 프로모션을 하는 데 마케팅 예산을 쓴다.

인공지능은 이 절차를 훨씬 효율적으로 만든다. 엄청난 속도와 데이터 처리 능력을 보유한 컴퓨터 알고리듬은 잠재적 고객 데이터를 훨씬 빠른 속도로 소화하고 인간 애널리스트라면 절대로 파악할 수 없을 패턴과 상관관계를 포착해낸다. 일단 머신러닝 알고리듬이 그러한 패턴을 포착하고 훌륭한 단서로 이어질 지표라고 학습하면 그 패턴이 다시 등장할 때 이를 포착하는 데 더욱 집중하도록 훈련받을 수 있다.

우리는 아마존과 구글 같은 기업들에 익숙해졌지만, 이러한 알고리듬의 유용성이 명백해지면서 수많은 스타트업과 세일즈포스처럼 이미 자리를 잡은 기업들이 자체적으로 알고리듬을 개발해 기업고객들에게 '서비스'로 제공하는 시장이 형성되었다. 이로 인해 딱히 첨단기술을 채택하는 것으로 알려지지 않은 회사들도 인공지능을 우선 판매영업에 도입하기 시작했다.

앨버트 플랫폼으로 잠재고객 맞춤형 광고 제시

할리데이비슨 뉴욕은 애드고리듬의 앨버트[Albert] 플랫폼을 이용해 고객과 자사에 관심이 있는 대상들의 프로필을 분류하고 보다 정확하게 잠재고객들을 찾아낸다.

앨버트는 고객의 구매 습관, 그들이 살펴본 웹페이지, 그 사이트를 살펴보는 데 소비한 시간 등과 같은 데이터를 모니터해서 고가 제품을 구매한 사람들 사이에서 나타나는 패턴을 규명한다.

그러고 나서 그 패턴과 같은 행동을 보이는 사람들을 찾아내 그들을 대상으로 시장조사를 하면서 서로 다른 방식으로 조합한 광고 문구와 이미지를 보여주고 의견을 구한다. 성공 가능성이 높은 공식을 포착한 후에 이를 구글 애즈[Google Ads], 페이스북, 빙[Bing] 같은 온라인 광고 네트워크에 게재해[3] 고객 프로필과 일치되는 고객들을 물색하고 그들에게 가장 효과적인 것으로 판명된 광고를 제시한다.

두 배 이상의 매출 증가와 새로운 잠재고객 유치

인공지능으로 고객을 물색하고 확보하는 방식으로 전환한 후 할리데이비슨 뉴욕이 잠재고객에 대한 단서를 생성하는 비율은 2,930퍼센트 증가했다. 이 방법을 도입하고 첫 주말 동안에 과거 매출의 두 배 이상이 오르는 등 매출이 폭증하면서 과거에는 마케팅 대상이 아니었던 완전히 새로운 잠재고객들에게 회사를 알리게 되었다.

할리데이비슨은 페이스북이 가장 효과적인 광고 채널이라는 사실도 깨달았다. 페이스북에 게재한 광고는 다른 채널에 게재한 광고의 8.5배에 달하는 고객유치 성과를 올렸다. 따라서 이 회사는 페이스북에 더 많은 광고비를 투입하기로 했다.

고객들이 광고에 사용된 '구매'라는 단어보다 '주문'이라는 단어에 447퍼센트나 더 큰 반응을 보인다는 사실을 밝혀냈다는 점도 중요하다. 인공지능은 이를 실시간으로 인식해 광고지에 게재된 문구를 수정하고 이를 여러 채널에 게재할 수 있었다.

━━ **Tip** ━━━━━━━━━━━━━━━━━━━━━━━━━━━━━━━━━━━━━

💬 오늘날 고객 행동에 관해 방대한 양의 데이터가 입수 가능하므로 그 어느 때보다도 정확하게 어디서 잠재고객들을 찾아낼 수 있을지 예측하는 일이 가능해졌다. 그리고 인공지능은 이러한 데이터를 파악하는 데 안성맞춤이다.

💬 고객을 자동으로 분류하고 목표물로 정하게 되면 기업이 마케팅 대상으로 전혀 고려하지 않았던 완전히 새로운 인구집단을 발견하는 결과를 낳을 때가 종종 있고, 이들이 실제로 열렬한 고객이 되기도 한다.

💬 자동화된 마케팅 캠페인은 실험집단을 이용해 고객을 유치할 가장 효과적이고 창의적인 접근방식을 구축하고 이를 패턴에 들어맞는 수백만 명의 사람들에게 배포한다.

💬 인공지능은 이메일, 소셜 미디어, 디스플레이 광고 등 가장 효과적인 채널을 규명해 최고의 결과를 얻을 확률이 높은 부문에 자동으로 재원을 할당한다.

💬 인공지능으로 매출을 증대하는 방법은 더 이상 거대 기술기업의 전유물이 아니다. 고객을 찾아내고 이들을 대상으로 판매하는 플랫폼을 '서비스로서' 제공하는 새로운 기업들이 등장했기 때문이다.

36 하퍼 Hopper

원하는 항공권을 가장 싸게 살 수 있다

하퍼는 모바일 앱 기반의 플랫폼으로 머신러닝과 방대한 양의 비행 데이터를 이용해 항공권을 구매할 최적의 시기를 예측한다.

2015년에 창립된 이 기업은 2017년 날마다 100만 달러어치의 항공권을 예약하는 데 사용될 정도로 성장했다고 발표했다. 2018년 이 기업은 총매출이 한 해 10억 달러에 빠르게 접근하고 있고 2019년에는 직원을 두 배로 늘릴 계획이라고 말했다.[1]

어떻게 최저가 항공권을 구매할 수 있을까?

가격비교 사이트들을 훑어보면서 주말여행이나 휴가여행을 위해 최저가 항공권을 찾아헤매다가 한 주 더 기다리면 돈을 절약하지 않을까 고민하던 경험은 누구나 있을 것이다. 그런데 '기다리다가 놓치면 어떻게 하지' 하는 불안감이 불현듯 밀려온다. 더 기다렸다가는 최저가를 놓치게 될지 모른다는 두려움 말이다.

이는 원래 예약 절차에서 여행 중개인을 거치지 않음으로써 효율성을 꾀하려 했던 데서 생긴 문제다. 즉, 여행에 대한 정보와 지식이 풍부한 여행 중개인들을 제거하려는 변화를 시도하는 과정에서 문제가 발생했다.

불필요하다고 생각되었던 중개상, 즉 여행사들은 실제로 상당히 중요한 역할을 했던 것으로 드러났다. 계절에 따라 혹은 날마다 오르내리는 항공권 가격에 대해 전문지식을 지닌 그들 덕분에 우리는 돈을 절약하곤 했다.

인공지능으로 더 싼 항공권 구매 예측 모델 제시

하퍼는 사실상 인간 직원이 고객을 상대하는 기존의 여행사를 인공지능 여행사로 대체하고 있다.

사용자가 여행지와 대략적인 여행 시기를 제시하면 하퍼는 최저가를 찾아서 제공한다. 사용자가 여행 시기와 목적지에 대해 융통성이 있을수록 하퍼가 검색하는 항공권 범위가 넓어지고, 저가의 항공편을 확보할 가능성이 높아진다.

표면적으로 보면 이는 기존의 가격비교 사이트들이 작동하는 방식과 비슷하지만, 하퍼의 경우 사용자가 예측 정보도 얻게 된다는 점이 다르다. 하퍼는 사용자에게 제시한 항공편이 최저가 항공편인지 아니면 좀 더 기다리면 더 저렴한 항공편을 확보할 수 있는지 여부를 알려준다.

이상하게 들릴지 모르지만 사실상 고객이 매장에 들어섰는데 직원이 좀 기다리면 가격이 할인되니까 아직 물건을 사지 말라고 그 고객을 설득하는 셈이다. 그러나 이 예측 모델 덕분에 하퍼는 항공권을 팔 때마다 항공사로부터 수수료를 받아서 수익을 창출하는 다른 가격비교 사이트들보다 경쟁 우위를 누린다.

과거의 데이터를 재활용하는 머신러닝 플랫폼

하퍼는 글로벌 유통 시스템 운영자들로부터 사들인 데이터를 이용해 첫 번째 예측 알고리듬을 구축하고 훈련시켰다. 대부분의 다른 가격비교 사이트들과는 달리 하퍼는 가장 최신 데이터가 아니라 과거에 축적된 데이터를 구매했다.

이 데이터는 보통 가치가 덜하다는 인식이 있기 때문에 협상을 통해

싼 가격에 구매할 수 있었다. 이 알고리듬은 이 데이터를 이용해 그때그때 최저가뿐만 아니라 수요가 오르내리면서 그 가격이 어떻게 변할지도 예측하게 되었다.

조 단위의 항공기록 같은 과거의 방대한 데이터베이스는 여행정보에서 세계적으로 가장 규모가 크고 가장 잘 정리된 데이터베이스로 손꼽힌다.[2]

최근 하퍼는 이 데이터에 고객정보를 더해 증강시키기 시작했다. 예컨대, 고객 거주지 가까이에 공항이 한 군데 이상인 경우 자택에서 조금 더 멀리 떨어진 공항까지 자동차로 가서 그 공항에서 탑승하면 비용을 얼마나 절약할 수 있는지까지도 고려한다.

하퍼의 시스템은 사용자가 본래 계획한 목적지 못지않게 솔깃할 만한 다른 목적지들도 고려할 수 있다. 예컨대, 누군가가 로마행 항공편을 검색한다면, 그 사람이 정말로 이탈리아만 방문하려는지 파악하고, 그럴 가능성이 높은 경우, 그 사용자의 검색결과에 밀라노나 나폴리로 가는 항공편을 섞어 넣은 검색 결과를 제시할 수도 있다.

하퍼가 구축한 머신러닝 플랫폼의 속도 덕분에 하퍼의 시스템은 4분의 1초 만에 수조 건의 항공권 가격 자료들을 근거로 예측할 수 있다.

매출 증가와 인기있는 애플리케이션으로 성장

하퍼는 매출이 엄청나게 증가했을 뿐만 아니라 우버[Uber], 리프트[Lyft], 에어비앤비[Airbnb]에 이어 네 번째로 많이 다운로드되는 애플리케이션으로 성장했다.[3]

하퍼는 세계 어느 곳으로 향하는 항공편이든 사용자들이 가장 표를 싸게 살 수 있는 시기가 언제인지를 95퍼센트 정확도로 예측할 수 있다고 주장한다.[4]

하퍼는 자사의 앱을 통해 항공편을 예약하는 고객들은 평균 50달러 절약한다고도 말한다.[5]

하퍼는 2018년 2월 자사의 알고리듬이 여행의 출발지나 도착지의 대안을 효율적으로 찾아낸다는 사실을 보여주면서 자사가 처리한 예약 5억 달러어치 가운데 20퍼센트가 고객들이 직접 검색하지 않은 항공편 예약에서 비롯되었다고 말했다.

━ Tip ━

💬 하퍼의 플랫폼은 사용자들이 좀 더 모호한 기준(예를 들면, '5월에서 7월 사이에 오스트레일리아에서 2주 여행')을 이용해 검색할 수 있도록 함으로써 고객들에게 더 넓은 선택지와 더 저렴한 가격을 제공한다.

💬 인공지능은 기존의 여행사 직원과 같이 '중개인'이 하던 역할을 대부분 대체하고 동일한 업무를 훨씬 낮은 비용에 훨씬 광범위한 규모로 수행하고 있다.

💬 머신러닝의 예측은 더 싼 항공편을 정확히 찾아내고 우리가 가격비교 검색 사이트를 이용할 경우 원하는 항공편을 놓칠까봐 전전긍긍하는 불안감과 스트레스를 줄여준다.

💬 머신러닝을 예전의 데이터에 적용해 재활용함으로써 최근에 축적된 데이터에만 전적으로 의존하는 경우에 드는 비용보다 훨씬 적은 비용으로 더 많은 가치를 창출할 수 있다.

37 인퍼비전 Infervision

암과 뇌졸중을 조기에 진단하다

인퍼비전은 중국의 컴퓨터 비전 전문기업으로서 생명을 위협하는 질병을 예전보다 훨씬 조기에 발견하는 데 도움을 준다. 그리고 그 전문성을 응용해 수백만 명의 목숨을 구하고 있다.

이 기업은 구글, 페이스북을 비롯해 인공지능 개척자들이 개발한 것과 유사한, 시각 데이터를 이해하고 해석할 수 있는 기술을 이용한다.

인퍼비전이 세계 최초의 의료 플랫폼이라고 묘사하는 이 기술은 이미 중국과 일본의 병원들에서 사용하고 있고 곧 전 세계에 보급될 수도 있다.

고가의 의료 장비 없이도 조기에 질병을 발견할 방법은?

암은 중국에서 주요 사망원인이고 폐암은 특히 중국에서 가장 사망률이 높은 질병이다.[1]

대부분의 암은 초기에 발견하면 생존율이 급격히 높아진다. 그러나 이에 사용되는 의료 촬영 장비는 고가인데다, 이 장비를 작동시키는 일은 의료장비 기술자조차 오랜 훈련이 필요한 작업이다.

이는 흔히 농촌 지역의 암환자 생존율이 장비와 전문가들이 있는 도시에 거주하는 암환자 생존율보다 훨씬 낮다는 것을 의미한다.

게다가 중국은 의사가 태부족이고, 특히 방사선과 의사는 심각하게 부족하다. 중국은 해마다 14억 건의 방사선 스캔이 이루어지는데 훈련받은 방사선과 의사는 겨우 8만 명에 불과하다.[2]

스캔과 방사선 데이터를 해석해 암을 발견하다

인퍼비전은 딥러닝을 이용해 스캔과 방사선을 비롯해 다른 의료 데이터를 해석한다.

구글의 이미지 검색 알고리듬이 개, 고양이 같은 동물과 세계의 명승지 같은 장소로 형태를 탐색함으로써 사진을 분류하듯이, 인퍼비전의 알고리듬도 환자의 몸속에서 초기 단계일지도 모르는 암의 형태를 찾아낸다.[3]

최고의 실력을 자랑하는 방사선과 의사조차도 날마다 수백 장의 사진을 진단하는 과정에서 과로나 그밖의 다른 이유로 오류를 범하기 쉬워진다. 인공지능은 절대로 지치는 법이 없고 정확한 훈련용 데이터만 제공해주면 실수를 하거나 오진을 하지 않는다.

인퍼비전의 창립자이자 최고경영자 첸 콴Chen Kuan은 다음과 같이 말했다. "많은 중국인들, 특히 대도시 바깥에 사는 사람들은 촬영이 포함된 정기검진을 전혀 받지 않는다."

"따라서 그런 이들은 몸에 이상 징후가 나타난 다음에야 비로소 진단이 가능한 대형 병원을 찾는다. 그러나 그때는 이미 손쓰기에 너무 늦은 경우가 대부분이다. 그래서 우리는 딥러닝을 이용해 이러한 심각한 문제를 완화하고 싶었다. 이 기술을 이용해 과거의 결과를 학습하고 진단을 지원하면 이 문제를 해결하는 데 도움이 될 수 있다."

암을 발견하는 데 인퍼비전의 기술이 최초로 응용되었다. 콴의 팀은 후속 작업으로 또 다른 주요 사망원인인 뇌졸중을 타개하는 쪽으로 관심을 돌렸다.

의료사진으로 훈련된 감독형 딥러닝 모델

일차적인 데이터 소스는 의료사진 기록, 특히 환자의 방사선 사진과 CT 스캔 사진이다. 인퍼비전은 각 유형의 사진을 10만 장 이상 처리했다.[4]

인퍼비전은 감독형 딥러닝 모델을 이용한다. 결과가 이미 알려진 데이터 세트를 가지고 훈련을 받는다는 뜻이다. 이 경우, 알고리듬을 구동하는 심층 신경망에 암을 진단받은 환자의 사진을 입력한다. 이 시스템은 건강한 폐를 찍은 사진으로 '정상적인' 폐의 기준을 구축하고 정상이라고 판단되는 범위에서 벗어난 데이터를 포착하면 경고음을 울린다.

알고리듬은 더 많은 데이터 의료사진을 처리함에 따라 초기에 암을 발견하는 데 점점 효율적인 수준이 된다. 암의 징후가 어떻게 나타나는지에 대해 점점 더 많이 '학습'하기 때문이다.

이 플랫폼이 MRI 스캔이 아니라 방사선 사진과 CT 스캔 사진을 사용할 수 있다는 사실은 중요하다. 이런 사진들을 찍는 데 드는 비용이 MRI보다 훨씬 저렴하고 더 많은 사람들이 이용할 수 있기 때문이다. MRI 스캔은 훨씬 비싼 장비가 필요하고 훈련받은 전문가가 더 많은 시간을 들여 작업해야 한다. 그만큼 이용하기가 쉽지 않다. 주요 병원이 없는 지역에서는 특히 이용하기가 더 어렵다.

뇌졸중 탐지에도 응용

인퍼비전은 전 세계적으로 200여 개 이상의 병원들과 제휴한다고 발표했다. 특히 이 기술은 현재 날마다 2만 건의 스캔 자료를 분석하는 데 사용되고 있다.

북미 의료영상자원위원회 방사선학회 회장 엘리엇 시겔Eliot Siegel은 다음과 같이 말했다. "인공지능을 응용하면 전통적인 의료영상에서 벗어나 디지털로 전환되는 결과를 낳는다. 인공지능과 인간이 협력해 의료산업이 직면한 난관들을 극복해야 하기 때문이다. 폐에 생긴 혹을 탐지해내는 과정에서 인퍼비전은 의사들이 환자의 요구를 단시간 안에 충족시켜주는 예방적인 솔루션을 제공하고 있다."[5]

인퍼비전은 이 기술이 폐암을 탐지해내는 데 효과가 있다는 사실을 입증한 후 이 기술을 또 다른 주요 사망원인인 뇌졸중의 초기 증상을 탐지해내는 쪽으로 관심을 돌렸고 다른 종류의 암 진단에도 응용하고 있다.

💬 컴퓨터 비전은 재미로 사진을 검색하거나 마케팅 활동을 하는 데만 쓰이는 게 아니라 인명을 구할 잠재력도 지니고 있다.

💬 컴퓨터 알고리듬은 심층 신경망을 통해 이미지들이 '정상' 기준에서 얼마나 벗어나는지 분류하는 데 점점 더 효율성을 높이고 있다.

💬 딥러닝 같은 첨단기술을 기존의 데이터 세트에 응용하면 오래된 데이터에서 새로운 가치를 추출해낼 수 있다. 인퍼비전의 플랫폼을 훈련시키는 데 사용된 방사선 사진은 대부분 2003년 중증급성호흡기증후군, 일명 사스(SARS)가 발생했을 때 생성된 자료다.

💬 인퍼비전은 자사의 기술은 의사를 대체하기보다는 의사들이 예전보다 더 신속하고 효율적으로 진단하도록 돕는다고 강조한다.

38 마스터카드 Mastercard

매년 수십조 원 손실을 내는 '결제 거부 오류'를 줄이다

마스터카드는 해마다 수십억 건의 거래를 처리하면서 수천 개 은행과 수백만 상인들 간에 중요한 연결고리를 형성한다.

2017년 마스터카드는 브라이테리언*을 인수해 자사의 전체 네트워크에 인공지능 기술을 도입하는 임무를 완수했다.

이 시스템의 목표는 온라인과 오프라인 판매시점에 자동화된 머신러닝 기반 의사결정을 가능하게 하여 소비자가 자신의 신용카드 정보를 건네주는 동안 한결 더 안전하고 순조롭게 쇼핑 체험을 하도록 만드는 것이다.

---

* 브라이테리언 Brighterion, 개인의 소비 패턴을 분석해서 평소와 다른 이상 소비 행태를 보이면 카드사에 알려주는 솔루션을 개발한 사이버보안 인공지능 스타트업.

어떻게 결제 거부 오류를 줄일 수 있을까?

'결제 거부 오류'는 합법적인 카드 거래인데 미심쩍고 사기일 가능성이 있다고 잘못 경고해 결제가 거부되는 경우를 말한다. 이런 일은 점점 현금을 사용하지 않는 사회에서 다른 결제 대안이 없는 소비자에게 불편을 끼칠 뿐만 아니라 미국 기업들에게도 한 해에 1,180억 달러의 수익 손실을 가져온다. 이 엄청난 수치는 실제로 사기로 인해 발생하는 비용보다 13배 높다.[1]

이와 같이 사기가 아닌데 사기라는 오류가 발생하면 소비자의 브랜드 충성도에 매우 부정적인 영향을 미친다. 마스터카드의 연구조사에 따르면, 소비자의 3분의 1이 아무 이유 없이 결제가 거부되는 바람에 특정 소매업체에서 쇼핑을 중단한 적이 있다.[2]

결제 거부 오류는 큰 비용을 발생시키고 불편을 초래하는데, 기존의 규정과 데이터 세트를 토대로 한 결제 확인 방식을 이용하면 이렇게 손해를 보고 불편을 겪는 일은 어느 정도 필연적이다.

카드 사기 행위를 실시간으로 적발하는 '판단 지능'

마스터카드는 구매시점에 판매자의 단말기가 고객의 신용카드 정보를 마스터카드 발급 시스템에 넘겨 확인을 요청할 때 실행되는 의사결정 기입 시스템에 머신러닝을 적용한다.[3]

이는 결제가 합법적인지 여부를 판단하는 데 사용되는 모델은 마스터카드가 처리하는 수십억 건의 거래에서 수집한 데이터를 기반으로 실시간 업데이트됨을 의미한다. 특정 카드가 시간이 지남에 따라 어떻게 사용되는지 정보를 구축해 알고리듬이 어떤 행동이 정상 범주 안에 들고 어떤 행동이 미심쩍은지 학습하도록 한다.

마스터카드는 이 시스템을 판단 지능Decision Intelligence이라고 일컫는데, 마스터카드의 '사업 위험과 보안' 부서 책임자인 아제이 발라Ajay Bhalla에 따르면, 인공지능이 만든 시스템 덕분에 사업체들은 수십억 달러어치의 사기 행위를 실시간으로 적발하는 데 도움을 받았다.

원천기술 알고리듬과 오픈 소스 인공지능 솔루션

판단 지능은 주로 거래 데이터 기록을 기반으로 작동한다. 특정한 카드가 사용된 장소, 거래 액수, 구매 대상인 상품과 서비스 유형, 카드가 사용되는 판매점에 대한 정보 등이 이러한 데이터에 포함된다.

여기에 전 세계적인 사기 추세와 패턴에 대해 알고 있는 정보를 추가한다. 즉, 특정한 유형의 사기 거래가 언제 어디서 발생할 가능성이 있는지, 목표물이 될 가능성이 있는 업체는 어떤 유형인지에 대한 정보도 추가한다. 여기에 거래를 하는 사람과 관련하여 익명으로 처리, 집계된 개인 정보까지 이용한다.

마스터카드는 내부분의 업부를 브라이테리언이 자사에서 개발한 원천기술 알고리듬을 이용해 처리하지만 일부는 오픈 소스 인공지능 솔루션에 의존해서 처리한다. 알고리듬을 훈련시키는 데는 분류표시가 된 데이터를 사용하는 감독 학습기법과 분류표시가 되지 않은 데이터를 이용하는 무감독 학습기법을 모두 사용한다.

사기 적발 비율 세 배 증가

데이터의 품질은 마스터카드가 추진하는 계획에서 가장 중요한 요소다. 부정확한 데이터를 이용하면 합법적인 결제가 거부되는 오류가 나거나 사기 거래가 승인되는 불상사가 발생할 가능성이 높아진다. 두 경우 모두 마스터카드 네트워크에 대한 신뢰를 하락시키고 재정적 손실로 이어질 것이다. 그러나 이 시스템은 주로 마스터카드의 거래 데이터에 의존하기 때문에 신뢰도가 높다고 여겨진다.

발라에 따르면, 마스터카드의 네트워크 전체에 인공지능 플랫폼을 도입한 이후로 사기 적발에 성공하는 비율이 세 배나 증가했고 긍정 오류를 범하는 비율은 50퍼센트 감소했다.

Tip

💬 정해진 규정과 고정된 데이터 세트를 토대로 판단하는 방법은 마스터카드 규모의 네트워크 전체에 걸쳐 신속하고 순조롭게 사기를 적발하는 데는 충분치 않다.

💬 데이터 세트와 실시간으로 업데이트되는 예측 모델을 사용하면 거래의 합법성 여부를 보다 정확하게 예측하므로 결제가 잘못 거부되는 사례는 줄어든다.

💬 마스터카드는 자사의 네트워크 전체에 인공지능을 도입하기로 결정하고 나서 유능한 직원을 유치하는 데 애를 먹었다. 이 문제는 브라이테리언 같은 기업을 인수해 전문가들을 영입함으로써 해결되었다.

39 세일즈포스 Salesforce

기업고객에게 아인슈타인 플랫폼을 제공한다

세일즈포스는 고객관리 솔루션을 제공하는 세계적인 기업이다. 세일즈포스의 상품과 서비스는 기업이 고객과 더불어 성장하고 고객과의 관계를 추적하는 데 도움을 주기 위해서 설립되었다.

1999년 창립 당시 세일즈포스는 인터넷으로 제공하는(보통 '클라우드'로 부른다) 서비스로서의 소프트웨어^{software as a service, SaaS}라는 개념을 개척했다.

사스^{SaaS} 제공업체는 고객에게 소프트웨어 패키지 상품을 판매하거나 사용 허가권(라이센스)을 제공해 고객이 보유한 기계에 자율적으로 설치하거나 실행하도록 하는 대신, 고객이 자사가 운영하는 서버에서 실행되는 소프트웨어에 접속하는 대가로 가입 수수료를 청구한다.

이는 판매자에게 수익을 계속 창출하도록 해준다. 고객의 입장에서는 설치한 소프트웨어를 유지·관리하고 업데이트해야 하는 성가신 일에서 해방시켜주는 한편 애초에 이런 시스템을 구축하고 설치하는 비용을 줄여준다.[1]

기업의 IT 부문에서 똑똑한 인지 컴퓨팅 플랫폼이 지배적인 추세로 부상하면서 이제 이와 똑같은 클라우드 전달 모델을 이용해 고객(기업)을 인공지능으로 무장시키고 기업이 자사의 고객 기반을 더 잘 파악하고 관리하도록 돕는다.

어떻게 고객 데이터를 수집하고 알고리듬을 훈련할까?

오늘날 기업들은 기존의 우편에서 소셜 미디어와 챗봇에 이르기까지 여러 경로를 통해서 고객을 관리해야 하는 난관에 직면해 있고, 세계 각지에 걸쳐 고객들을 유치하고 유지하려고 애쓴다.

이 때문에 다양하고 빠르게 바뀌는 데이터 세트를 처리하는 동시에 점점 더 복잡해지는 업무까지 처리해야 하는데, 이 일을 하는 데는 인공지능이 제격이다.

문제는 인공지능 시설을 처음부터 새로 구축하는 일은 어렵고 비용도 많이 든다는 점이다. 도구를 개발하고 알고리듬을 훈련시키고 데이터를 수집하는 일이 만만치 않기 때문이다.

고객관리용 인공지능 '아인슈타인'

세일즈포스는 기업고객에게 세일즈포스 아인슈타인Salesforce Einstein 플랫폼을 제공한다. 이는 세계에서 유일하게 포괄적인 고객관리용 인공지능 솔루션으로 불린다.[2]

클라우드가 관장하는 고객관리 솔루션의 다양한 구성요소들을 아우르는 아인슈타인은 세일즈포스의 커스터머 석세스 플랫폼Customer Success

^{Platform}에 통합되어 있다.

서비스로서 인공지능을 제공하는 다른 기업들과 마찬가지로 세일즈포스도 자기학습 컴퓨팅 기술을 크고 작은 기업들의 손에 쥐어주는 게 목적이다. 세일즈포스는 이 목표를 추진하다가 한 가지 특별히 까다로운 난관에 봉착했다. 당연한 얘기지만 기업들은 자사의 고객 데이터 보안유지에 매우 민감하다. 인공지능은 첨단 기능의 혜택을 누리도록 해주지만 클라우드는 해당 고객사만 독점 사용하는 것도 아니고 고객사가 통제하지도 못한다. 그렇다면 클라우드에 고객사의 데이터를 업로드하도록 기업고객을 설득할 수 있을까?

세일즈포스의 데이터 과학자와 엔지니어들은 고객들을 설득할 필요가 없도록 해주는 솔루션을 개발했다. 그들은 실제 데이터 자체가 아니라 메타데이터^{metadata}로 작동하는 머신러닝 알고리듬을 설계했다.

머신러닝을 이용해 고객 데이터를 구성하는 요소들에 표지를 부착함으로써 데이터 준비 절차를 자동화했다는 뜻이다. 예를 들면, 고객관리 데이터베이스 내의 한 영역이 이메일이나 마케팅 목적이 포함되어 있는지 여부를 인식함으로써 표지를 부착할 수 있다.

이는 사실상 알고리듬이 고객의 데이터를 보지 않고도, 고객들로 하여금 자사의 데이터를 아인슈타인의 예측 머신러닝 알고리듬으로 처리하도록 해주었다.

그러나 기업이 자사의 데이터를 면밀히 분석해 얻은 이득을 다른 기업들도 기꺼이 활용하도록 하겠다면 이러한 사양을 쓰지 않겠다는 선택을 '해제'할 수도 있다. 즉, 익명 처리된 데이터가 여러 자료에서 수집한 데이터를 사용하는 알고리듬 실행 서비스에 입력된다는 뜻이다.[3]

아인슈타인 실행 서비스는 판매와 마케팅, 청구서 발송과 재정기획, 공동체 관리와 고객서비스를 비롯해 수없이 다양한 영업업무를 처리함으로써 기업고객에게 도움을 준다.

아인슈타인에 음성 명령 이해 역량 추가

아인슈타인을 훈련시키는 데이터는 거래내역과 고객서비스 차원에서 주고받은 정보의 세부사항을 비롯해 기업이 자사의 고객과 관련해 저장한 모든 정보를 망라한다.

여기에는 협력 작업환경을 제공하는 채터[Chatter]와 이메일, 캘린더 앱과 소셜 데이터 스트림 같은 클라우드 기업 서비스를 통해 수집된 데이터도 포함된다.[4]

세일즈포스는 175명의 데이터 과학자로 구성된 팀을 꾸리고 메타마인드[Metamind], 릴레이트아이큐[RelateIQ], 비욘드코어[BeyondCore]를 비롯해 인공지능 전문 기업들을 인수하는 데 40억 달러를 썼다.[5]

최근에는 아인슈타인에 자연어 처리 기술을 장착해 사용자의 음성 명령을 이해하는 역량을 추가했다. 이는 분석적인 문의 처리나 고객관리 목표를 검토하는 업무와 같은 통상적인 업무를 키보드에 손대지 않고도 처리할 수 있다는 뜻이다.[6]

향상된 고객생애가치 제공

아인슈타인으로 세일즈포스는 고객관리용 서비스로서의 인공지능을 처음으로 제공한 기업으로 자리매김했다.

이 서비스를 이용하는 기업들은 인공지능의 위력을 이용해 마케팅과
고객서비스 이슈를 더 심층적으로 들여다보게 될 것으로 보인다.

장기적으로 보면, 이는 고객을 한층 더 만족시켜주고, 이는 다시 기업
에게 보다 향상된 고객생애가치를 제공한다.

— Tip ————————————————————

💬 인공지능을 서비스로 제공하는 사업은 경제적으로 성장 잠재력이 높다. 어떤 규모
의 기업도 이러한 막강한 도구와 기술을 십분 활용하도록 해주기 때문이다.

💬 세일즈포스의 알고리듬은 해당 고객과 유사한 프로필에 따라 개인과의 관계를 관
리하고 마케팅하는 데 가장 효과적인 접근방식을 학습한다. 고객과의 관계는 그런
알고리듬을 이용한 머신러닝을 통해 자동화된 방식으로 효과적으로 관리된다.

💬 세일즈포스는 데이터 소유권을 서비스의 독특한 장점으로 만든다. 이는 고객이 클
라우드 기반 서비스를 이용하기 위해 유용한 고객 데이터를 손에 넣지 않아도 된다
는 뜻이다.

40 우버 Uber

과감한 투자로 무엇에든 인공지능을 이용하다

우버는 데이터의 파괴적 사용을 토대로 사업 모델을 구축했다. 즉, 대중교통 운전사와 승객의 스마트폰에서 수집한 위치 데이터를 서로 비교해 운전사와 승객을 연결해주는 방식이다. 기존의 택시회사보다 훨씬 빨리 택시를 대기중인 승객에게 배정할 수 있다는 뜻이다. 이로 인해 기존의 택시회사 영업이 크게 피해를 보고 있다.

우버가 생긴 지 얼마 안 되는 것 같지만, 사실 우버는 생긴 지 거의 10년이나 되었고 그 사이 인공지능에 점점 많은 투자를 해왔다.

사실 우버는 최초의 '인공지능 우선' 기업이라고 불려왔다.[1] 마케팅에서부터 승객에게 탑승 서비스를 제공하는 핵심적인 사업기능에 이르기까지 무엇에든 인공지능을 기반으로 구축되었다.

택시회사와 운전사, 승객이 모두 만족하는 방법 찾기

기존의 택시 사업이 직면한 주요 난관은 운전사의 임금과 주행거리에 최소한의 비용만 지출하면서도 승객을 효율적으로 목적지까지 실어나르는 일이다.

또한 기존의 택시회사들은 승객이 택시를 요청할 때 신속하게 대응해서 다른 택시회사나 대중교통에 승객을 빼앗기지 않아야 한다.

게다가 운전사들은 이따금, 특히 심야에 곤경에 처한다. 만취한 승객이나 괴롭히는 승객을 상대해야 하기 때문이다.

이러한 문제들을 비롯해 다른 수많은 문제들을 우버는 인공지능을 통해 타개하려 한다.

할증 가격 책정과 음식 배달 플랫폼 '이츠'

우버는 기다리는 승객에게 운전사를 배정하고, 승객을 목적지까지 가장 효율적으로 데려다줄 경로를 탐색하는 등 핵심적인 업무에 인공지능을 이용한다.

인공지능은 우버의 '할증 가격 책정' 모델도 실행하는데, 수요가 높을 때 택시비를 인상해 더 많은 운전사들이 운행에 참여하도록 해서 고객이 기다리는 시간을 줄이는 기능이다.

호텔, 항공기, 대중교통 운영자들은 오래전부터 고객의 수요를 조절하는 기법을 사용해왔다. 항공편과 호텔 객실이 휴가철에 더 비싼 이유가 바로 이 때문이다.

우버는 첨단 예측 기술을 이용해 실시간으로 가격을 조정하는 혁신적인 운영을 하기 때문에 수요와 공급의 변화에 보다 효율적으로 대응할 수 있다.

업무용으로나 사적으로 우버를 사용하는 승객이 늘어나면서, 탑승 목적에 따라서 두 개의 서로 다른 서비스 이용 계좌를 관리해야 하는 경우도 있다.

우버는 이 문제도 인공지능으로 해결한다. 승객을 태우는 지점과 목적지, 시간대를 분석해서 공적 업무인지 사적인 목적인지 예측하고, 사용자가 휴대전화에 두 계좌가 있으면 자동으로 어느 계좌를 이용할지 권고한다.[2]

우버는 머신러닝 알고리듬으로 고객들을 분류하는 마케팅 업무에도 인공지능을 활용한다. 고객이 특정한 유형의 광고에 어떻게 반응할지에 따라서 고객들을 분류하고 메시지를 확인하는 빈도가 가입 탈퇴율과 어떤 연관이 있는지까지도 파악한다.[3]

최근에 출원한 특허를 보면 우버는 고객이 만취상태인지를 예측하는 기술도 개발했다. 우버는 아직 이 기술을 이용하겠다고 공식적으로 언급하지는 않았지만 운전사를 괴롭히거나 위험할 정도로 취한 승객들로부터 운전사를 보호하는 게 목적인 듯하다.

이는 승객에 대한 차별로 이어지고 운전사가 탑승을 거부하면 고객이 위험한 상황에 놓일 수 있다고 비판하는 이들도 있다. 이 시스템이 취약한 상태라고 예측하는 승객을 겨냥해 사악한 의도를 갖고 접근하는 운전사가 있을지도 모른다. 그러나 우버는 아직 이 기술을 도입할 계획이 있다고 발표하지 않았다.[4] 어쩌면 이는 인공지능으로 가능하다고 해서 반드시 바람직한 것은 아님을 보여주는 좋은 사례일지도 모른다.

우버는 우버 이츠[Uber Eats]라는 음식 배달 플랫폼에도 머신러닝을 이용한다. 고객이 주문한 음식이 도착할 때까지 시간이 얼마나 걸리는지 가능

246

한 한 정확하게 예측하는 게 취지다. 음식을 조리하는 데 걸리는 시간, 운전사가 식당에 가서 음식을 건네받는 시간, 운전사가 고객의 자택에 도착할 때까지 걸리는 시간을 모두 고려해야 한다.[5]

첨단 예측 머신러닝 미켈란젤로

우버는 승객과 운전사의 휴대전화에서 수집한 GPS 데이터와 지도 데이터를 사용해 승객을 태우러 가는 경로를 탐색하고 탑승 서비스가 필요한 이들에게 운전사를 배정한다.

승객을 태우고 다닌 수백만 개의 경로에서 수집한 데이터는 다시 학습 알고리듬에 입력되고 승객들에게 보다 정확한 도착예정 시각을 알려주어 승객이 기다리는 시간을 줄여준다.

승객이 특정한 도로의 모퉁이에서 기다리고 있다면, 이 알고리듬은 교통량과 속도제한을 감안하여 계산한 후 대기시간을 훨씬 줄일 수 있는 근처의 다른 장소로 이동해서 기다리는 게 어떻겠냐고 승객에게 제안한다.[6]

이 모든 업무를 해내기 위해서 우버는 자체적으로 미켈란젤로Michelangelo라는 머신러닝을 구축했다. 이 기술은 고객의 행동과 거래내역 데이터를 모두 관리할 뿐만 아니라 알고리듬을 훈련시키고 평가하는 업무도 관장하며, 가장 효과적인 모델을 배치하고 예측한다. 그리고 그러한 예측을 모니터해서 예측이 효과적인지 판단하는 업무도 실행한다.[7]

우버가 특허를 낸 승객의 만취상태를 판단하는 기술(머신러닝을 이용해 사용자의 상태를 예측하는 기술)은 고객의 걸음걸이, 자판 입력 중 범하는 실수, 앱과 소통하는 방식 등을 비롯한 여러 데이터를 평상시 그 고객이 앱을 사용할 때 수집한 데이터와 비교해서 판단을 내린다.

우버의 인공지능 연구부서인 우버 AI 랩[Uber AI Labs]은 2016년 인지과학 기반 스타트업 지오메트릭 인텔리전스[Geometric Intelligence]를 인수해 인공지능을 구축했다. AI 랩은 우버의 자체적인 영업을 넘어 딥러닝과 신경망의 응용방법에 대한 연구를 실행한다.

최근에 우버 AI 랩의 연구 주제는 탄자니아의 세렝게티 국립공원에서 사진이 찍힌 야생동물을 확인해 야생동물 보호를 증진하는 머신러닝 기법에서부터 우버의 자체적인 인공지능 프로그래밍 언어인 파이로[Pyro]를 개발하고 오픈 소싱하는 연구에 이르기까지 다양하다.[6]

대기시간 단축으로 고객 만족도 개선

승객이 기다리는 시간이 줄어들고 경로를 효율적으로 탐색해 고객 만족도가 개선되었다. 따라서 승객이 단골이 될 가능성이 높아졌으며 우버에 대한 고객생애가치도 향상되었다.

머신러닝과 예측 모델로 성공을 거둔 우버는 샌프란시스코에서 스타트업으로 출발해 이제는 전 세계로 탑승 서비스 네트워크를 효율적으로 확장할 수 있었다.

우버는 인공지능으로 고객이 업무차 서비스를 이용하는지 개인적인 용무를 보기 위해서인지 정확히 예측하는 비율이 80퍼센트에 이른다고 주장한다.

💬 머신러닝 알고리듬을 이용하면 고객이 기다리는 시간과 주행시간, 그리고 경로를 매우 정확하게 예측할 수 있다.

💬 우버는 머신러닝을 자사의 영업에서 그 어떤 부문에도 응용 가능하고 이를 통해 효율성을 높이고 고객의 체험을 개선하는 도구로 간주한다.

💬 우버는 '인공지능 우선' 기업으로 부상해 구글, 페이스북, 아마존과 같은 세계적인 인공지능 혁명의 핵심적인 주도자들과 경쟁하는 게 목표다.

💬 짧은 기간에 성공을 거둔 우버는 전 세계에서 기존의 택시업계를 파괴하고 있다.

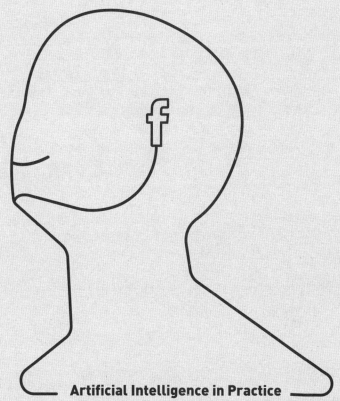

Artificial Intelligence in Practice
How 50 Successful Companies Used AI and Machine Learning to Solve Problems

5부

제조업·자동차·항공·4차산업 기업

41 BMW

미래의 자동차를 설계하고 구동하다

독일의 자동차 제조업체 BMW는 전 세계적으로 해마다 250만 대 이상의 자동차를 제조하고 판매하며 BMW, 미니^{Mini}, 롤스로이스^{Rolls Royce} 브랜드를 보유하고 있다.

탁월함과 신기술을 앞서서 도입한다는 평판을 자랑하는 BMW의 자동차는 도로를 달리는 가장 정교한 기계이고 경쟁사인 다임러^{Daimler}와 마찬가지로 자율주행 자동차를 일상적인 현실로 만드는 경쟁에서 앞서가고 있다.

BMW는 15개국에 30개 이상의 조립 시설을 갖추고 있고, 다임러와 테슬라^{Tesla} 같은 신예 도전자들과 나란히 어깨를 겨루면서 지속적으로 수익을 내기 위해 효율성이 핵심인 방대한 물류 업무에도 관여하고 있다.

제조과정의 정확성을 높이려면 어떻게 해야 할까?

자동차 제조업은 어마어마하게 비용이 많이 들고 노동집약적인 산업으로 해마다 연구개발과 생산, 마케팅에 거액이 투자된다. 잘되면 수십억 달러의 수익이 창출되지만, 복잡하고 신속한 공정과정의 어느 한 단계에서 조그만 실수가 있어도 큰 손실이 발생한다. 특히 자동차가 도로를 달리기 전에 문제가 발견되지 않으면 큰 피해를 입는다.

게다가 전 세계적으로 10만 명 이상이 해마다 교통사고로 목숨을 잃는데, 대부분의 원인은 운전자 과실이다. 자율주행 자동차는 이와 같은 불필요한 인명손실을 줄이는 해법으로 개발되고 있지만, 우선 자율주행이든 사람이 운전하든 다른 자동차들과 상호작용하고 운행하는 방법을 이해하도록 자동차를 훈련시켜야 한다.

업무의 자동화와 자동차에 자율주행 시스템 장착

인공지능에 투자하는 대부분의 기업들과 마찬가지로 BMW의 활동에도 두 가지 주요 영역이 있다. 하나는 자동화 기술로 업무 공정 전체를 통합해서 간소화하고 업무의 효율성을 높임으로써 새로운 기회를 모색하는 일이다. 다른 하나는 인공지능을 자사의 상품과 서비스에 도입해 고객들에게 더 매력적인 제품을 만들어내는 일이다.

2016년에 BMW는 IBM과 손잡고 18종의 자동차를 블루믹스^{Bluemix} 클라우드 서비스를 통해 IBM 왓슨 인지 컴퓨팅 플랫폼과 연결시켰다. 자동차가 운전자의 행동을 한층 더 잘 파악해서 개인의 취향에 적합하게 시스템을 적응시키는 게 취지였다. 이 시스템은 수집하는 데이터를 모두 클라우드에 업로드함으로써 사용자 행동에 관한 방대한 양의 데이터베이스를 구축하고 머신러닝을 이용해 다른 운전자들의 요구와 선호도를 예측한다.

시범 운행에 뒤이어 2017년 독일에서 이 시스템이 도입되어 BMW의 커넥티드드라이브^{ConnectedDrive} 앱 사용자들에게 보급되었다. 이 시스템은 차량의 결함을 보다 정확하게 진단하고 운전자가 자기 데이터를 보험회사와 공유하면 좀 더 저렴한 보험료를 책정받는 등의 사례에 사용된다.

BMW는 최근에 컴퓨터 비전 전문사인 모바일아이^{Mobileye}를 인수한 인텔과도 손잡았다. 컴퓨터 비전은 자동차 자율운행에 필수적인 기술이다. 자동차가 자동차에 장착된 카메라에서 수집한 이미지 정보를 분석하고 주변 환경에 적절히 대응하도록 해주는 과정이 본질적으로 자율주행이기 때문이다.

이 기술은 머신러닝을 이용해 자동차가 포착한 이미지를 분류해서 다른 자동차나 보행자가 끼어들면 그런 물체에 대해 어떻게 반응할지 순식간에 판단을 내리도록 해준다. 비디오가 틀어주는 이미지들의 시퀀스를 분석해 그 물체가 뭔지 판단을 내릴 수 있을 뿐만 아니라 얼마나 멀리 떨어져 있는지, 어떤 속도로 어디로 향하고 있는지도 판단할 수 있다. 이 모두가 인간의 뇌가 진화하면서 무의식적으로 터득하게 된 과정이다.

범위가 제한적인 경우에는 인간도 이러한 행동을 매우 효율적으로 할수 있다. 그러나 인간 두뇌의 자연적인 진화는 100년 남짓한 짧은 기간 안에 말과 마차에서 시속 100킬로미터의 자동차로 바뀐 기술의 진보만큼 빠르게 진행되지 않는다. 따라서 속도를 과소평가하거나 거리를 과대평가하거나 그저 주의를 게을리해서 수많은 인명이 손실된다. 컴퓨터로 작동하는 자동차는 이러한 실수를 하지 않는다.

한 가지 난관은 자율주행 시스템을 개발하려면 도로 상에서 맞닥뜨릴지 모르는 모든 상황에 대처하도록 자동차를 훈련시키기 위해 방대한 양의 데이터가 필요하다는 점이다. BMW의 자회사인 벤처 자본기업 아이벤처스[iVentures]의 샘 황에 따르면, 자율주행 시스템은 훈련을 마치기까지 60억 마일을 주행해야 할지 모른다.

이를 해결하기 위한 BMW의 솔루션은 '실제 세계'에서 그 주행거리를 다 채우지 않아도 되도록 하는 방법이다. 이를 위해 BMW는 독일 뮌헨에 세계 최첨단의 주행 시뮬레이션 센터를 구축하는 데 1억 유로를 투자하고 있다. BMW는 이 센터가 '도로를 연구실로 들여와서' 자율주행 자동차를 한결 빠르고 저렴하고 안전하게 훈련시키는 데 필요한 데이터를 수집하게 된다고 말한다.

IBM의 왓슨 인지 컴퓨팅 플랫폼 사용

BMW는 인텔이 모바일아이와의 연구를 통해 개발한 컴퓨터 비전 기술을 이용해 자동차들이 도시와 농촌 도로들을 주행하는 방법을 훈련시키고 있다. BMW는 IBM의 왓슨 인지 컴퓨팅 플랫폼과 블루믹스 클라우드 플랫폼을 이용해 운전자 데이터를 수집하고 분석하기도 하는데, 왓슨의 자연어 처리 능력을 이용해 음성 명령을 해석하고 적절한 반응을 보이는 능력도 포함된다.

GPS 데이터는 폭스바겐 및 다임러와 공동으로 소유하는 위치 데이터 서비스 히어[Here]를 통해서 제공받는데, BMW는 노키아[Nokia]로부터 이 기업을 인수한 이후로 자동차가 어디로 어떻게 주행해야 하는지 파악하는데 이 기술을 이용하고 있다.

데이터는 자동차에 장착된 카메라뿐만 아니라 브레이크에 가해지는 압력과 같은 기계 데이터, 와이퍼와 전조등과 에어백 같은 주변기기 사용 등에서 수집한다.

제조와 생산과정에서 데이터는 디자인, 생산, 물류, 유통, 서비스 등 전 부서로부터 수집되는데, 이를 위해 BMW는 테라데이터*와 협력해 영업 의사결정을 내린다. 이러한 시스템을 이용해 부품이 언제 생산되고 언제 자동차에 조립되고 언제 자동차가 팔리는지 전 과정을 추적할 수 있으므로 물류의 효율성을 높이고 모든 부품이 필요할 때 제 위치에 있도록 만전을 기하게 된다. 생산라인은 예측 관리를 이용해 작동하는데, 마모된 기계부품이 완전히 망가지기 전에 교체해 효율성을 한층 높이게 된다는 뜻이다.

롤스로이스 자율주행 자동차 '103EX'와 미니 비전 넥스트100 공개

자율주행 자동차가 우리 일상생활의 일부가 되려면 아직 몇 년을 기다려야 하지만, BMW는 인공지능 지원 자동차와 자율주행 자동차에 대한 연구가 맺은 결실을 보여주는 콘셉트 자동차 모델 몇 종을 공개했다.

부호들이 가장 관심을 보일 만한 모델은 롤스로이스 콘셉트 모델 103EX로 엘리너^{Eleanor}라 불리는 인공지능이 조종한다. 이 브랜드명은 롤스로이스의 보닛을 장식하고 있는 상징물 '환희의 여신상$^{Spirit\ of\ Ecstasy}$'의

---

* 테라데이터 Teradata, 데이터베이스 및 분석 관련 소프트웨어 제품과 서비스를 제공하는 기업. 1979년 캘리포니아 브렌트우드에서 칼텍 연구원들과 씨티은행의 첨단기술 그룹 간 협업으로 설립되었다.

모델인 여배우*의 이름을 따서 지어졌다. 이 브랜드의 이미지에 걸맞게 엘리너는 다른 인공지능 지원 자동차에 사용된 인공지능 비서와는 달리 인공지능 운전기사 역할을 한다. 이 자동차는 승차한 사람이 내릴 때도 격조 있게 하차하도록 LED프로젝터를 이용해 '가상의 레드 카펫'을 깔아주는 기능까지 있다.

우리같이 평범한 대부분의 사람들이 훨씬 관심을 보일 만한 모델은 미니 비전 넥스트 100$^{\text{Mini Vision Next 100}}$으로, 미래에는 자동차 공유가 점점 우리 일상에서 중요한 역할을 하리라는 점을 염두에 두고 설계되었다. 여기서 기술은 자동차에 탑승하는 사람이 바뀔 때마다 이를 인식해서 바뀐 승객의 선호도에 따라서 자동차를 적합하게 조율하는 기술이다. 이 자동차는 한 사용자와 다른 사용자로 바뀌는 막간을 이용해 다음 사용자가 자동차를 더욱 쾌적하게 이용하도록 청소 서비스를 하는 장소인 서비스 허브^{hub}까지 자율주행 한다.

자율주행 미니 컨셉트 자동차는 스마트폰이나 다른 접속기기 제조업체들과 마찬가지로 우리 일상생활에서 자연스럽게 상호작용하는 소비자 상품을 생산한다는 취지로 제작되었다.

더 많은 고객들에게 폭넓게 이용될 가능성이 높은 또 다른 응용방식을 개발하기 위해 BMW는 IBM을 비롯해 인공지능 분야에서 선도적인 기업들과 손을 잡았다. IBM의 왓슨 인지 컴퓨팅 플랫폼은 i8 하이브리드 자동차 원형에 사용되어 운전자와 자동차의 시스템이 더욱 쾌적하고 자연스럽게 상호작용하는 방법을 가르치고 있다.

---

* 롤스로이스의 전무이사 클라우드 존슨의 비서이자 모델인 엘리너 벨라스코 손턴(Eleanor Velasco Thornton)을 말함.

IBM에 따르면, 왓슨이 도입될 영역은 자동차 성능을 제한하는 문제 및 결함의 자가진단, 다른 자율주행 자동차들과의 소통 관리, 운전자의 선호도를 파악하고 적합하게 적응하는 기능 등이다.

= Tip =

💬 주요 자동차 제조업체는 하나같이 자율주행 자동차를 개인 운송수단의 미래로 본다.

💬 미래의 자율주행 자동차는 인공지능을 이용해 뜻밖의 도로 상황을 예측하고 반응하는 능력을 갖추게 되므로 더욱 안전하고 효율적일 것으로 보인다.

💬 기존의 자동차 제조업체들은 기술기업과 손잡고 첨단 인지 소프트웨어를 대규모 자동차 생산과 통합하는 데 필요한 전문지식을 도입하고 있다.

💬 자율주행 자동차가 일상화되기 전에 사람이 운전하는 자동차에 가상의 비서 형태로 인공지능이 훨씬 많이 도입되어서 자동차를 운행하고 자동차와 상호작용하는 방식이 변하게 된다.

42 제너럴일렉트릭 GE

디지털 발전소 개발과 에너지 인터넷을 구축하다

토머스 에디슨이 창립한 제너럴일렉트릭(이하 GE)은 오늘날 전 세계적으로 전기, 제조업, 의료업, 항공업, 석유와 가스, 그리고 금융업에 진출해 있다. 전 세계 전기의 30퍼센트는 GE 파워*의 터빈과 발전기가 공급한다.[1]

여러모로 에너지 산업은 18세기에 에디슨이 세운 기본 패턴을 계속 따라왔다. 핵심 공정은 전자를 생성해서 발원지에서 목적지까지 한 방향으로 전달하는 과정이다.

오늘날 데이터를 기반으로 한 디지털 혁명과 한층 지속가능한 에너지원으로의 전환이라는 두 가지 압력이 복합적으로 작용해서 에너지 산업이 극복해야 할 독특한 난관을 던져주고 있지만, 이것 또한 큰 기회이기도 하다.

이러한 난관을 극복하고 기회를 십분 이용하기 위해서 GE는 5년 동안

---

* GE 파워 GE Power, 이전에는 'GE 에너지'로 알려져 있었다.

10억 달러를 들여[2] 제조업체에서 스마트한 자율학습 기계를 구축하는 데 초점을 둔, 소프트웨어와 분석기술 기업으로 변신했다.

친환경 에너지 발굴과 에너지 낭비를 어떻게 해결할까?

세계적으로 인구가 증가하고 산업도 확장되면서 과거 어느 때보다도 전기 수요가 늘어났다. 뿐만 아니라 더 많은 개발도상국들이 산업화되면서 전기 수요는 증가일로를 걷게 되었다.

동시에 환경에 대한 우려도 높아지고 있어 더욱 안전하고 깨끗하고 오염물질을 덜 배출하는 에너지를 찾아야 한다. 풍력, 태양광, 조석潮汐 에너지가 인류의 에너지 수요를 충족시키는 데 점점 큰 역할을 하게 될 것으로 보인다.

현재 전기가 낭비되는 경우가 많다. 발전이 비효율적이거나 잘못된 수요 예측 때문이기도 하다. 발전소의 전력 생산량을 늘리거나 줄이는 일은 비용이 많이 드는 과정이고 변하는 기상 여건과 같은 요인들은 예상치 못한 수요의 급증이나 급감을 야기할 수 있다.

에너지 인터넷의 첫걸음 '디지털 발전소'

GE는 '디지털 발전소'를 개발하고 있는데, 이러한 시도가 세계적인 '에너지 인터넷'으로 가는 첫걸음이 되리라고 믿는다.

GE 파워의 엔지니어들은 빅데이터, 머신러닝, 예측 분석을 이용해 오늘날 발전소의 문제점과 수요를 파악하고 있다. 이 시스템을 이용하면 과거 변하는 수요에 신속히 대처하지 못해 운영이 중지되었던 이탈리아 키바소 지역의 발전소 하나만 온라인으로 전환해도 환경에 남기는 탄소 족적이 예전의 절반으로 줄어든다.[3]

발전소 전체에 설치된 기계로부터 수집한 센서 데이터를 머신러닝 알고리듬이 분석해서 최적의 가동 범위를 설정하거나 이전에는 못 보고 지나친, 비효율성을 야기하는 요인들을 밝혀낼 수 있다.

이는 수요의 변화가 예상되면 생산을 늘리거나 줄일 수 있고, 예측 관리를 통해서 문제가 심각해지기 전에 규명하고 결함을 바로잡을 수 있다는 뜻이다.

산업 인터넷 플랫폼 프리딕스

GE의 '에너지 인터넷'은 산업 인터넷 플랫폼 프리딕스^{Predix}를 중심으로 구축되었다. 이를 이용해서 GE는 석탄, 가스, 원자력에서 풍력과 태양광 발전에 이르기까지 고객의 세계 발전소 망에서의 에너지 생산을 세계적인 관점에서 개관할 수 있다.

평균적으로 발전소에는 1만 개의 센서가 장착되어 있는데, 이러한 센서가 발전소 운영의 모든 면을 모니터하면서 센서 하나당 하루에 2테라바이트의 데이터를 생성해낸다.[4] 프리딕스 플랫폼은 발전소에 설치된, GE가 제조하고 판매한 기계뿐만 아니라 발전소 내의 모든 기기에서 수집된 센서 데이터를 읽도록 설계되었다.

GE는 이 데이터를 이용해 '디지털 트윈$^{Digital\ Twin}$'이라는 개념을 개척하고 있다. 사업의 어떤 부문이든지 컴퓨터로 복사본을 만들어서 수요증가와 기상변화 같은 현실 세계의 요인들이 어떤 영향을 미치는지 정확히 보여주는 기술이다.

이 기술 덕분에 미국 전역에 있는 자사의 발전소망에 프리딕스 시스템을 설치한 엑슬론Exelon 같은 발전소 운영자들은[5] 운영 여건에 영향을 미칠 만한 요인들을 더욱 정확히 예측할 수 있다. 예컨대, 기상 여건을 더욱 정확하게 예측함으로써 태양광 패널이 가장 효과적이지 않은 시기를 파악하고 가스를 연료로 쓰는 발전소의 발전량을 늘릴 필요가 있는지 판단한다.

GE 파워는 '에너지 인터넷' 프로그램의 이러한 측면들을 '자산 실적 관리'로 분류한다.

이와 더불어 인공지능을 사업 최적화에 사용한다. 정확한 최신 데이터를 통합, 자동화해주는 기업 탐르Tamr가[6] 제작한 소프트웨어를 이용해 머신러닝을 방대한 조달 업무 관리에 응용한다. GE의 수많은 부서들은 세계적인 공급망을 갖춘 수많은 공급자들로부터 수십만 가지의 품목을 구매하는데, 과거에는 중앙에서 이를 조율하지 않았다. 이 시스템에 청구서와 구매내역 기록들을 입력, 훈련시켜 다양한 부서들이 수많은 공급자들로부터 동일한 품목을 조달하는 상황에서 과잉 주문을 피하고 비용 효율성을 높일 수 있다.

탐르 플랫폼을 통해 3년 동안 8,000달러 절약

GE 파워의 최고 디지털 책임자 가네시 벨Ganesh Bell은 다음과 같이 말한다. "계획에 없던 비 가동 시간을 5퍼센트 줄이고, 가동되지 않는데 가동되고 있다는 긍정 오류(오탐지)는 75퍼센트 줄었으며, 운영과 관리 비용은 25퍼센트 줄이는 결과를 얻었다. 이 모든 성과를 더하면 상당한 가치에 달한다."

탐르 플랫폼을 이용해 물품 조달과 재고 처리를 관리함으로써 3년에 걸쳐 8,000만 달러를 절약했다고 GE 디지털 스레드GE Digital Thread의 기술상품관리 부사장 에밀리 걸트Emily Galt는 말한다.

— **Tip** —————————————————————————

💬 발전 산업은 향후 20년에 걸쳐서 약 50퍼센트 생산량을 늘리는 한편, 탄소 족적은 50퍼센트 줄여야 한다.[7] 인공지능으로 작동하는 첨단 분석기법은 이러한 임무를 완수하는 데 도움이 될 수 있다.

💬 특정한 지리적 영역 내에서 수요의 최저점과 최고점을 정확히 예측하면 효율성이 높아지고 낭비는 줄어든다.

💬 오늘날 거의 모든 기계는 클라우드에 연결되어 데이터를 생성할 수 있다. 그러나 진정한 가치는 이 데이터를 해석하고 가치를 창출하는 방법을 터득하는 데 달려 있다. 인공지능은 발전소 장비가 생성하는 기계 작동 일지와 같은 매우 복잡한 데이터를 이용해 바로 이러한 작업을 수행할 수 있다.

43 존 디어 John Deere
농업에서 살충제 오염을 줄이다

존 디어는 작은 마을의 대장간에서 연장을 제작하는 업자로 출발했는데, 150년이 지나면서 세계 유수의 농업 및 공업 기계 제조업체이자 공급업체로 성장했다.

이 회사는 항상 기술혁신에 앞서왔다. 20세기 초에는 농업용 장비를 기계화하기 위해 가솔린 엔진에 투자했고, 1990년대 말에는 자동화에 착수해 GPS 기술에 투자했다.[1]

지난 10년에 걸쳐 존 디어는 훨씬 기술 중심적인 기업으로 변신해왔다. 데이터를 서비스로 판매해서 농부들이 사업을 경영할 때 훨씬 바람직한 결정을 내리도록 도와준다. 이 회사는 자율주행 경운기,[2] 지능 센서 및 소프트웨어와 농업용 드론까지 제공하고 있다.[3]

효율적이고 정확한 비료 사용 방법은 무엇일까?

현재 세계 인구는 대략 75억 명인데 2050년 무렵이면 90억 명이 넘을 것으로 보인다.[4] 이 많은 입들을 먹여살리려면 식량 생산을 70퍼센트 증가해야 한다고 유엔식량농업기구는 예상한다. 이와 동시에 도시화가 진전되고, 기후변화가 일어나고, 토양의 질이 저하되면서 농업에 적합한 토지의 양은 줄어든다는 문제에 직면해 있다.

효율적인 토지 사용이 매우 중요하다는 뜻이다. 그러려면 비료 사용을 늘려야 한다. 그러나 비료 사용을 늘리면 환경이 훼손되고 인체가 비료에 과도하게 노출되어 건강에도 직접 해를 끼치게 된다.

따라서 비료를 사용할 때는 가능한 한 효율적이고 정확하게 사용해야 한다.

제초제와 살충제 사용을 최소화하는 '정밀 농업'

존 디어는 제초제와 살충제를 최소한의 양만 적재적소에 사용하도록 하는 머신러닝 기술을 개발했다.

이 기술로 에너지 사용량이 절감되고 살충제 생산이 환경에 미치는 영향이 줄어들면서 낭비가 대폭 줄었다. 살충제가 사용되는 지역에서 살충제의 부작용이 최소화될 수 있다는 뜻이다. 그러면 지역의 강과 수로의 오염이 줄어드는 동시에 식량 생산은 최적 수준으로 유지할 수 있다.

존 디어는 2017년에 인수한 블루 리버 테크놀로지Blue River Technology가 개발한 기술을 이용한다.[5] 블루 리버 테크놀로지의 컴퓨터 비전 기법을 이용해 병충해 위협을 받는 작물이 있는 곳을 찾아내고 피해를 당한 작물에만 필요한 양만큼 정확히 살충제를 분사하는 로봇 장비를 조종한다.

블루 리버 테크놀로지는 존 디어에게 인수되기 전에 작물 사진으로 방대한 데이터베이스를 구축했다. 그리고 컴퓨터 비전 알고리듬을 이용해 병충해 피해를 입은 작물과 그렇지 않은 건강한 작물을 사진을 통해 판독했다. 이 데이터 세트로 훈련받은 농기계는 현장에 투입되어 실시간으로 알고리듬이 내린 결정과 똑같은 결정을 내리는 센서를 부착하고 작업을 수행한다.

이 기기는 기본적으로 자체적으로 보유한 작물 사진을 건강한 작물 및 병충해를 입은 사진 모두와 비교해서 각 작물을 어느 쪽으로 분류해야 할지 판단을 내린다.

대규모 농업에서는 작물에 살충제를 뿌릴지 말지는 농지 전체를 바탕으로 판단했기 때문에 국소 지역에만 살충제를 뿌려야 할 경우에 살충제의 낭비가 심했다. 이와 같이 필요한 부분에 집중적으로 살충제를 뿌

리는 접근방식을 '정밀 농업'이라고 하는데 오로지 머신러닝과 컴퓨터 비전 덕분에 가능해졌다.

팜사이트로 스마트해진 작물재배

이러한 구상은 존 디어가 인공지능 분야에서 최첨단을 걷는 기업으로 자리매김하기 위해 취한 수많은 조치들 가운데 가장 최근의 조치에 불과하다. 이 회사는 팜사이트^{Farmsight}라는 서비스도 제공하는데,[6] 이 서비스를 사용하는 농부들은 언제 어디에 작물을 심어야 하는지에 대해 데이터를 기반으로 판단을 내린다. 데이터는 전 세계 각지의 농부들로부터 크라우드 소싱해서 수집하고 서비스 가입자들에 한해 제공한다. 이 시스템은 기온, 토양의 수분 수위, 기상 데이터, 일조량과 그 밖의 수많은 요인들을 바탕으로 농부들이 수확량을 최대한으로 높이려면 언제 어디에 작물을 심어야 하는지 판단을 내리도록 도와준다.

토양오염은 줄이고 수확량은 늘리다

블루 리버의 신기술 책임자 윌리 펠^{Willy Pell}에 따르면, 정밀 농업 시스템은 전 세계적으로 농지에 분사되는 살충제의 양을 90퍼센트까지 줄일 수 있다.[7] 이로써 오염이 줄어들 뿐만 아니라 해로운 화학물질이 인체와 동물에 끼치는 영향도 줄어든다.

또한 수확량도 늘어나 점점 늘어나는 인구를 점점 줄어드는 농지만으로도 먹여살려야 하는 난관을 극복하게 해준다.

💬 첨단 인공지능은 점증하는 세계 인구를 먹여살리기에 충분한 식량 생산 문제를 해결하는 데 도움을 준다.

💬 정밀 농업은 작물에 뿌리는 해로운 살충제의 양을 줄여서 효율성은 증진시키고 오염은 줄여준다.

💬 농업에서 자동화는 새로울 게 없지만 자동화 시스템을 첨단 센서와 의사결정 기술과 결합하면 새로운 돌파구가 마련된다.

💬 자동화된 시스템에 피해를 입은 작물과 건강한 작물의 차이를 인식하도록 가르치는 게 관건이다. 이는 이 시스템을 방대한 양의 사진 데이터를 통해 훈련시킴으로써 해결할 수 있다.

44 콘 Kone

엘리베이터 이용자의 대기시간을 줄여주다

핀란드에 본부를 둔, 엘리베이터와 에스컬레이터 엔지니어링과 유지보수 관리 전문 그룹 콘은 전 세계적으로 110만 개의 엘리베이터 작동을 책임지고 있다.

도시 생활의 흐름을 개선하는 일을 사명으로 삼고 있는 이 기업은 런던 히드로 공항에서만도 하루에 19만 1,000명이 이용하는 1,035개의 에스컬레이터, 엘리베이터, 무빙워크를 제대로 가동시키는 책임을 맡고 있다.

2017년, 콘은 전 세계적으로 수천 개의 기기에서 수집한 데이터를 축적하고 분석하는 야심찬 데이터 기반 프로그램을 발표했다. 이 정보는 머신러닝 알고리듬으로 처리되어 다른 운영자들과 유지보수 관련 기업들에게 보급된다.

승객들의 불편을 해소하는 방법은 무엇일까?

수많은 복잡한 시스템들에 수없이 많은 부품들이 작동하므로 장비가 고장 나거나 결함이 발견되면 많은 사람들이 불편을 겪게 된다.

문제가 터지고 난 뒤에 수습할 경우 교체할 부품을 확보하고 문제 발생지까지 운반하는 동안 비효율이 발생하고 가동 중단 시간이 길어지게 된다.

뿐만 아니라 대형 건물에서 많은 사람들을 이동시키는 장비를 조율하는 일은 매우 어려운 작업이다. 누군가가 엘리베이터 버튼을 누르면, 엘리베이터 시스템은 여러 승강기 중 어느 승강기를 운행시키는 게 가장 좋은지 판단해야 한다.

대개의 경우 이는 가장 가까이 있는 승강기가 아니다. 그 승강기는 이미 만원이거나 엉뚱한 방향으로 향하고 있을지 모르기 때문이다. 기존의 엘리베이터 시스템은 지능적이지 않았기 때문에 승객들은 필요 이상으로 오래 기다리는 경우가 잦았다.

콘 24/7 커넥티드 서비스

콘은 일찍이 마이크로프로세서로 엘리베이터 시스템을 가동시키는 방법이 표준으로 정해지기 시작한 1980년대 말에 기계에게 스스로 작동하도록 가르치는 절차에 착수했다. 프로세서는 각 층에서 기다릴 승객의 평균 수치를 예측하고 이에 따라 운행 방식을 조절하도록 설계되었다.

오늘날 콘은 100만 기 이상의 에스컬레이터와 엘리베이터를 클라우드에 연결시키고 있다. 그리고 엘리베이터가 각 층에 도착하고 출발하는 시간부터 속도, 온도, 소음 수위, 케이블을 타고 흐르는 진동의 빈도 수까지 모든 것을 감지하는 센서가 장착되어 있다.

콘의 최고경영자 헨릭 언루스^{Henrick Ehrnrooth}는 다음과 같이 말했다. "우리는 엘리베이터와 에스컬레이터를 클라우드에 연결시켜놓았는데, 이는 우리가 많은 데이터를 연결시키고 있고 이를 통해 고객들에게 상당한 가치를 제공하게 된다는 뜻이다. 건물을 관리하려면 항상 어떻게 돌아가는지 사정을 예의 주시하고 있어야 한다. 무슨 일이 발생하지는 않았는지, 장비가 제대로 작동하고 있는지, 건물 안의 사람들이 어떻게 이동하는지 살펴보아야 한다."

이 모든 데이터를 바탕으로 머신러닝 알고리듬은 상관관계를 밝혀내고 정상 범주를 벗어나는 요인들을 판단하는 모델을 구축할 수 있고, 이를 통해 언제 결함이 발생하거나 가동이 중지될 가능성이 높은지 기계가 파악할 수 있는 지식을 축적하게 된다.

인공지능은 엘리베이터 시스템의 '집단 통제' 기능에도 정보를 제공하는데, 이는 여러 기의 엘리베이터가 함께 작동하는 방식을 조율하는 시스템이다. 예컨대, 엘리베이터 호출 버튼을 누르고 기다리는 승객에게 어느 엘리베이터를 보내는 게 가장 좋은지 판단하는 일이다.

이는 예측된 수요와 시스템 내의 모든 엘리베이터가 이용 가능한지를 함께 고려해서 모든 사람들을 효율적으로 이동시킬 최선의 방법이 무엇인지 판단을 내림으로써 가능하다.

콘은 이 데이터를 24시간 7일 내내 가동된다는 뜻을 가진 콘 24/7 커넥티드 서비스^{KONE 24/7 Connected Services}라는 서비스로 묶어서 다른 운영자들에게 판매하고 이들이 머신러닝으로 구동되는 예측 분석을 이용할 수 있도록 해준다.

왓슨 인지 컴퓨팅과 엣지 컴퓨팅 사용

24/7 커넥티드 서비스는 콘이 IBM과 합작해서 출시한 서비스다. 특히, IBM의 왓슨 인지 컴퓨팅 플랫폼을 이용해 자사의 기기가 어떻게 작동하는지 이해하고 학습한다.

이 시스템이 어떻게 작동하는지 다음 사이트에 접속하면 실제로 기계들의 소리를 엿들을 수 있다. http://machineconversations.kone.com에 접속해 직접 한번 체험해보기 바란다. 기계들 간에 오고가는 '정말 따분한 동시에 진정으로 환상적인' 상호작용이라고 일컬어지는 경험을 할 수 있다.

기기 전체와 연결된 센서가 수집한 데이터에는 한정된 양의 '엣지 컴퓨팅' 데이터도 포함되어 있는데, 어느 데이터가 유용한지 유용하지 않은지 하는 판단은 센서가 내린다. 불필요한 '노이즈'를 원천적으로 제거함으로써 전체적인 데이터 용량을 줄이는 데 도움이 된다.

효율적인 엘리베이터 작동으로 승객의 대기시간 감소

접속 시스템을 이용하는 다른 엔지니어링과 유지보수 기업체들과 마찬가지로 콘도 기기의 작동을 더 잘 파악하고 고장 날 가능성을 한층 정확하게 예측할 수 있게 되었다.

이 덕분에 낭비되는 시간과 에너지가 줄어든다. 엔지니어들뿐만 아니라 날마다 A 지점에서 B 지점으로 이동하기 위해 기기에 의존하는 수백만 명의 사람들이 시간과 에너지를 덜 낭비하게 된다는 뜻이다.

게다가 기기도 훨씬 효율적으로 작동할 수 있다. 예를 들어, 엘리베이터가 하루 중 특정한 시간대에 얼마나 붐빌지 학습하고 각 층에서 승객들이 올라탈 때까지 기다리는 시간을 조정할 수 있다. 여러 개의 엘리베이터 시스템을 갖춘 건물에서는 여러 시스템의 작동을 조율해서 필요한 층에 더 자주 엘리베이터가 운행되도록 하고 승객의 대기시간을 줄이게 된다.

▬ **Tip** ▬▬▬▬▬▬▬▬▬▬▬▬▬▬▬▬▬▬▬▬▬▬▬

💬 건물이 점점 대형화되고 인구도 점점 증가하면서 사람들을 이동시키는 시스템의 효율성을 개선해 도시의 삶이 순조롭게 흘러가도록 하는 일이 매우 중요해졌다.

💬 더 많은 데이터를 산업에 적용하면 기기들이 정확히 예측할 가능성을 높여준다. 콘은 자사의 기기들로부터 '크라우드 소싱'함으로써 자사의 시스템들을 훈련시키는 데 현실 세계에서 얻은 최고의 데이터 세트를 이용한다.

💬 콘은 '데이터 시대'가 제공한 핵심적인 기회들 가운데 하나를 제대로 포착해 데이터 제공자가 되었다. 콘은 사실상 자사의 데이터를 묶음으로 만들어 다른 조직들에 판매함으로써 자사의 데이터를 금전화하고 있다. 콘은 변화와 효율성을 추진할 역량을 갖추었기 때문에 자사의 데이터가 가치가 있다는 사실을 인식하고 있다.

45 다임러 AG _{Daimler AG}

명품 고급 자동차에서 드론 택시 서비스까지 진출하다

다임러 AG는 스마트 자동차 브랜드이자 메르세데스 벤츠^{Mercedes Benz}의 독일 모회사다. 이 회사는 1926년 기존의 기업들이 다임러 벤츠 AG로 합병한 이후로 명품 자동차와 승용차를 제작해온 오랜 역사를 자랑한다.

오늘날 다임러 AG는 정교하게 제작된 자동차로 유명할 뿐만 아니라 자동화와 디자인, 그리고 생산 공정에서 자동차 자체까지 4차 산업 기술에 집중적으로 투자하고 있다.

머신러닝은 이러한 변신을 위해 각 방면에서 중요한 역할을 하면서, 공정을 간소화하고 낭비를 줄이고 대부분의 경우 인간이 하는 실수를 제기하고 있다.

운송수단 이용방식 변화에 어떻게 대처할까?

메르세데스 벤츠는 인공지능을 이용해 자동차 생산, 운송, 승객 운송에서 효율성을 창출하고 있다.

차량 디자인과 제조는 노동집약적이고 비용이 많이 드는 공정으로 첨단기술 공장 및 장비와 대규모 인력이 필요하다. 장비가 고장 나고 인간이 실수를 하면 재원이 낭비되고 공정이 지연되며 근로자가 부상을 입을 수 있다.

게다가 운송수단을 이용하는 방식이 변하면서 기존의 모델을 고수하는 자동차 제조업체들은 여러 가지 문제에 직면하게 된다. 특히 도시와 도시화된 지역에서는 자동차 소유가 줄어들고 탑승 공유와 대중교통의 수요가 증가하면서 고객이 감소하고 있다. 환경 문제에 대한 인식이 높아지고 자동차를 소유하고 운행하는 이들에게 점점 덜 친화적인 도심 환경으로 바뀌기 때문이다.

자동차의 디자인, 생산, 판매에 관여하는 조이풀 앤티시페이션

다임러 트럭은 퓨처 트럭 2025[Future Truck 2025]를 공개하면서 세계 최초의 자율주행 중장비 차량이라고 주장했다. 화물을 적재하고 하역하는 데 필요할지 모르는 사람이 탑승하는 공간이 있긴 하지만, 완전히 자율운행을 할 수 있는 차량인데, 이 회사는 이 차량 덕분에 도로안전이 개선되고 연료비가 줄어든다고 말한다.

승용차의 경우, 메르세데스 벤츠는 메르세데스 벤츠 사용자 체험[Mercedes-Benz User Experience, MBUX]이라고 알려진, 차량에 내장된 인공지능에 투자하고 있는데, 도로를 달리는 동안 반복적이거나 주의를 앗아가는 작업으로부터 운전자를 해방시켜주는 기술이다. MBUX는 목적지를 예측하고 자동적으로 경로를 탐색하는 시스템을 작동시키는 일을 수행하고, 심지어 운전자가 "덥다"라고 말하면 그것까지도 포착해서 간접적인 명령을 통해 차 안의 온도조절 기능을 켜기까지 한다.

이 회사는 자율주행의 미래로서 럭셔리 인 모션^{Luxury in Motion} 자동차를 발표했다. 우아하고 널찍한 차내 공간은 자동차 내부라기보다는 라운지 같이 느껴지도록 설계되어서 이 차에 탑승하는 고위직 인사나 귀빈 승객은 이동하는 동안 생산적인 시간을 보내고 목적지에 상쾌한 기분으로 도착할 수 있다. 이 개념은 '이동식 거실 공간'을 제공하고 개인 승용차의 개념을 재창조한다.

이러한 자동화는 자동차의 디자인, 생산, 판매에까지 확대 적용된다. 카메라, 센서, 사물인터넷 기술을 이용해 재고를 점검하고 기기를 효율적으로 작동시킨다. 각 차량을 고객이 주문한 사양에 따라 맞춤형으로 제작하면서도 대량생산 환경을 유지할 수 있다는 뜻이다. 그 덕분에 조이풀 앤티시페이션^{Joyful Anticipation}이라는 메르세데스 미^{Mercedes-Me} 앱을 통해 사양을 제공할 수 있다. 게다가 구매자가 자신이 주문한 자동차가 조립 과정의 어디쯤 와 있는지 추적하도록 해준다.

판매 측면에서 보면, 다임러는 거리에서 자신이 꿈꾸던 자동차를 발견한 잠재고객들이 카 디텍션^{Car Detection} 애플리케이션으로 사진을 찍도록 해준다. 이 이미지는 이미지 인식 알고리듬을 이용해 찍힌 차량을 분석하고 잠재고객은 정확한 모델과 선택 사양 등에 대한 정보뿐만 아니라 인근 지역 어디로 가면 구매할 수 있는지에 대한 정보까지 전달받는다.

미래의 운송에 대한 과감한 투자

다임러는 앞으로 우리가 개별적으로 자동차를 소유하는 개념에서 지속적으로 벗어나게 된다는 점을 파악해야 미래에 운송이 어떻게 바뀔지 내다볼 수 있다고 생각한다. 다임러가 이러한 생각을 하고 있기 때문에 마이택시MyTaxi 탑승 서비스의 지분을 60퍼센트나 가지고 있을 뿐만 아니라 애슬론Athlon 자동차 대여 사업도 인수한 것이다.

다임러는 하늘로도 시선을 돌려 한층 더 먼 미래까지 내다보고 세계 최초로 드론 택시 서비스를 제공한다는 두바이의 계획에도 참여해 지분을 취득했다. 이 회사는 독일의 이-볼로E-Volo가 만든 첫 드론 택시 볼로콥터Volocopter에 2,500만 파운드를 투자했다. 볼로콥터는 2017년 황태자 시크 한단 빈 모하메드를 태우고 5분 동안 사막의 상공을 처녀비행 했다. 자율주행 드론은 머신러닝을 이용해 공중을 나는 다른 물체들을 피해 안전하게 비행하고 비행하는 동안에 변하는 기상 조건에 적절히 대응할 수 있다.

GPS에서 가상현실까지 다양한 데이터 사용

3년 전 다임러는 엔비디아Nvidia와 손잡고 딥러닝 기반 시스템을 설계했고 여기서 개발된 기술은 자율주행과 인공지능 지원 시스템의 토대를 형성한다.

차량에 장착된 센서를 이용해 도로에서 데이터를 수집하고 이를 컴퓨터 비전 시스템으로 처리한다. 그리고 이는 GPS와 기상정보 같은 외부 데이터를 이용해 증강된다.

생산 환경에서 데이터는 기기에 장착된 카메라와 센서뿐만 아니라 컴퓨터화된 재고 관리 시스템, 기계 데이터, 고객 서비스 피드백으로부터 수집된다. 3D 프린팅과 가상현실도 설계와 원형제작에 사용된다.

카 디텍션 애플리케이션은 SAP의 레오나르도^{Leonardo}* 머신러닝 플랫폼을 이용해 메르세데스 자동차의 사진을 분석하고 사진을 전송한 사람에게 차량 모델과 사양을 알려줄 뿐만 아니라 지역 어느 매장에서 구매 가능한지도 알려준다.

도로안전 개선과 교통체증 감소

다임러가 추진하는 대부분의 인공지능 프로젝트는 시범 운행 중이거나 원형제작 단계에 있고 지금까지 얼마나 성과가 있었는지에 대한 데이터는 거의 없다. 그러나 회사 전체적으로 자율학습이 가능한 인공지능 기술에 집중하고 있는 점으로 미루어볼 때 다임러는 자율주행이 가능한 미래에 대한 확고한 신념과 결의를 지니고 있음을 알 수 있다. 퓨처 트럭 2025와 같은 자율주행 트럭은 도로안전을 개선할 잠재력을 지니고 있는 한편, 볼로콥터와 같은 항공 관련 구상은 바둑판 같은 도시에서 지상의 교통체증을 넓어주는 데 도움이 될 것으로 보인다.

---

* SAP의 레오나르도 Leonardo, SAP는 재무, 영업, 인사 관리, 상거래, 자산 관리 등 다양한 업무 영역별 비즈니스 솔루션을 제공하는 독일의 다국적 소프트웨어 기업이다. SAP가 출시한 Leonardo는 상품·자산·인프라에서 자동차·마켓 및 사람까지 연결해주는 다양한 사물인터넷 환경의 애플리케이션과 빅데이터 애플리케이션 등을 통합한 솔루션이다.

💬 다른 자동차 제조업체들, 그리고 다른 수많은 산업을 선도하는 기업들과 마찬가지로 메르세데스는 전통적인 자동차 제조업체에서 벗어나 데이터를 기반으로 한 기술기업으로 자리매김하고 있다. 가까운 미래에 메르세데스는 BMW나 도요타뿐만 아니라 구글, 애플과도 경쟁하게 된다.

💬 인공지능과 자동화를 선도하는 기업들은 기술을 개별적인 사례에만 적용하는 게 아니다. 설계와 원형제작에서부터 판매와 서비스에 이르기까지 기업의 업무 전반에 기술을 도입하고 있다.

💬 자동차 제조업체들은 천편일률적인 생산 공정에서 벗어나 대량생산할 때와 똑같이 효율적으로 주문 맞춤형 상품을 생산할 역량을 구축하고 있다. 인공지능은 이에 따르는 잠재적인 물류 관련 난관을 극복하도록 도와준다.

💬 자동차 생산 공정의 각 단계마다 데이터를 수집하고 분석하는 능력이 향상된 덕분에 가까운 장래에 그 공정이 더 안전하고 더 빠르고 더 효율적으로 바뀌게 된다.

46 미국 항공우주국 NASA

우주와 머나 먼 세계를 탐험하다

미국 항공우주국(이하 NASA)의 다음번 화성탐사는 2020년으로 예정되어 있다. NASA는 1997년 서저너^{Sojourner}를 최초로 화성에 성공적으로 착륙시킨 이후로 이 붉은 행성의 표면에 지금까지 4기의 화성 탐사기를 착륙시켰다. 가장 최근에 착륙한 탐사기는 2011년의 큐리어시티^{Couriosity}다. 아직 이름이 지어지지 않은 2020년 화성 탐사선은 지금까지와는 비교할 수 없을 만큼 자동화되고 지능화될 것으로 보인다. 지난번에 탐사선을 발사한 이후로 인공지능 기술이 일취월장했기 때문이다. 탐사선의 일차적 임무는 이 붉은 행성에 한때 생명이 존재했는지 징후를 찾는 일이다.

이 밖에도 우주의 더 먼 곳까지 탐사의 지평을 넓혀가는 NASA는 명왕성을 탐사한 뉴 호라이즌스^{New Horizons}와 태양계의 외연까지 접근한 보이저^{Voyager}처럼 지구에서 쏘아올린, 인간이 만든 그 어떤 물체보다도 멀리까지 탐사선을 진출시켰고, NASA가 쏘아올린 탐사선은 지금도 계속 데이터를 전송하면서 우리가 살고 있는 우주의 신비를 푸는 데 일조하고 있다.

머나먼 우주탐사의 장애를 어떻게 해결할까?

우주탐사에서 가장 큰 장애물로 손꼽히는 것은 정보를 지구로 전송할 때 사용 가능한 대역이 제한되어 있다는 점이다. 거리가 멀기 때문에 오늘날에도 이러한 데이터 용량은 겨우 메가바이트^{megabit} 단위로 측정된다.

태양계 내에서 지구로부터 먼 곳을 탐험할 때, 무인 우주선은 오랜 시간 동안 인간과의 접촉이 단절되는 경우가 많다. 무인 우주선의 기능 중 어떤 정보가 지구상의 인간에게 가치 있는 정보인지 자율적으로 판단을 내리는 능력은 매우 중요하다.

또 다른 문제는 우주선을 작동시키는 데 쓸 수 있는 전력량이 제한되어 있다는 점이다. 우주선은 충전하는 정거장에서 멀리 떨어져 있는 경우가 많고, 태양 에너지원으로부터는 더욱 멀리 떨어져 있기 때문에 전력 사용은 치밀하게 예측하고 모니터해야 한다. 머나먼 행성의 표면이나 멀리 떨어진 행성 간의 우주 공간에서 전력이 동나면 수십조 달러짜리 우주선은 아무런 응답도 할 수 없고 작동도 불가능한 금속과 플라스틱, 회로 덩어리로 전락한다.

유인 우주탐사의 경우에는 우주의 작업 여건이 인체가 견뎌낼 수 있는 정도보다 훨씬 더 큰 스트레스를 주기 때문에 여러 가지 문제가 발생한다.

우주탐험 로봇을 훈련시키는 스마트 시스템

우주의 먼 지역을 탐사하는 작업에서부터 행성에 착륙하는 탐사기에 이르기까지 우주선은 주변 환경에서 수집 가능한 정보를 모조리 포착하는 수많은 센서들이 장착되어 있다. 그런 정보가 대부분 유용한 정보여서가 아니다. 사실 대부분은 유용한 정보가 아니다. 우주 공간은 대부분 텅 빈 진공 상태이고 행성의 표면은 대부분 생명이 없는 비활성 물질로 이루어져 있어서 지구 표면과 그리 다르지 않다.

이러한 정보를 축적해 무엇이 정상적인 상태인지 파악해놓으면 흥미롭고 이례적이고 가치 있는 정보가 나타났을 때 눈에 띄게 된다. 우주탐험 기계를 훈련시켜 이러한 상궤를 벗어난 데이터를 인식하도록 하는 게 NASA가 추진하는 인공지능 관련 업무의 주요 목적이다.

NASA의 제트 추진 연구소 머신러닝 팀의 수석 데이터 과학자 키리 웨그스태프Kiri Wagstaff는 다음과 같이 말한다. "뭔지 몰랐다는 이유만으로 뭔가 중요한 것을 놓치고 싶지는 않다. 우주선이 뭔가 색다른 것을 목격했을 때 우리가 그것을 보고 인식하는지 우주선이 제대로 파악하도록 하려고 한다. 미리 많은 것을 알고 있으면 로봇에게 무엇이 정상적으로 보이는지 기준이 되는 정상 모델을 구축할 수 있다. 새로운 환경에서 우주선이 스스로 관찰한 정보를 토대로 정상 모델을 구축하게 만들도록 함으로써 우주선은 예상하지 못했던 뜻밖의 정보를 인식할 수 있다."

스마트 시스템은 우주선, 특히 화성 탐사기의 전력 사용을 면밀히 모니터해서 어느 시스템이 가장 에너지를 많이 사용하는지 판단하고, 방사성동위원소 열전기 태양광 발전기에 가해지는 부담을 덜기 위해서 작동을 중지시킬 시스템이 무엇인지 결정한다. 에너지 사용에 관한 데이터는 특정한 기간에 걸쳐 우주선이 해야 하는 임무인 '플랜', 즉 우주 공간을 오가고 특정 상황을 점검하는 일과 실시간으로 상호 연관시킨다. 그렇게 함으로써 언제든 사용 가능한 100와트의 전력이 효율적으로 사용되도록 만전을 기한다.

인공지능 구동 로봇은 우주에서 작업하는 인간 우주비행사들의 역량을 향상시키는 데도 점점 많이 사용되고 있다. 1970년대 이후로 NASA는 인간 대신 단순한 작업을 하거나 인간을 돕는 사람처럼 생긴 휴머노이드 로봇을 개발해왔다. NASA는 제네럴 모터스[General Motors]와 협력해서 개발한 로보넛 2[Robonaut 2]라는 로봇 시스템을 이용해 우주의 유해한 환경에서 복잡한 기술의 작업을 수행하는 인간을 돕고 있다. 로보넛 2는 인공지능 기반 이미지 인식 기술이 장착된 모듈식 휴머노이드 로봇이다. 로보넛 2는 거의 인간 수준만큼 손을 자유자재로 움직인다. 이 로봇은 2011년 세계 우주정거장에 파견되면서, 우주에 파견된 최초의 인간 형태의 로봇이 되었고 꾸준히 기능이 향상되어서 이제 반복적이고 위험한 수많은 작업들을 수행할 역량을 갖추었다.

앞으로 이 로봇은 화성 같은 다른 행성을 탐사하는 임무를 띠고 파견되어 인간이 도착하기 전에 작업하기에 적절한 환경을 조성하는 임무를 수행하게 된다. 이 기술은 다른 기업들에게도 대여할 수 있는데, NASA는 이 기술이 물류, 제조업, 산업과 의학 부문에서도 폭넓게 이용하기에 적합하다는 점을 강조한다.

자율탐사 시스템 이지스와 검색엔진 엘라스틱서치

착륙한 탐사선이 수집한 방대한 양의 데이터를 살펴보기 위해서 NASA는 넷플릭스와 아마존 같은 데이터 기반 온라인 서비스가 사용하는 것과 비슷한 도구를 사용한다.

오픈 소스를 검색하고 분석하는 엔진인 엘라스틱서치[Elasticsearch]는 탐사선에 사용되는 시스템을 포함하여 여러 인공지능 시스템의 중추를 구성하며, 지구상의 폭넓은 지역의 토양 수분에 대한 고해상도 데이터를 포착하는 데도 사용된다.

이 시스템은 첨단과학 데이터 수집용 자율탐사를 뜻하는 이지스^{Autonomous} Exploration for Gathering Advanced Science, AEGIS라는 소프트웨어 시스템을 사용해 흥미로운 물질들의 정체가 무엇인지 판단한다. 예컨대 정상적인 범위를 벗어난 암석을 큐리어시티의 레이저를 이용해 수증기로 만들어 어떤 물질로 구성되어 있는지 알아낼 수 있다.

화성 탐사의 정확도를 높이다

우주선 시스템의 자율적 의사결정에 의존하지 않았던 과거의 우주탐사 활동은 센서가 수집한 정보가 지구에 도달하기까지 24분이 걸렸고, 그

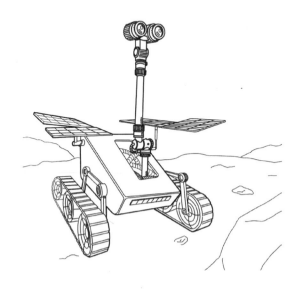

정보를 토대로 내린 지시가 붉은 행성까지 도달하는 데 또 24분이 걸렸기 때문에 제약이 많았다. 더욱 먼 우주 공간까지 진출해 탐사하는 경우에는 당연히 지체되는 시간이 훨씬 더 길었다.

인공지능 시스템 도입 덕분에 이제 탐사기가 정보를 입수하자마자 거의 동시에 조치를 취할 수 있다. 탐사기는 어느 위치가 탐사할 만한 가치가 있는지 스스로 판단한다. 행성과 행성을 오가는 탐사기와 지구상에 위치한 지상기지를 운영하는 데 드는 엄청난 비용을 고려해볼 때, 이는 탐사 임무의 생산성을 향상시키고 '마지막 개척지'에 무엇이 있는지에 관한 더 많은 정보를 인간이 파악하게 된다는 뜻이다.

큐리어시티 탐사선에 탑승한 스마트한 데이터 기반 분석 엔진은 NASA가 화성이 한때 생명이 살 수 있는 환경이었다는 사실을 밝혀내는데 큰 공을 세웠다. 2020년으로 예정된 다음 탐사기는 애초에 이 기술을 토대로 구축될 예정이고, 이 탐사를 통해 실제로 생명이 화성에 존재했었는지 여부를 밝혀내게 된다.

▬ Tip ▬

💬 NASA는 지상에서뿐만 아니라 우주 공간에서 문제를 해결하는 데 도움을 줄 인공지능 개발에 앞장서고 있다.

💬 우주탐사를 통해 방대한 양의 데이터가 생성되는데, 지구로 전송할 가치가 있는 정보와 폐기해야 할 정보를 자율적으로 판단할 수 있는 기계를 사용하면 더 효율적이다.

💬 우주 탐사용으로 개발된 기술은 지구상에서도 쓸모가 많다. 이 기술을 기업들에게 대여해주면 우주 개발과 탐사에 필요한 엄청난 비용을 조달하는 데 도움이 된다.

47 셸 Shell

에너지 전환 문제를 해결하다

로열 더치 셸$^{Royal\ Dutch\ Shell}$은 1833년 조개 껍데기를 파는 가게에서 출발했지만, 2018년 현재 수익 기준으로 보면 세계에서 다섯 번째 규모의 기업이다.[1] 이 회사의 영업활동은 탐사에서부터 시추, 정제, 소매에 이르기까지 연료 공급망 전체에 걸쳐 있다. 셸은 석유, 가스, 바이오연료, 풍력, 태양광 등에서 탐사, 채굴, 정제, 소매 등 전 과정을 아우르는 세계적인 연료생산 업체다.

셸이 현재 직면하고 있는 주요 난관은 화석연료에서 벗어나 더욱 깨끗한 에너지원으로의 에너지 전환이다. 그러나 재생에너지는 현재 우리가 누리는 수준의 활동과 편리한 삶을 유지하는 데 필요한 만큼의 에너지를 모두 공급하기에는 역부족이라고 셸은 주장한다.

셸이 인공지능을 영업 전체에 투입하려고 애쓰고 있다는 사실은 이 두 가지 입장을 모두 고수하고 있다는 뜻이기도 하다. 따라서 셸은 스마트 기술 솔루션을 화석연료 채굴의 효율성을 높이고 오염물질 배출을 줄이기 위해 사용하는 동시에 재생에너지 부문에서 추구하는 목표를 달성하는 데도 사용하고 있다.

전기자동차 충전소 부족 문제를 해결할 방법은?

전문가들은 미래에 전기자동차가 일상화된다고 이구동성으로 말한다. 그리고 내연기관 사용을 재고하는 게 기후변화 목표를 달성하는 데 큰 역할을 한다고 본다.

그러나 운전자들이 전기자동차로 바꾸지 않는 가장 흔한 이유로 내세우는 것이 도로변에 배터리 충전 시설이 부족하다는 점이다.[2]

셸은 배터리 충전 시설인 리차지플러스^{RechargePlus}를 늘리려고 노력하고 있지만, 특히 도시에서 '교통혼잡 시간대'에 차량이 몰리는 운전 패턴은 심각한 문제다.

셸에서 데이터 과학 팀의 총책임자인 대니얼 지본스$^{Daniel\ Jeavons}$는 다음과 같이 말한다. "특정 구역 내에 여러 곳에 설치된 전기충전소를 운영한다고 치자. 그 구역 내의 자동차들이 충전기에 접속해 동시에 충전하기 시작한다면, 과부하가 걸릴 게 분명하다. 게다가 혼잡한 시간대는 오전 7시나 오전 8시이기 때문에 태양광으로는 충전할 수 없다."

이 말은 충전소에 전기를 공급하려면 화석연료에서 생성되는 에너지를 이용할 수밖에 없다는 뜻이다. 그러면 애초에 전기자동차를 사용해서 지구를 구하자는 목적을 무산시키는 셈이다.

에너지 수요 분석과 예측에 쓰이는 인공지능

셸이 전기자동차 충전소 소유주들에게 대여해주는 시스템은 인공지능을 이용해 수요를 분석하고 혼잡한 시간대에 충전 수요를 여러 곳으로 분산시킨다.

충전소 이용 고객들이 몰리는 시간대와 가장 한산한 시간대의 패턴을 파악함으로써 에너지 수요를 예측하는 데 사용할 프로필을 구축한다.

이로써 서로 연결된 여러 충전소 망을 통해 하루 종일 에너지 사용을 분산시켜서 필요할 때 항상 전기를 충전할 수 있도록 하고 전기가 필요하지 않을 때 발전해서 낭비가 발생하지 않도록 효율적으로 운영할 수 있다.

지본스는 다음과 같이 말한다. "사람들이 충전하는 행태를 파악하면 하루 중 수요를 여러 충전소에 분산시킬 수 있고, 그렇게 되면 고객들이 비용을 절약할 수 있다. 그뿐만 아니라 재생에너지 사용량을 늘릴 수도 있다. 점심시간에 충전하는 사람들이 많을수록 그 시점에 태양광으로 충전하는 양이 많을 테니 말이다. 이는 바로 인공지능이 중요한 역할을 하는 사례다. 인공지능 덕분에 어떻게 하면 효율성을 높일지에 대해서뿐만 아니라 에너지 소비 패턴을 바꿔서 재생에너지원을 더 많이 사용하도록 하는 문제에 대해서도 고민하게 된다."

앱으로 운전자들의 충전 행태 파악

셸은 충전소가 사용하는 전력망을 구축하는 전 과정에 관여한다. 발전 자체뿐만 아니라 충전소를 설치하고 모니터하는 일, 클라우드에 저장된 데이터를 처리하고 운전자들이 시스템과 인터페이스로 소통하기 위해 사용하는 앱을 개발하고 지원하는 업무까지도 한다.

이는 셸이 이 과정의 각 단계마다 데이터를 수집할 수 있다는 뜻이다. 충전하기 위해 운전자들이 사용하는 앱은 셸이 운전자들의 충전 행태를 파악해서 특정한 충전소에서 하루 중 어느 때 수요가 얼마만큼인지 파악하는 데도 도움이 된다.

낭비를 줄임으로써 절약되는 전력비용은 충전 가격을 인하해서 소비자에게 혜택이 돌아가게 하거나 소유주의 사업 모델에 따라서 충전소 소유주에게 혜택을 준다.

리차지플러스 시범 운영으로 새로운 사업 모델 구축

셸의 리차지플러스는 현재 캘리포니아 전역에 깔렸는데, 다른 지역으로 보급을 확대하기 전에 그 결과를 모니터하게 된다.

아직 구체적인 결과는 나오지 않았지만, 캘리포니아에 이 인공지능 기술을 시범 운영함으로써 얻은 경험은 보급을 확대하는 계획을 실행하는 데 큰 도움이 될 것으로 보인다.

지본스는 다음과 같이 말한다. "실제로 인공지능을 이용해서 현재의 사업을 더 효율적이고 더 신뢰할 만하고 더 안전하게 운영할 수 있기 때문에 데이터 과학 팀으로서 우리는 아주 유리한 입장에 있으며 이는 매우 바람직하다. 우리가 창출하려는 새로운 사업 모델을 구축하는 데도 데이터 과학 팀이 중요한 역할을 할 수 있다. 정말 신바람 난다. 셸이 차세대 에너지원으로 진입하고 새로운 연료를 발굴하며, 나아가 새로운 수익원을 창출하는 데 우리 데이터 과학 팀이 한몫을 담당하기 때문이다."

Tip

💬 셸은 사업 전반에 인공지능 솔루션을 도입하고 있는데 특히 에너지 전환 목표를 달성하는 데 집중해서 사용하고 있다.

💬 운전자들은 전기자동차가 아닌 화석연료를 이용하는 자동차를 계속 사용하는 가장 큰 이유로 충전소 부족을 든다.

💬 충전소 소유주들은 사용자 기반이 갖추어지기 전에 시설을 설치하는 것에 동의하지 않는다. 비용 부담이 크기 때문이다. 수요에 따라 시설을 공급하는 방법을 활용하면 충전소 소유주들의 부담을 셸과 나눌 수 있다.

💬 인공지능을 이용하면 충전 시점에 에너지 수요를 파악해 예측할 수 있고, 수요가 최고에 달할 때 불필요하게 과부하가 걸리지 않도록 전력 공급을 조절할 수 있다.

48 지멘스 Siemens

열차에 사물인터넷을 응용하다

지멘스 AG는 금융과 컨설팅 서비스뿐만 아니라 운송기기, 의료장비, 수질처리 시스템과 경비 시스템을 제조 판매하는 독일의 거대 기업이다.

최근 몇 년 사이 지멘스는 '열차 인터넷'이라는 구상을 실현해왔다. 이는 더욱 포괄적인 사물인터넷을 열차에 응용한 선로상의 인터넷으로, 크기와 형태가 다양한 온갖 기기들이 클라우드를 통해 네트워크로 연결되고 서로 소통할 수 있게 만드는 개념이다.

'스마트 철도' 상품과 서비스 시장은 2017년 110억 달러에서 2023년 270억 달러로 성장할 것으로 예측되면서[1] 지멘스는 예측 인공지능 플랫폼 레일리전트Railigent로 시장에서 한몫을 차지하려고 하고 있다.

비효율적인 열차 편성과 열차 연착 문제

전 세계적으로 대중 운송망의 지연 때문에 시간과 돈이 낭비되고 있다. 사람이나 상품이 있어야 할 곳에 제때에 도착하지 못하면 일이 진행되지 않는다.

이런 이유로 사람들은 늦게 도착하거나 약속을 놓치는 불상사를 겪지 않으려고 열차보다 훨씬 믿을 만하지만 훨씬 환경을 훼손하는 항공편을 이용하는 부작용이 생긴다.

열차 연착은 장비의 결함이나 고장뿐만 아니라 출발해서 도착할 때까지 걸리는 시간을 잘못 예측하거나 비효율적인 열차 편성 때문에 일어나기도 한다.

문제를 예측하는 '디지털 트윈' 시스템

지멘스는 센서와 카메라를 이용해 운송 시스템의 모든 부분이 어떻게 움직이고 운영되는지 측정한다.

이를 통해 철도 시스템의 '디지털 트윈' 모델을 구축하고 언제 연착이나 비효율성으로 이어질 요인들이 나타나는지 예측한다. 문제에 신속히 대처하거나 애초에 이러한 일이 발생하지 않도록 방지하려면 어떤 조치를 취해야 하는지 판단할 수 있다.

이렇게 하는 이유는 크게 세 가지 목적을 달성하기 위해서다. 첫째, 열차가 제때에 있어야 할 장소에 있는지 확인하고, 더욱 효율적인 서비스와 수리 작업을 통해 결함과 고장을 훨씬 신속히 바로 잡을 수 있다. 그럼으로써 필요한 때에 자산을 이용할 수 있도록 한다.

둘째, 운송망 전체에 걸쳐서 에너지 효율성을 최적화한다. 에너지 사용을 측정하고 언제 어디서 동력이 필요할지 예측할 수 있다는 뜻이다. 열차가 다른 교통수단에 비해 상대적으로 환경친화적이라고 간주되긴

하지만, 이를 통해 열차가 야기하는 환경영향을 더욱 줄일 수 있다.

열차가 운행되는 동안 에너지 절약도 최적화될 수 있다. 철도망 내 거시적인 차원에서 운행 상황을 더 잘 파악함으로써 열차가 브레이크를 이용하는 빈도를 줄이고 열차를 앞으로 밀어내는 데 필요한 에너지를 절약할 수 있다. 또한 더욱 빠른 속도로 열차가 달리도록 해서 목적지까지 도착하는 데 걸리는 운행 시간을 줄일 수 있다.

셋째, 자산을 더욱 효율적으로 이용할 수 있다. 특정 시간대에 목적지와 목적지 사이에 운송될 승객 수나 화물의 양을 더욱 정확하게 예측하게 된다는 뜻이다. 승객이나 화물을 운송하는 데 필요한 열차 운행이 줄어들수록 환경에 미치는 영향뿐만 아니라 운영자가 치러야 하는 비용도 줄어든다.

레일리전트와 마인드스피어

지멘스의 서로 연결된 예측 인공지능 플랫폼 레일리전트는 다시 마인드스피어[Mindsphere]라는 자사의 사물인터넷 운영체계에 연결된다.[2]

이 시스템은 모바일 데이터망을 이용해 실시간으로 열차로부터 데이터가 전송되거나 네트워크 연결이 부실한 지역에서 열차가 목적지에 도착하면 데이터가 업로드되도록 설계되었다.

열차에 장착된 센서는 엔진 온도에서부터 열차 진동 빈도, 열차 출입문의 개폐 상태까지 샅샅이 포착하고 외부 카메라에서 수집한 이미지 데이터를 처리해서 연착을 야기할 요인들을 규명한다. 영국에서 실시된 한 시범 운행 사례에서는 300개 센서가 사용되었는데, 1년 동안 100만 건의 센서 판독기록을 생성했다.[3] 센서에서 수집된 데이터는 고장 및 운영중지 데이터와 서로 연관해서 분석된다.

열차 자체에서 수집한 내부 데이터뿐만 아니라 카메라 피드에서 수집된 외부 데이터도 사용된다. 그 덕분에 열차는 전방의 철도 이미지를 포착해 하자가 있는지 자동으로 인식하고 미래에 결함이 발생할 위치를 더욱 정확하게 예측할 수 있다.[4] 인간이 직접 열차가 운행 중인 철도를 점검할 필요성을 줄여주기 때문에 근로자의 안전도 개선된다.

지멘스는 테라데이터의 애스터[Aster] 디스커버리 플랫폼과 손잡고 센서가 생성한 데이터에서 유용한 정보를 뽑아낸다.[5] 데이터는 전용 보고 및 시각화 플랫폼을 통해 조종실로 전달되거나 이미 사용 중인 도구에 통합될 수 있다. 중요한 보고 내용이나 사건들은 SMS를 통해서도 전송할 수 있다.[6]

열차 효율성 개선으로 항공편과 경쟁하다

지멘스의 이동 데이터 서비스 책임자인 게르하르트 크레스[Gerhard Kress]는 다음과 같이 말한다. "고객들이 더 적은 수의 기차로 더 긴 거리를 가게 되므로, 비용을 줄이게 된다. 게다가 데이터 분석으로 근본적인 원인을 더욱 신속하게 파악해 노동 시간을 단축시킨다."

지멘스는 독일의 한 열차 운영자와 협력하는 과정에서 베어링, 기어박스, 모터를 비롯한 기계부속품 내에서 발생한 부품 오작동을 하나도 빠짐없이 예측해냈다.[7]

결과적으로 지멘스는 이제 자사의 예측 정확도에 확신을 가지고 고객들에게 열차 가동 시간까지 보장해주게 되었다.

지멘스는 열차의 효율성을 개선함으로써 항공편과 경쟁할 수 있는 수준에 도달해 환경보호에도 도움을 준다는 목표를 세우고 있다.

═ **Tip** ═══════════════════════

💬 출발과 도착이 지연되는 상황을 줄이고 환경영향도 최소화하는 것이 기존의 철도 망에서 스마트 자동화 시스템으로 나아가는 핵심적인 이유다.

💬 센서 데이터는 고장과 유지보수 보고서 같은 운행 데이터와 함께 인공지능 시스템을 훈련시키는 데 이용된다. 이를 통해 지연을 야기하는 요인들을 더욱 심층적으로 파악하도록 해준다.

💬 카메라 피드에서 전송된 시각 데이터와 같이 정리되지 않은 데이터가 앞으로 이러한 데이터 활용에서 점점 더 중요한 요소가 될 것이다. 이미지 인식 소프트웨어는 이러한 정리되지 않은 데이터를 기계가 이해할 수 있는 정보로 전환하고 다른 데이터 소스와 서로 연관시켜서 이 데이터를 더욱 잘 이해하는 데 도움을 준다.

49 테슬라 Tesla

지능적인 자동차를 생산하다

테슬라는 전기자동차 개발과 마케팅 분야의 개척자다. 자율주행 자동차의 미래에도 크게 투자하고 있다. 실제로 테슬라가 생산한 상품은 모두 언젠가는 소프트웨어 업그레이드를 통해서 자율주행 자동차가 될 잠재력을 지니고 있다. 테슬라는 현재 첨단 배터리와 태양광 패널도 제조 판매하고 있다.

자동차의 자율주행 수준은 1에서 5까지로 등급이 매겨진다. 적응 가능한 크루즈 컨트롤과 자동화 주차 시스템 같은 사양은 1등급으로 분류되고, 완전히 자동화되어서 운전자가 개입하지 않고도 어디든 주행할 수 있는 자동차는 5등급으로 분류된다.

테슬라의 창립자이자 최고경영자 일론 머스크^{Elon Musk}는 테슬라의 자동차는 2019년 완전 자동화인 5등급이 될 것이라고 말했다.

자율주행 자동차가 자동차 사고를 줄일 수 있을까?

자동차를 운전하려면 장시간 지속해서 고도로 주의를 집중해야 한다. 기상 상태나 도로 여건과 같은 상황뿐만 아니라 다른 운전자들의 행동도 매우 변덕스럽고 예측 불가능하기 때문이다. 2017년 미국에서만 교통사고로 4만 명 이상이 목숨을 잃었다는 사실은 놀라울 것도 없다.

물론 사망이나 중상이 아닌 경미한 사고는 더 많이 일어나고 이 때문에 엄청난 재원과 시간이 낭비된다.

그리고 사고가 나지 않는다고 해도, 자율주행이 가능해지면 사람은 운전하는 데 쓰는 시간을 다른 일을 하는 데 쓸 수 있다. 업무능력을 높이거나 동승자 또는 함께 차를 타고 있지 않은 친구나 가족들과 소셜 미디어로 소통하면서 유익한 시간을 보내거나 그저 잠을 청할 수도 있다.

자동차에 설치된 인공지능은 매우 중요한 윤리적 문제를 야기하는데 이 문제는 아직 완전히 해결되지 않았다. 예컨대, 차도에 넘어져 있는 어린아이를 칠 것인가, 아니면 아이를 피해서 자동차를 도로 밖으로 꺾어 운전자나 다른 사람을 다치게 하는 위험을 감수할 것인가 하는 선택지가 주어졌을 때 자율주행 자동차는 어떻게 대응해야 할까? 똑같은 상황에 처한 인간도 물론 선택을 해야 한다. 그리고 인간이 로봇보다 '올바른' 판단을 내린다는 보장도 없다.

충분한 데이터가 주어지면 자율주행 자동차는 가장 피해가 적은 시나리오를 계산해서 인간보다 더 현명한 행동을 취할 수 있을지도 모른다. 그러나 유감스럽게도 그런 데이터가 수집되기 전에 몇 번의 '옳지 않은' 판단을 내릴 필요가 있을지 모른다.

보다 가까운 미래에 테슬라는 여전히 사람이 직접 운전은 하지만, 운전하는 동안 운전자와 음성으로 대화할 수 있는 시리 형태의 인공지능 비서를 개발할 것으로 보인다.

운전자의 음성 명령을 이해하는 자율주행 자동차

자율주행 자동차의 경우 인공지능은 자동차 주변의 도로 여건을 바탕으로 진행방향, 목적지, 근처 다른 자동차들의 움직임 등에 대해 판단을 내리는 데 사용된다. 카메라 데이터는 컴퓨터 비전 기술을 이용해 처리되고 '보이는 것'을 파악하고 이에 따라 대응하도록 해준다.

이 기술은 세 가지 차원에서 작동하는데, 이는 첫째, 개별적 자동차가 내적으로 수집하고 처리하는 정보인 내부적 차원, 둘째, 자율주행 자동차들 전체에 걸쳐 수집되고 공유되는 정보인 글로벌 차원, 셋째, 서로 가까이에 있는 자율주행 자동차들의 '임시' 네트워크를 통해 수집되는 정보인 지역적 차원이다.

자율주행 자동차가 흔해지면 교통감시 카메라, 도로주변 센서들과 보행자의 휴대전화 등 다른 기계들 간에 형성되는 네트워크를 통해서 수집된 데이터가 추가될 가능성이 높다.

테슬라의 현재 2등급인 자율주행 시스템 오토파일럿Autopilot은 자동차의 속도를 교통 여건에 맞도록 조절하고 도로상에서 차선을 변경하고 한 도로에서 다른 도로로 전환하고, 자율 주차하고, 사람이 주차하는 장소로 호출하거나 주차된 장소에서 다른 곳으로 호출하면 이에 응할 수 있다. 그러나 운전자가 항상 자동차에 탑승하고 있어야 하고 여차하면 언제든 사람이 운전할 준비가 되어 있어야 한다.

2018년 초 트위터로 질문에 답하는 과정에서 머스크는 곧 테슬라 운전자들은 음성 명령을 통해 "거의 무엇이든 할 수 있게 된다"고 말했다. 이는 인공지능이 자연어 처리 기술을 이용해 명령을 이해하고 운전자가 특정한 문구를 사용할 때 그 의미를 파악할 수 있게 된다는 뜻이다.

안전한 자율주행을 위한 데이터 분석 알고리듬

정보가 인간의 지능을 훈련시키듯이 데이터는 인공지능의 생명줄이다. 테슬라의 전기자동차 군단은 도로를 살펴보는 카메라, 기상 상태를 모니터하는 대기 센서, 운전자가 운전을 하는 동안 손을 어디에 두는지 파악하는 운전대 센서 등 수많은 센서들이 장착되어 있다.

이 모든 데이터는 머신러닝 알고리듬을 통해 처리되어 자동차의 작동에 타당한 정보가 무엇인지 파악하고 주어진 상황에서 어떻게 행동하거나 반응해야 안전하게 A지점에서 B지점까지 주행할 수 있는지 파악하게 된다.

이미 도로를 달리고 있는 테슬라 자동차 수와 끊임없이 데이터를 수집하고 이를 클라우드에 업로드하는 자동차의 수를 감안하면, 테슬라는 여전히 원형을 사용하는 단계에 머물고 있는 다른 자동차 제조업체들보다 한 발 앞서서 자율주행 자동차 개발 경쟁에서 선두를 달리고 있는 것으로 보인다.

테슬라는 엔비디아*와 제휴해 인공지능 운전 소프트웨어 1세대를 개

---

* 엔비디아 Nvidia, 컴퓨터 그래픽 처리장치(GPU)와 멀티미디어 장치를 개발, 제조하는 회사.

발한 데 뒤이어 이제 자체적으로 인공지능 알고리듬을 개발하는 데 주력하고 있다고 말한다.

오토파일럿 시스템이 해결해야 할 과제

테슬라에 따르면, 오토파일럿 시스템은 사고를 40퍼센트 줄일 수 있다. 이 수치는 일부 평론가들이 이 주장이 옳다고 증명하기에 충분한 데이터가 없다고 말해서 세간의 관심을 끌었고, 여전히 객관적으로 확인된 바 없다. 이에 대해 테슬라는 안전과 사고 데이터를 분기마다 보고하겠다고 발표했다. 지금까지 오토파일럿을 사용하는 테슬라와 관련된 치명적 사고가 두 차례 있었고, 미국 국립 고속도로 교통 안전부는 안전도가 향상된다는 "명백한 증거가 없다"고 말하고 있다.

그러나 테슬라는 자사의 오토파일럿 시스템이 작동되기 전에 에어백이 작동되는 비율은 100만 마일당 1.3퍼센트였는데, 오토파일럿이 작동한 뒤에는 이 비율이 0.8퍼센트로 줄었다고 말한다.

— **Tip**

💬 해마다 교통사고로 수많은 인명이 손실되는 사실로 미루어볼 때, 인간의 인지능력
과 운동신경으로는 수많은 사람들이 서로 가까운 거리에서 각자 1톤짜리 금속 덩어
리를 운전하는 데 적합하지 않은 듯하다. 이론상으로는 기계가 사람보다 훨씬 신속
하고 안전하게 반응할 수 있고 자동차들끼리 훨씬 효과적으로 소통할 수 있다. 그
렇게 되면 많은 인명을 구할 수 있다.

💬 자동차가 안전하게 주행하는 방법을 '터득하는' 능력은 얼마나 방대한 양의 데이터
를 수집하느냐에 달려 있다. 이는 시뮬레이션 상황에서도 가능하지만 현실 세계에
서 수집된 정보는 현실을 더욱 제대로 파악하는 데 기여할 가능성이 높다. 따라서
수집 비용이 많이 들고 위험 가능성도 있다. 하지만 훨씬 가치 있는 데이터가 된다.

💬 자율주행 자동차의 안전성에 대해 여전히 건전한 의구심을 보이는 여론이 존재한
다. 이를 효과적으로 반박하기에 충분한 데이터가 나올 때까지 정치인과 입법가들
은 자율주행 자동차의 운행과 관련한 법적인 틀을 마련하는 데 극도로 신중을 기할
것으로 보인다.

50 볼보 Volvo

머신러닝으로 가장 안전한 자동차를 만들다

스웨덴에 본사가 있는 볼보는 안전성 높은 자동차를 생산하는 것으로 정평이 나 있다. 최근에 볼보는 2019년부터 모든 새 모델들을 완전한 전기자동차나 하이브리드로 제작한다고 발표했다. 이로써 내연기관을 완전히 없애는 시기를 구체적으로 밝힌 최초의 주요 자동차 제조업체가 되었다.

1999년 포드자동차 회사가 모회사 AB 볼보로부터 볼보를 인수했고, 2010년 중국의 거대 기업 지리홀딩그룹Geely Holding Group이 포드사로부터 볼보를 인수했다. 다른 주요 자동차 제조업체들과 마찬가지로 볼보도 자율주행에 크게 투자하고 있다. 볼보는 2021년까지 4등급 자율주행 자동차를 판매할 계획이라고 말했다.

자율주행 자동차의 안정성과 환경보호를 이뤄낼 방법은?

볼보는 자동차가 어떻게 사용되고 어떤 여건에서 주행하는지 파악하는 게 세계에서 가장 안전한 자동차를 제작하는 업체로서의 평판을 유지하는 비결이라고 생각한다. 그리고 안전은 자율주행 자동차로 나아가는 핵심적인 요소이기도 하다.

게다가 선진국과 개발도상국을 막론하고 도로의 교통체증이 점점 심해지고 있고, 휘발유와 디젤 자동차에서 배출되는 탄소는 환경오염과 인간이 야기하는 기후변화의 주범이다.

조기경보 시스템으로 운전 사고 탐지

2015년부터 볼보는 서로 연결된 자동차들로부터 수집한 페타바이트 규모의 데이터 세트 전체에 머신러닝으로 구동하는 예측 분석을 시행했다. 볼보는 조기경보 시스템을 개발해 매주 100만 건 이상의 사건을 분석하여 이 사건들이 차량의 결함 및 오작동률과 어떤 관련이 있는지 파악했다.

2017년까지 시행한 한 시범 프로젝트에서는 1,000대의 자동차에 센서를 장착해 운전 사고를 탐지하고 도로 여건을 모니터했다. 결빙도로 같은 위험한 여건에 직면했을 때 자동차와 운전자가 어떤 반응을 보이는지 더 잘 이해하는 게 목적이었다.

데이터 수집과 분석 전략에서 볼보가 집중하고 있는 또 다른 부문은 승객의 편의다. 애플리케이션과 안락함을 제공하는 사양들을 모니터해서 운전자가 어떤 기능을 유용하다고 생각하고 어떤 기능을 사용하지 않는지 파악한다는 뜻이다.

볼보의 비즈니스 인텔리전스 책임자인 얀 바센Jan Wassen은 다음과 같이 말했다. "어떤 애플리케이션이 사용되는지 조사하고 있으며 고객이 향후 우리가 개발하기를 바라는 게 뭔지 파악하기 위해서 지속적으로 이를 측정한다."

안전한 자율주행 기술 개발을 위해 제뉴이티 설립

볼보자동차에 부착된 센서가 수집한 데이터는 볼보 클라우드에 업로드되고 스웨덴 고속도로 관리 당국과 공유된다. 데이터 분석은 테라데이터와의 협력을 통해 실시된다.

자율주행 자동차에 필요한 시스템을 개발하기 위해서 볼보는 엔비디아 및 세계 최대의 자동차 안전장치 공급업체인 오토리브^{Autoliv}와도 손잡았다.

볼보는 오토리브와 함께 제뉴이티^{Zenuity}를 설립했는데, 이는 안전을 강조한 자율주행 시스템 구축에 집중하는 소프트웨어 개발 업체다.

제뉴이티가 구축한 시스템은 딥러닝을 이용해 자동차에 장착된 카메라와 센서에서 수집된 데이터를 토대로 자동차 주변의 사물들을 인식하고 적절하게 반응하는 방법을 터득하게 된다. 그리고 이러한 센서가 수집한 데이터를 모두 고려하고 실시간으로 '상황 지도'를 구축해 인공지능 프로세서에게 자동차 주변 환경을 360도로 보여준다. 또한 GPS와 고해상도 지도 데이터를 통합해서 목적지와 목적지 사이에 가장 효율적인 경로를 짜기도 한다.

이 시스템은 컴퓨터 비전, 센서 융합, 의사결정 및 자동차 제어를 위한 알고리듬이 내장되어 있으며 클라우드 애플리케이션과의 연결을 통해 자동화된 운전자 지원 시스템과 자율주행에 필요한 소프트웨어를 완비하고 있다고 한다. 실시간 시스템은 방대한 양의 연산능력이 필요한데, 제뉴이티는 자체적으로 처리 시스템을 구축하기보다는 델 EMC$^{Dell\ EMC}$의 VM웨어*와의 제휴를 통해 서비스로서의 고성능 컴퓨터에 의존해 데이터를 처리한다.

자율주행 자동차 '드라이브 미 프로젝트'

볼보는 예측 분석에 매진함으로써 서로 연결된 자사의 자동차들에서 발생할 수 있는 결함과 오류를 더욱 신속하고 정확하게 파악하게 되었다. 이는 자동차 서비스나 수리 센터 등이 어떤 작업을 하게 될지 더욱 정확하게 예측하고 교체 부품의 재고를 준비해놓도록 해준다.

볼보는 자율주행에도 투자하면서 '드라이브 미$^{Drive\ Me}$ 프로젝트'를 시범 운행해 결실을 맺었다. 스웨덴의 예테보리에서 시범 운행에 참가하는 일반 고객들에게 자율주행이 가능한 볼보 XC90 SUV를 제공해왔으며, 중국과 영국에서도 시범 운행이 실시될 장소들이 발표되었다.

사용자는 일상적인 여건에서는 자동차를 직접 운전하겠지만, 도시의 도로들 가운데 선정된 31곳에서는 완전히 자동주행 모드로 전환할 수 있게 된다.

---

* 델 EMC, 정보관리·저장 소프트웨어 및 시스템 생산업체로, 2003년 클라우드 인프라 및 비즈니스 모빌리티 업체이자 가상화 소프트웨어 개발사인 VMware를 인수했다.

💬 볼보자동차는 다른 모든 주요 자동차 제조업체들과 마찬가지로 자동차의 미래는 자율주행이고 딥러닝은 자율주행을 현실로 만드는 열쇠라고 굳게 믿고 있다.

💬 자율주행 자동차의 등장은 도로에 갑자기 자동차 군단이 대거 출몰하는 형태로 등장하기보다는 점진적으로 도입될 것으로 보인다.

💬 안전은 자동차 자율주행이 가져올 핵심적인 이점으로 손꼽힌다. 자율주행 자동차를 제대로 훈련시키면 인간의 오류가 야기하는 사고를 대폭 줄일 수 있다.

인공지능이 우리에게 던지는 과제

지금까지 인공지능이 현실 세계에서 어떻게 이용되고 있는지 실제 사례들을 소개했다. 독자 여러분이 이 사례를 통해 첨단기술을 개관하고 인공지능이 자신이 몸담고 있는 직업, 사업, 산업에 응용되는 방식과 그 의미를 탐색하게 되었기를 바란다.

현재 너도나도 인공지능이 제시하는 기회를 포착하려는 경쟁이 진행 중이다. 이 경쟁에서 누락되면 인공지능 골드러시에서 뒤처질 위험이 크다고 여긴다. 인공지능 개척자에서부터 오랜 역사를 자랑하는 기존의 조직들과 스타트업에 이르기까지 세계 유수의 기업들과 함께 일해온 우리의 경험에 비추어볼 때 인공지능 시대를 가능한 한 순조롭게 헤쳐나가기 위해서는 짚고 넘어가야 할 난관들이 몇 가지 있다. 이 책을 마무리하기에 앞서 몇 가지 핵심적인 난관에 대해서 알아보자.

인공지능에 전략적으로 접근하라

인공지능에 전략적으로 접근하되 인공지능을 시대에 뒤떨어진 사업 모델에 응용하지는 마라. 이 책에서 인공지능으로 완전히 환골탈태한 기업이나 사업모델, 산업의 사례들을 보았을 것이다. 우리는 유수의 기업과 정부에 자문을 구하면서 바람직한 인공지능과 데이터 전략을 수립하는 게 얼마나 중요한지 직접 목격했다. 이는 인공지능이 제시하는 가장 중요한 사업 기회와 인공지능의 도움으로 극복할 수 있는 난관들을 규명하기 위한 것이다. 일단 인공지능 전략에 관한 합의에 도달하면 성공적으로 인공지능을 도입해 실제로 사업에서 결실을 보기가 훨씬 쉬워진다.

인공지능에 대한 인식과 기술을 제고하라

인공지능에 대한 이해가 매우 부족한 상황에서 유능한 인재를 유치하려는 경쟁도 매우 치열하다. 회의실에서 작업 현장에 이르기까지, 여러분이 속한 조직의 사람들이 인공지능이 무엇이고 인공지능이 기업에 어떤 쓸모가 있는지 이해하지 못한다면 여러분이 몸담은 회사가 제4차 산업혁명에서 승승장구할 가능성은 없다. 게다가 전 세계적으로 인공지능 전문 인력난이 심각하고, 정말로 실력 있는 인재들은 거의 록스타에 준하는 몸값을 요구한다. 하지만 이들은 보통 인공지능 개척자 기업들이 낚아챈다.

인공지능에 대한 전문지식을 갖춘 인재 부족으로 많은 기업들이 자사의 인공지능 프로젝트를 컨설팅 기업에 아웃소싱하고 있다. 세계 유수의 컨설팅 기업들은 인공지능과 관련해 훌륭한 서비스를 제공하지만 기업들도 사내에서 직원들의 기술과 역량을 제고해야 한다. 인공지능은 경쟁에서 너무나도 중요한 요인이 될 것이므로 기업들이 아웃소싱에 의존하면 기업들은 장기적으로 볼 때 취약해질 것이 분명하다. 사내에서 핵심적인 기술을 집중적으로 개발하고 외부에서 전문가를 영입해 내부 역량을 증진시킴으로써 기술과 전문지식을 다시 사내로 전환하는 것이 더 바람직한 모델이다.

우리는 기업과 정부를 도와서 그들의 인공지능에 대한 이해와 데이터 분석기술, 데이터 과학 역량을 증진시켜 변화를 경험했다. 일단 사람들이 무엇이 가능한지 파악하고 사내의 기술을 통해 아이디어를 실현시키게 되면 인공지능 역량은 금방 꽃피게 된다.

적합한 데이터를 확보하라

데이터는 인공지능의 원자재다. 적합한 데이터를 쓸수록 인공지능 알고리듬이 개선된다. 최적의 데이터를 보유한 기업은 경쟁사들보다 빨리 경쟁우위를 점하게 된다. 따라서 데이터를 핵심적인 기업 자산으로 간주하고 어떤 데이터가 필요한지 규명하는 게 중요하다. 기업들은 지적 재산권 및 법적 권리와 사생활 보호 차원에서도 필요한 데이터에 접근할 수 있어야 한다. 자사에 꼭 필요한 데이터 세트가 무엇인지 규명하고 그러한 데이터를 수집해 자사에 이득이 되도록 그 데이터를 사용할 수 있어야 한다. 그런 데이터 전략을 수립하는 기업들은 인공지능 전략이 성공하기 위한 토대를 마련하게 된다.

기술과 IT 시스템을 업데이트하라

인공지능을 성공적으로 도입하려면 데이터 저장과 처리용량 면에서 최신 기술이 필요하다. 인공지능 개척자와 인공지능 스타트업이 민첩하게 행동할 수 있는 이유는 자사에서 직접 처음부터 개발한 최신 인공지능 기술 시설을 구축해놓았기 때문이다. 기업은 인공지능을 최대한 활용하기 위해서 데이터를 수집하고 저장하고 처리해야 한다. 격리된 데이터 저장과 시대에 뒤떨어진 IT 시설이 기존의 조직들이 극복해야 할 중요한 장애물이다. 제4차 산업혁명에서 꽃필 기업은 최신 데이터 클라우드와 사물인터넷 및 첨단 컴퓨팅 기술을 복합적으로 사용해 인공지능을 십분 활용하는 기업이다.

인공지능을 윤리적으로 이용하라

인공지능은 좋은 일에 쓸 수 있는 엄청난 기회를 제시해주지만, 모든 기술 혁신이 그러하듯이 선용될 가능성뿐만 아니라 악용될 가능성도 있다.

기업들은 인공지능이 사람들과 사회에 이득이 되고 사람들을 착취하거나 사람에게 해를 끼치는 쪽으로 활용되지 않도록 만전을 기해야 한다. 인공지능과 관련해 아직 해결책이 마련되지 않은 윤리적인 문제들이 많이 있다. 예컨대, 인공지능을 자율주행 자동차에 사용하면 알고리듬은 보행자보다 탑승자를 우선적으로 보호해야 할까? 응급사태가 생기면 자율주행 자동차는 버스 정거장에서 버스를 기다리는 어린아이의 생명을 구해야 할까, 아니면 탑승객의 생명을 구해야 할까? 인공지능이 장착된 무기의 경우 어떤 윤리가 적용될까? 자율적으로 행동하는 로봇,

탱크, 드론으로 전쟁을 수행하면 군인 사망자가 줄어든다는 이유로 인공지능에게 인간이 개입하지 않고 사람을 죽일 권한을 부여해야 할까?

기업은 이러한 윤리적 문제들을 다루어야 하고 가능한 한 투명하게 인공지능을 사용해야 한다. 기업은 또한 인공지능이 편견을 갖거나 특정한 사람들을 차별하지 않도록 해야 한다. 현실 세계의 데이터를 이용해 인공지능을 훈련시키면 인간의 의사결정에 내재된 편견과 똑같은 편견이 도입될 수 있다. 마이크로소프트는 자사의 인공지능 트위터 챗봇이 다른 트위터 사용자들을 모방해 인종차별하고 남을 매도하기 시작한 사례에서 뼈아픈 교훈을 얻었다.[1]

기업은 자사의 인공지능을 편견과 차별로부터 자유롭게 해야 하고 인공지능의 의사결정을 해석하는 데 더 많은 노력을 기울여야 한다. 딥러닝 인공지능은 종종 인간이 이해하지 못하거나 추적하지 못하는 결정을 내리는 블랙박스 같을 때가 있다. 페이스북 알고리듬이 타깃 소매점 광고가 아니라 월마트의 광고를 여러분에게 보여주는 이유를 파악하는 일은 그다지 중요하지 않지만, 인공지능이 여러분의 간을 절제하라거나 누군가를 구속시키라고 제안한다면 인공지능이 어떻게 그런 결론에 도달하게 되었는지에 대해 더 많은 정보가 필요하다.

2016년 아마존, 애플, 구글, IBM, 마이크로소프트를 비롯해 몇몇 선도적인 기업들이 손잡고 '인간과 사회에 이익이 되는 인공지능 기반 파트너십Partnership on AI to Benefit People and Society'이라는 조직을 창설했다. 이는 인공지능과 관련해 최상의 관행을 개발 및 공유하고, 대중의 이해를 증진시키며, 열린 토론의 장을 마련하고, 인공지능 이용을 통해 사회에 이익을 주려는 데 목적이 있다.

현재 이 조직에는 13개국에서 80개 이상의 조직이 회원으로 가입해있다.

인공지능이 초래할 파괴에 대비하라

인공지능은 일자리에 큰 영향을 미친다. 과거의 모든 산업혁명이 그러했듯이 인공지능이 이끄는 이 혁명은 오늘날 사람이 하는 수많은 업무들을 자동화하게 된다. 이번 혁명이 다른 점은 위기에 처한 직종이 택시운전사나 슈퍼마켓 계산원 같은 저숙련 기술 일자리나 단순 작업에 국한되지 않는다는 점이다. 인공지능은 회계사, 변호사, 의사처럼 고숙련 기술 전문직 인력이 수행하는 업무와 일자리를 담당하게 될 수도 있다. 인공지능이 여러분의 일자리를 앗아가지 않는다고 해도 대부분의 일자리 역량을 향상시킨다.

이에 대비할 바람직한 방법은 여러분의 일자리를 현재나 가까운 미래에 자동화 가능한 업무와 인공지능이 할 수 없는 업무들로 분류하는 것이다. 그러고 나면 인공지능과 경쟁할 가능성이 덜한 기술과 인간의 독특한 손길이 필요한 부분에 집중해야 한다. 공감, 사회적 소통, 비판적 전략적 사고, 창의성, 정교한 손놀림, 상상력, 미래를 내다보는 안목 등과 같은 기술은 인공지능이 인간을 능가할 수 없는 영역이다.

인공지능 혁명은 완전히 새로운 일자리를 창출하고 데이터 과학 관련 기술은 가까운 미래에 그 가치가 폭증할 가능성이 높다. 머신러닝 엔지니어, 데이터 과학자, 클라우드 설계사, 머신비전 전문가, 자연어 엔지니어, 사물인터넷 설계사, 데이터 분석가, 블록체인 개발자, 데이터 보안 전문가 등이 모두 앞으로 수요가 높을 새로운 직업이다.

인공지능은 일자리 시장을 상당 부분 파괴하고 현재 우리가 일하는 방식에서 극복해야 할 과제를 제시하고 있다. 결국 우리의 미래는 우리가 설계한다. 우리가 살고 싶은 세계, 인간에게 보다 바람직한 세계를 창조할 힘은 우리 손 안에 있다.

솔직히 말해, 인공지능이 우리의 일손을 덜어주게 될 작업들 가운데 일부는 인간이 하지 않아도 되는 일들이다. 소득신고서 작성이나 방대한 양의 판례들을 뒤지거나 데이터를 복사하거나 다시 입력하는 일 등을 생각해보라. 그리고 인공지능이 이러한 작업들을 인간보다 더 정확히 할 수 있다면 이런 업무들은 인공지능에게 넘겨주어야 한다. MRI 스캔에서 비정상적인 징후를 포착해 암을 진단하고 문서를 영어에서 중국어로 번역하는 일 등을 생각해보라.

인공지능은 더 살기 좋은 세상을 만들 잠재력을 지니고 있지만, 그런 세상에 도달하려면 우리가 바람직한 결정을 내리고 중요한 난관과 장애물을 극복해야 한다. 이제부터 그런 세상에 도달하는 일은 여러분의 몫이고 이 책이 여러분에게 그 여정을 시작하기에 충분한 영감을 주었기를 바란다.

인공지능 관련 대화를 계속 이어가기 위해서 끊임없이 소통하라

마지막으로, 대화를 계속 이어가기 위해 끊임없이 소통하기 바란다. 우리는 여러 소셜 미디어 채널과 웹사이트(www.bernardmarr.com)를 통해서 콘텐츠를 공유하고 있다.

여러분의 생각은 어떤지, 혹은 질문이 있는지 알려주기 바란다. 우리는 『포브스』에 기고할 새로운 사례들을 늘 찾고 있으므로 미래로 가는 여정에서 여러분의 조직을 우리가 도울 수 있다고 생각하면 연락을 주기 바란다.

여기 우리에게 연락할 수 있는 경로들을 소개한다.

웹사이트: www.bernardmarr.com
링크트인: Bernard Marr
인스타그램: Bernard Marr
트위터: @bernardmarr
페이스북: BernardWMarr
유튜브: BernardMarr
이메일: hello@bernardmarr.com

후주

들어가는말   인공지능은 구세주가 아니라 삶의 실제다

1   Preparing for the Future of Artificial Intelligence, Executive Office of the President, National Science and Technology Council, National Science and Technology Council Committee on Technology, October 2016: https://obamawhitehouse.archives.gov/sites/default/files/whitehousefiles/microsites/ostp/NSTC/preparing for the future of ai.pdf

2   Artificial Intelligence for the American People, The White House: https://www.whitehouse.gov/briefings-statements/artificial-intelligence-american-people/

3   Summary of the 2018 White House Summit on Artificial Intelligence for American Industry,, The White House Office of Science and Technology Policy 10 May 2018: https://www.whitehouse.gov/wp-content/uploads/2018/05/Summary-Report-of-White-House-AI-Summit.pdf

4   "Whoever leads in AI will rule the world": Putin to Russian children on Knowledge Day: https://www.rt.com/news/401731-ai-rule-worldputin/

5   A Next Generation Artificial Intelligence Development Plan: http:// www.gov.cn/zhengce/content/2017-07/20/content_5211996.htm and Three-Year Action Plan to Promote the Development of New-Generation Artificial Intelligence Industry. http://www.miit.gov.cn/n1146295/n1652858/n1652930/n3757016/c5960820/content.html

6   Communication from the Commission to the European Parliament, the European Council, the Council, the European Economic and Social Committee and the Committee of the Regions, Artificial Intelligence for Europe, Brussels 2018: https://ec.europa.eu/digital-singlemarket/en/news/communication-artificial-intelligence-europe

7   A.I. is in a "golden age" and solving problems that were once in the realm of sci-fi, Jeff Bezos says,CNBC: https://www.cnbc.com/2017/05/08/amazon-jeff-bezos-artificial-intelligence-ai-golden-age.html

8   Google's Sergey Brin warns of the threat from AI in today's "technology renaissance": https://www.theverge.com/2018/4/28/17295064/googleai-threat-sergey-brin-founders-letter-technology-renaissance

9   Microsoft CEO Satya Nadella on the rise of A.I.: "The future we will invent is a choice we make": https://www.cnbc.com/2018/05/24/microsoft-ceo-satya-nadella-on-the-rise-of-a-i-the-future-we-willinvent-is-a-choice-we-make.html

10   The Fourth Industrial Revolution: what it means, how to respond, Klaus Schwab, World Economic Forum: https://www.weforum.org/agenda/2016/01/the-fourth-industrial-revolution-what-it-means-andhow-to-respond/

1부   인공지능의 개척자

1 알리바바(Alibaba)

1   Institutional Investor, Ali Baba vs The World: https://www. institutionalinvestor.com/article/b1505pjf8xsy75/alibaba-vs-the-world

316

2 CNBC, China is determined to steal A.I. crown from US and nothing, not even a trade war, will stop it: https://www.cnbc.com/2018/05/04/ china-aims-to-steal-us-a-i-crown-and-not-even-trade-war-will-stop-it.html

3 Virtual-Taobao: Virtualizing Real-world Online Retail Environment for Reinforcement Learning: https://arxiv.org/abs/1805.10000

4 SCMP, Alibaba lets AI, robots and drones do the heavy lifting on Singles' Day: https://www.scmp.com/tech/innovation/article/2119359/alibabalets-ai-robots-and-drones-do-heavy-lifting-singles-day

5 BBC, The world's most prolific writer is a Chinese algorithm: http://www.bbc.com/future/story/20180829-the-worlds-most-prolificwriter- is-a-chinese-algorithm

6 Data Center News, Alibaba gives AWS, Microsoft and Google a run for their cloud money: https://datacenternews.asia/story/alibaba-givesaws-microsoft-and-google-run-their-cloud-money/

7 Bloomberg, Alibaba's AI Outguns Humans in Reading Test: https://www.bloomberg.com/news/articles/2018-01-15/alibaba-s-aioutgunned-humans-in-key-stanford-reading-test

8 Wired, In China, Alibaba's data-hungry AI is controlling and watching cities: https://www.wired.co.uk/article/alibaba-city-brain-artificialintelligence-china-kuala-lumpur

9 Technology Review, Inside the Chinese lab that plans to rewire the world with AI: https://www.technologyreview.com/s/610219/insidethe-chinese-lab-that-plans-to-rewire-the-world-with-ai/

10 Financial Times, Alibaba brings artificial intelligence to the barnyard:https://www.ft.com/content/320fb98a-69f4-11e8-b6eb-4acfcfb08c11

11 CNBC, Alibaba says it will invest more than $15 billion over three years in global research program: https://www.cnbc.com/2017/10/11/alibabasays-will-pour-15-billion-into-global-research-program.html

2 알파벳(Alphabet) · 구글(Google)

1 Alphabet, 2017 Founder's Letter: https://abc.xyz/investor/foundersletters/2017/index.html

2 Search Engine Land, FAQ: All about the Google RankBrain algorithm: https://searchengineland.com/faq-all-about-the-new-google-rankbrainalgorithm-234440

3 Google, Google Duplex: An AI System for Accomplishing Real-World Tasks Over the Phone: https://ai.googleblog.com/2018/05/duplex-aisystem-for-natural-conversation.html

4 The Verge, The Pixel Buds' translation feature is coming to all headphones with Google Assistant: https://www.theverge.com/circuitbreaker/2018/10/15/17978298/pixel-buds-google-translate-google-assistantheadphones

5 Financial Times, Alphabet's Waymo begins charging passengers for self-driving cars: https://www.ft.com/content/7980e98e-d8b6-11e8-a854-33d6f82e62f8

6 Google, Adding Sound Effect Information to YouTube Captions: https://ai.googleblog.

com/2017/03/adding-sound-effect-information-to.html

7   Nature, Clinically applicable deep learning for diagnosis and referral in retinal disease: https://www.nature.com/articles/s41591-018-0107-6

8   Google, Using large-scale brain simulations for machine learning and A.I.: https://googleblog.blogspot.com/2012/06/using-large-scale-brainsimulations-for.html

9   Wired, Google's AI Wins First Historic Match: https://www.wired.com/ 2016/03/googles-ai-wins-first-game-historic-match-go-champion/

3 아마존(Amazon)

1   Wired, Inside Amazon's Artificial Intelligence Flywheel: https://www.wired.com/story/amazon-artificial-intelligence-flywheel/

2   Robots, Drive Unit: https://robots.ieee.org/robots/kiva/?utm_source=spectrum

3   IEEE Spectrum, Brad Porter, VP of Robotics at Amazon, onWarehouse Automation, Machine Learning, and His First Robot: https://spectrum.ieee.org/automaton/robotics/industrial-robots/interview-brad-portervp-of-robotics-at-amazon

4   Tech Crunch, 39 million Americans now own a smart speaker, report claims: https://techcrunch.com/2018/01/12/39-million-americans-now-own-a-smart-speaker-report-claims/

5   Quora, How does Amazon use Deep Learning?: https://www.quora.com/How-does-Amazon-use-Deep-Learning

6   Wired, Inside Amazon's Artificial Intelligence Flywheel: https://www.wired.com/story/amazon-artificial-intelligence-flywheel/

7   Amazon, The Scalable Neural Architecture behind Alexa's Ability to Select Skills: https://developer.amazon.com/blogs/alexa/post/4e6db03f-6048-4b62-ba4b-6544da9ac440/the-scalable-neural-architecturebehind-alexa-s-ability-to-arbitrate-skills

8   Amazon, Machine Learning on AWS: https://aws.amazon.com/machine-learning/

9   CBS, Amazon unveils futuristic plan: delivery by drone: https://www.cbsnews.com/news/amazon-unveils-futuristic-plan-delivery-by-drone/

10   Amazon, Machine Learning on AWS: https://aws.amazon.com/machine-learning/

4 애플(Apple)

1   https://www.theguardian.com/technology/2018/aug/02/apple-becomesworlds-first-trillion-dollar-company

2   Wired, Apple's Neural Engine Infuses the IPhone with AI Smarts: https://www.wired.com/story/apples-neural-engine-infuses-the-iphonewith-ai-smarts/

3   CNBC, https://www.cnbc.com/2018/09/12/apple-upgrades-neuralengine-in-iphone-xsa12-bionic-chip.html

4   Apple, Get Ready for Core ML 2: https://developer.apple.com/machinelearning/

5   Wired, Apple's Plan to Bring Artificial Intelligence to Your Home: https://www.wired.com/story/apples-plans-to-bring-artificial-intelligence-toyour-phone/

6   Github, Polyword: https://github.com/Binb1/Polyword

7 Wall Street Journal, "I'm Not Sure I Understand" – How Apple's Siri Lost Her Mojo: https://www.wsj.com/articles/apples-siri-once-an-originalnow-struggles-to-be-heard-above-the-crowd-1496849095

8 Apple, Finding Local Destinations with Siri's Regionally Specific Language Models for Speech Recognition: https://machinelearning.apple.com/2018/08/09/regionally-specific-language-models.html

5 바이두(Baidu)

1 CNN, Silicon Valley is working with China to ease fears about AI: https://amp.cnn.com/cnn/2018/10/17/tech/baidu-artificial-intelligence-china/index.html

2 Forbes, China Now Boasts More Than 800 Million Internet Users And 98% Of Them Are Mobile: https://www.forbes.com/sites/niallmccarthy/2018/08/23/china-now-boasts-more-than-800-millioninternet-users-and-98-of-them-are-mobile-infographic/#21c9e8807092

3 Tech Republic, Baidu no-code EasyDL tool could democratize AI for small businesses, bridge talent gap: https://www.techrepublic.com/article/baidu-no-code-easydl-tool-could-democratize-ai-for-small-businesses-bridge-talent-gap/#ftag=RSS56d97e7

4 Reuters, https://www.reuters.com/article/autos-selfdriving-baidu/chinas-baidu-gets-green-light-for-self-driving-vehicle-tests-in-beijingidUSL3N1R51A5

5 Tech Crunch, Baidu plans to mass produce Level 4 self-driving cars with BAIC by 2021: https://techcrunch.com/2017/10/13/baidu-plansto-mass-produce-level-4-self-driving-cars-with-baic-by-2021/

6 Ford, Ford and Baidu Announce Joint Autonomous Vehicle Testing: https://media.ford.com/content/fordmedia/fna/us/en/news/2018/10/31/ford-and-baidu-announce-joint-autonomous-vehicle-testing.html

7 Bloomberg,Wanted in China:DetailedMaps for 30Million Self-Driving Cars: https://www.bloomberg.com/news/articles/2018-08-22/wantedin-china-detailed-maps-for-30-million-self-driving-cars

8 SAE, Taxonomy and Definitions for Terms Related to Driving Automation Systems for On-RoadMotor Vehicles: https://www.sae.org/standards/content/j3016_201806/

9 Huawei, Huawei and Baidu Sign Strategic Agreement to Lead the New Era of Mobile AI: https://www.huawei.com/en/press-events/news/2017/12/huawei-baidu-strategic-agreement-mobileai

10 DigitalTrends: https://www.digitaltrends.com/cool-tech/baidu-machine-translator/

11 MIT Technology Review, Baidu Shows Off Its Instant Pocket Translator:https://www.technologyreview.com/s/610623/baidu-shows-off-itsinstant-pocket-translator/

6 페이스북(Facebook)

1 Statistica, Number of monthly active Facebook users worldwide as of 2nd quarter 2018 in millions: https://www.statista.com/statistics/264810/number-of-monthly-active-facebook-users-worldwide/

2   Zephoria, Top 15 Valuable Facebook Statistics: https://zephoria.com/top-15-valu-able-facebook-statistics/

3   Facebook, Introducing FBLearner Flow: Facebook's AI backbone: https://code.fb.com/core-data/introducing-fblearner-flow-facebook-sai-backbone/

4   Facebook, IncreasingOur Efforts to Fight False News: https://newsroom.fb.com/news/2018/06/increasing-our-efforts-to-fight-false-news/

5   Facebook, Managing Your Identity on Facebook with Face Recognition Technology: https://newsroom.fb.com/news/2017/12/managingyour-identity-on-face-book-with-face-recognition-technology/

6   Facebook, DeepFace: Closing the Gap to Human-Level Performance in Face Verification: https://research.fb.com/publications/deepfaceclosing-the-gap-to-human-level-performance-in-face-verification/

7   Facebook, Introducing DeepText: Facebook's text understanding engine: https://code.fb.com/core-data/introducing-deeptext-facebooks-text-understanding-engine/

8   BBC, Facebook artificial intelligence spots suicidal users: https://www.bbc.co.uk/news/technology-39126027

9   Facebook, Introducing FBLearner Flow: Facebook's AI backbone: https://code.fb.com/core-data/introducing-fblearner-flow-facebook-sai-backbone/

10   Washington Post, Facebook, boosting artificial-intelligence research, says it's "not going fast enough": https://www.washingtonpost.com/technology/2018/07/17/facebook-boosting-artificial-intelligence-research-says-its-not-going-fast-enough/?utm_term=.de4f2c7f1298

7 IBM

1   Tech Republic, IBM Watson: The inside story of how the Jeopardy winning supercomputer was born, and what it wants to do next: https://www.techrepublic.com/article/ibm-watson-the-inside-storyof-how-the-jeopardy-winning-supercomputer-was-born-and-what-itwants-to-do-next/

2   IBM, Raising Cora: https://www.ibm.com/industries/banking-financial-markets/front-office/chatbots-banking

3   IBM, Putting Smart to Work: https://www.ibm.com/blogs/insights-onbusiness/banking/putting-smart-work-raising-cora/

4   IBM, How Staples is making customer service "easy" withWatson Conversation: https://www.ibm.com/blogs/watson/2017/02/staples-making-customer-service-easy-watson-conversation/

5   IBM, How Wimbledon is using IBM Watson AI to power highlights, analytics and enriched fan experiences: https://www.ibm.com/blogs/watson/2017/07/ibm-watsons-ai-is-powering-wimbledon-highlightsanalytics-and-a-fan-experiences/

6   American Cancer Society, American Cancer Society and IBM Collaborate to Create Virtual Cancer Health Advisor: http://pressroom.cancer.org/WatsonACSLaunch

7   Vox, Is AI the future of perfume? IBM is betting on it: https://www.vox.com/the-goods/2018/10/24/18019918/ibm-artificial-intelligenceperfume-symrise-philyra

8   IBM, IBM Largest Ever AI Toolset Release Is TailorMade for 9 Industries and Professions: https://newsroom.ibm.com/2018-09-24-IBM-Largest-Ever-AI-Toolset-Release-Is-Tailor-Made-for-9-Industries-and-Professions

9   The Verge, What it's like to watch an IBM AI successfully debate humans: https://www.theverge.com/2018/6/18/17477686/ibm-projectdebater-ai

10   The Guardian, Man 1, machine 1: landmark debate between AI and humans ends in draw: https://www.theguardian.com/technology/2018/jun/18/artificial-intelligence-ibm-debate-project-debater

11   IBM, Project Debater Datasets: https://www.research.ibm.com/haifa/dept/vst/debating_data.shtml

8 제이디닷컴(JD.com)

1   YouTube, Richard Liu, JD.com Founder, Chairman and CEO: https://www.youtube.com/watch?v=VTSKy9E3tcU&feature=youtu.be

2   Axiom, In China, A Picture ofHowWarehouse Jobs Can Vanish: https://www.axios.com/china-jd-warehouse-jobs-4-employees-shanghai-d19f5cf1-f35b-4024-8783-2ba79a573405.html

3   JD.com, Preparing JD.com Orders for Same Day Delivery: https://jdcorporateblog.com/gallery/preparing-jd-com-orders-day-delivery/

4   Digital Commerce 360, JD.com and Baidu Partner on Data-Powered Precision Advertising and Marketing: https://www.digitalcommerce360.com/2017/08/17/jd-com-baidu-partner-data-powered-precisionadvertising-marketing/

5   Wired, Inside JD.com, the giant Chinese firm that could eat Amazon alive: https://www.wired.co.uk/article/china-jd-ecommerce-storedelivery-drones-amazon

6   South ChinaMorning Post, JD.comunveils self-driving truck in move to automate logistics operations: https://www.scmp.com/tech/innovation/article/2148420/jdcom-unveils-self-driving-truck-move-automatelogistics-operations

7   Medium,Why China's No.2 e-commerce site JD sees smart refrigerators as a key to IoTs boom: https://medium.com/act-news/why-chinas-no-2-e-commerce-site-jd-sees-smart-refrigerators-as-a-key-to-iots-boomd9674a8c9a45

8   Retail Tech News, Weekly Focus: JD.Com Opens Unmanned Store in Indonesia: https://www.retailtechnews.com/2018/08/08/weekly focusjd com opens unmanned-store-in-indonesia/

9   The Drum, JD.com expands 7FRESH stores across China as it takes on Alibaba's Hema stores: https://www.thedrum.com/news/2018/09/24/jdcom-expands-7fresh-stores-across-china-it-takes-alibabas-hemastores

10   Afr.com, AI Inside JD: https://www.afr.com/technology/how-chineseecommerce-player-jdcom-is-becoming-an-ai-powerhouse-20180719-h12vph

11   YouTube, Richard Liu, JD.com Founder, Chairman and CEO: https://www.youtube.com/watch?v=VTSKy9E3tcU&feature=youtu.be

9 마이크로소프트(Microsoft)

1   Microsoft, Democratizing AI: Satya Nadella on AI vision and societal impact at DLD: https://news.microsoft.com/europe/2017/01/17/democratizing-ai-satya-nadella-shares-vision-at-dld/

2   Microsoft, Microsoft AI: Empowering transformation: https://blogs.microsoft.com/ai-for-business/2018/10/11/microsoft-ai-empoweringtransformation/

3   Redmond Magazine, Office 365 Gets Serious About Artificial Intelligence: https://redmondmag.com/articles/2018/02/16/office-365-getsserious-about-ai.aspx

4   Microsoft, AI School: https://aischool.microsoft.com/en-us/home

5   Microsoft, Intelligent Robotics: https://www.ailab.microsoft.com/experiments/f508a96d-3255-474b-a769-d5b2cf2bb9d6

6   Alphr, Microsoft's AI-powered Sketch2Code builds websites and apps from drawings: http://www.alphr.com/microsoft/1009840/microsoftsai-sketch2code-builds-websites

7   Microsoft, Project Natick: https://natick.research.microsoft.com/

8   Microsoft, Uber boosts platform security with the Face API, part of Microsoft Cognitive Services: http://customers.microsoft.com/en-US/story/uber

9   Microsoft, Renault Sport Formula One Team uses data to make rapid changes for an even faster race car: https://customers.microsoft.com/en-US/story/renault-sport-formula-one-team-discrete-manufacturing

10   The Seattle Times, Cricket pro teams with Microsoft for a bat that can track analytics in real-time, and send them to fans: https://www.seattletimes.com/business/microsoft/microsoft-partners-with-professionalcricketer-to-make-smart-bat-technology/

11   Bonsai, Bonsai Sets State-of-the-Art Reinforcement Learning Benchmark for Programming Industrial Control Systems: https://bons.ai/blog/rl-benchmark

10 텐센트(Tencent)

1   Tencent, Tencent AI Lab: https://ai.tencent.com/ailab/index.html

2   CB Insights, Rise Of China's Big Tech In AI:What Baidu, Alibaba, And Tencent Are Working On: https://www.cbinsights.com/research/chinabaidu-alibaba-tencent-artificial-intelligence-dominance/

3   CB Insights, Rise Of China's Big Tech In AI:What Baidu, Alibaba, And Tencent Are Working On: https://www.cbinsights.com/research/chinabaidu-alibaba-tencent-artificial-intelligence-dominance/

4   SCMP, Tencent employs facial recognition to detect minors in topgrossing mobile game Honour of Kings: https://www.scmp.com/tech/big-tech/article/2166447/tencent-employs-facial-recognition-detectminors-top-grossing-mobile

5   The Next Web, https://thenextweb.com/artificial-intelligence/2018/09/20/tencent-created-ai-agents-that-can-beat-starcraft-2s-cheater-ai/

6   Financial Times, Tencent drives China artificial intelligence push: https://www.ft.com/content/3143d482-4fc8-11e8-a7a9-37318e776bab

7   CB Insights, Rise Of China's Big Tech In AI:What Baidu, Alibaba, And Tencent Are Work-

ing On: https://www.cbinsights.com/research/chinabaidu-alibaba-tencent-artificial-intelligence-dominance/

8   CB Insights, Lifting The Curtain On iCarbonX: China's Overnight Unicorn Is Attacking Everything From Genomics To Smart Toilets: https://www.cbinsights.com/research/icarbonx-teardown-genomics-aiexpert-research/

9   The Week, How Tencent's AI can diagnose Parkinson's disease "within minutes": http://www.theweek.co.uk/artificial-intelligence/96962/howtencent-s-ai-can-diagnose-parkinson-s-disease-within-minutes

10   Technode, How Tencent's medical ecosystem is shaping the future of China's healthcare: https://technode.com/2018/02/11/tencent-medicalecosystem/

11   Xinhua Finance Agency, Tencent releases first AI-aided medical platform: http://en.xfafinance.com/html/Industries/Health_Care/2018/361408.shtml

12   Economist, China Needs Many More Primary Care Doctors: https:// www.economist.com/china/2017/05/11/china-needs-many-moreprimary-care-doctors

13   Xinhua Finance Agency, Tencent releases first AI-aided medical platform: http://en.xfafinance.com/html/Industries/Health_Care/2018/361408.shtml

2부   소매업·소비재·식품·음료수 제조업체

11 버버리(Burberry)

1   Statistica.com, Number of Burberry stores worldwide in 2018, by outlet type: https://www.statista.com/statistics/439282/burberry-numberof-stores-worldwide-by-outlet-type/

2   Forbes, The Amazing Ways Burberry Is Using Artificial Intelligence and Big Data: https://www.forbes.com/sites/bernardmarr/2017/09/25/theamazing-ways-burberry-is-using-artificial-intelligence-and-big-data-todrive-success/#35325a4d4f63

3   AI Business, Where are Burberry with AI? Exclusive Interview with David Harris, SVP of IT: https://aibusiness.com/where-are-burberry-with-aiexclusive-interview-with-david-harris-svp-of-it/

12 코카콜라(Coca-Cola)

1   Venturebeat, Coca-Cola reveals AI-powered vending machine app: https://venturebeat.com/2017/07/11/coca-cola-reveals-ai-poweredvending-machine-app/

2   Digital Food and Beverage, Coca-Cola is Using AI to Put Some Fizz in Its Vending Machines: https://foodandbeverage.wbresearch.com/cocacola-artificial-intelligence-ai-omni-channel-strategy-ty-u

3   Nastel, Social Media Analytics At Coca-Cola: Learning From The Best: https://www.nastel.com/blog/social-media-analytics-coca-colalearning-best/

4   Adweek, Coca-Cola Wants to Use AI Bots to Create Its Ads: https://www.adweek.com/digital/coca-cola-wants-to-use-ai-bots-tocreate-its-ads/

5   Digiday, How Coca-Cola targeted ads based on people's Facebook, Instagram photos:

https://digiday.com/marketing/coca-cola-targetedads-based-facebook-instagram-pho-tos/

6   Google Developers Blog, How Machine Learning with TensorFlow Enabled Mobile Proof-Of-Purchase at Coca-Cola: https://developers.googleblog.com/2017/09/how-machine-learning-with-tensorflow.html

7   Coca-Cola, Fountain Favorite: Sprite Cherry is First National Brand Inspired by Coca-Cola Freestyle: https://www.coca-colacompany.com/stories/fountain-favorites-sprite-cherry-and-sprite-cherry-zero-become-first-national-brands-inspired-by-coca-cola-freestyle

13 도미노(Domino's)

1   The Times, Pizza guzzlers give Domino's a slice of success: https://www.thetimes.co.uk/article/pizza-guzzlers-give-dominos-a-slice-of-successdzftlldtn

2   PR Newswire, Domino's on Quest for Digital Dominance Using Artificial Intelligence: https://www.prnewswire.com/news-releases/dominos-onquest-for-digital-dominance-using-artificial-intelligence-300633827.html

3   Interesting Engineering, Domino'sWill Use AI toMake Sure Every Pizza They Serve Is Perfect: https://interestingengineering.com/dominos-willuse-ai-to-make-sure-every-pizza-they-serve-is-perfect

4   ZDNet, Domino's partners with Nuance for DRU artificial intelligence: https://www.zdnet.com/article/dominos-partners-with-nuancefor-dru-artificial-intelligence/

5   Tech Radar, Ford and Domino's are filling self-driving cars with pizza to see how we feel about it: https://www.techradar.com/news/ford-and-dominos-are-filling-self-driving-cars-with-pizza-to-see-how-we-feelabout-it

6   Tech Radar, Ford and Domino's demonstrate self-driving deliveries with–what else–pizza: https://www.techradar.com/news/ford-and-dominosdemonstrate-self-driving-deliveries-with-what-else-pizza

7   Starship, https://www.starship.xyz/pressreleases/starship-technologieslaunches-pilot-program-with-dominos-pizza-enterprises/

8   Domino's Pizzamoves forward with Dragontail Systems AI: https://www.finnewsnetwork.com.au/archives/finance_news_network190563.html

14 킴벌리클라크(Kimberly-Clark)

1   Kimberly-Clark, https://www.kimberly-clark.com/en-us/brands/ourbrands

2   Kimberly-Clark, https://www.kimberly-clark.com/en-us/company/technology-licensing

3   Inside Big Data, https://insidebigdata.com/2018/08/19/infographic-datascientist-short-age/

4   Webtrends, https://www.webtrends.com/about-us/client-success/kimberly-clark/

5   Nielsen, Machine Learning Powered Marketing Personalization Innovation: https://www.nielsen.com/us/en/press-room/2016/machinelearning-powered-marketing-personalization-innovation-unveiled.html

6   Tableau, How Kimberly-Clark saved $250k with a platform powered by Tableau, Amazon

Redshift, and Panoply: https://www.tableau.com/about/blog/2018/2/how-kimberly-clark-saved-250k-platform-poweredtableau-amazon-redshift-and-panoply

7 KC Lab, http://kcdlab.com/

8 Webtrends, https://www.webtrends.com/about-us/client-success/kimberly-clark/

15 맥도널드(McDonald's)

1 Investopedia,McDonald's vs. Burger King:Comparing BusinessModels: https://www.investopedia.com/articles/markets/111015/mcdonalds-vsburger-king-comparing-business-models.asp

2 McDonald's, https://corporate.mcdonalds.com/corpmcd/about-us/ourgrowth-strategy.html

3 Food Business News, McDonald's finds flexibility with digital menu boards: https://www.foodbusinessnews.net/articles/7624-mcdonald-sfinds-flexibility-with-digital-menu-boards

4 USA Today, McDonald's: You buy more from touch-screen kiosks than a person. So expect more kiosks: https://eu.usatoday.com/story/money/nation-now/2018/06/07/mcdonalds-add-kiosks-citing-bettersales-over-face-face-orders/681196002/

5 Intel, McDonald's And Predictive Analytics: They're Lovin' It: https://www.intel.co.uk/content/www/uk/en/it-managers/mcdonaldspredictive-analytics.html

6 The Guardian, KFC China is using facial recognition tech to serve customers – but are they buying it?: https://www.theguardian.com/technology/2017/jan/11/china-beijing-first-smart-restaurant-kfcfacial-recognition

7 Live Science, Humans Couldn't Keep Up with This Burger-Flipping Robot, So They Fired It: https://www.livescience.com/61994-flippyburger-flipping-robot-flops.html

8 Food Business News, McDonald's finds flexibility with digital menu boards: https://www.foodbusinessnews.net/articles/7624-mcdonald-sfinds-flexibility-with-digital-menu-boards

9 Techemergence, Fast Food Robots, Kiosks, and AI Use Cases from 6 Restaurant Chain Giants: https://www.techemergence.com/fast-foodrobots-kiosks-and-ai-use-cases/

10 ZDnet, Jeremy Corbyn wants to tax robots and their greedy overlords: https://www.zdnet.com/article/jeremy-corbyn-wants-to-tax-robotsand-their-greedy-overlords/

11 Business Insider, McDonald's shoots down fears it is planning to replace cashiers with kiosks: http://uk.businessinsider.com/what-selfserve-kiosks-at-mcdonalds-mean-for-cashiers-2017-6

16 삼성(Samsung)

1 Financial Review, CES 2018: Samsung vows to add artificial intelligence to everything it does: https://www.afr.com/technology/ces-2018-samsung-vows-to-add-artificial-intelligence-to-everything-it-does-20180108-h0fdtd

2 Forbes, How Is Samsung's Bixby Different From Other Voice First Systems?: https://www.forbes.com/sites/quora/2017/03/23/how-issamsungs-bixby-different-from-other-voice-first-systems/#6ea3d30445f3

3 Business Korea, Samsung Electronics to Make Artificial Intelligence Robot "Saram":

http://www.businesskorea.co.kr/news/articleView.html?idxno=20610

4   Venturebeat, Intuition Robotics nabs Samsung as investor, launches U.S. beta trial of ElliQ companion robot: https://venturebeat.com/2018/01/09/intuition-robotics-nabs-samsung-as-investor-and-launches-betatrial-of-elliq-social-companion-robot/

5   The Week, Bipedal humanoid robot masters human balancing act: https://www.theweek.in/news/sci-tech/2018/10/03/Bipedal-humanoidrobot-masters-human-balancing-act.html

6   Business Insider, Siri owns 46% of the mobile voice assistant market —one and half times Google Assistant's share of the market: http://uk.businessinsider.com/siri-google-assistant-voice-market-share-charts-2018-6

17 스타벅스(Starbucks)

1   Starbucks, How many Starbucks stores are out there?: https://www.loxcel.com/sbux-faq.html

2   Favrify, 18 Exotic Starbucks Drinks That You Didn't Know Existed…: https://www.favrify.com/starbucks-drinks/

3   Starbucks, How many Starbucks stores are out there?: https://www.loxcel.com/sbux-faq.html

4   Cio, Starbucks' CTO brews personalized experiences: https://www.cio.com/article/3050920/analytics/starbucks-cto-brews-personalizedexperiences.html

5   Zacks, Starbucks' Digital Flywheel Program Will Use Artificial Intelligence: https://www.zacks.com/stock/news/270022/starbucks-digitalflywheel-program-will-use-artificial-intelligence

6   The Star, Starbucks partners with Alibaba, as it tries to keep its coffee throne in China: https://www.thestar.com/business/2018/08/02/starbucks-partners-with-alibaba-as-it-tries-to-keep-its-coffee-thronein-china.html

7   Pandaily, Ele.me Delivery Robot Completed Takeout Delivery for the First Time: https://pandaily.com/ele-me-delivery-robot-completedtakeout-delivery-for-the-first-time/

8   Cio, Starbucks' CTO brews personalized experiences: https://www.cio.com/article/3050920/analytics/starbucks-cto-brews-personalizedexperiences.html

9   Starbucks, Starbucks debuts voice ordering: https://news.starbucks.com/press-releases/starbucks-debuts-voice-ordering

10   Zdnet, Starbucks to step up rollout of "digital flywheel" strategy: https://www.zdnet.com/article/starbucks-to-step-up-rollout-of-digitalflywheel-strategy/

18 스티치 픽스(Stitch Fix)

1   Financial Times, Online retail sales continue to soar: https://www.ft.com/content/a8f5c780-f46d-11e7-a4c9-bbdefa4f210b

2   Fashion United, The fashion industry at a dead end: new products worth millions destroyed: https://fashionunited.uk/news/business/the-fashionindustry-at-a-dead-end-new-products-worth-millions-destroyed/2018071930847

326

3   ZD Net, How Stitch Fix uses machine learning to master the science of styling: https://
www.zdnet.com/article/how-stitch-fix-uses-machinelearning-to-master-the-science-of-
styling/

4   Computer World, At Stitch Fix, data scientists and A.I. become personal stylists: https://
www.computerworld.com/article/3067264/artificialintelligence/at-stitch-fix-data-scien-
tists-and-ai-become-personal-stylists.html

5   ZD Net, How Stitch Fix uses machine learning to master the science of styling: https://
www.zdnet.com/article/how-stitch-fix-uses-machinelearning-to-master-the-science-of-
styling/

19 유니레버(Unilever)

1   Unilever: https://www.unilever.com/about/who-we-are/about-Unilever/

2   Hirevue, Unilever finds top talent faster with Hirevue assessments: https://www.hirevue.
com/customers/global-talent-acquisition-unilevercase-study

3   Huffington Post, High Turnover Costs Way More Than You Think: https://www.huffing-
tonpost.com/julie-kantor/high-turnover-costs-waymore-than-you-think b 9197238.html

4   Business Insider, Consumer-goods giant Unilever has been hiring employees using brain
games and artificial intelligence – and it's a huge success: http://uk.businessinsider.com/
unilever-artificial-intelligencehiring-process-2017-6

20 월마트(Walmart)

1   Walmart, Walmart 2018 Annual Report: http://s2.q4cdn.com/056532643/files/doc_fi-
nancials/2018/annual/WMT-2018_Annual-Report.pdf

2   Fortune, Five Moves Walmart is Making to Compete with Amazon and Target: http://for-
tune.com/2017/09/27/5-moves-walmart-is-making-tocompete-with-amazon-and-target/

3   Business Insider, Walmart reveals why it has robots roaming the aisles in 50 of its stores:
http://uk.businessinsider.com/walmart-robots-in-50-stores-2018-3

4   The Verge, Walmart is using shelf-scanning robots to audit its stores: https://www.thev-
erge.com/2017/10/27/16556864/walmart-introducesshelf-scanning-robots

5   Venturebeat, Bossa Nova Robotics acquires Hawxeye to improve inventory object detec-
tion: https://venturebeat.com/2018/07/18/bossa-novarobotics-acquires-hawxeye-to-im-
prove-inventory-object-detection/

6   Crunchbase: https://www.crunchbase.com/organization/bossa-novarobotics-inc#sec-
tion-overview

7   Forbes, Really Big Data AtWalmart: Real-Time Insights From Their 40+ Petabyte Data
Cloud: https://www.forbes.com/sites/bernardmarr/2017/01/23/really-big-data-at-
walmart-real-time-insights-from-their-40-petabyte-data-cloud/#2a7bee6b6c10

8   WalmartLabs, How we build a robust analytics platform using Spark, Kafka and Cassan-
dra: https://medium.com/walmartlabs/how-we-builda-robust-analytics-platform-us-
ing-spark-kafka-and-cassandra-lambdaarchitecture-70c2d1bc8981

9   Forbes, This Shelf-Scanning Robot Could Be Coming To A Store Near You: https://www.

forbes.com/sites/jenniferjohnson/2018/06/29/this-shelf-scanning-robot-could-be-coming-to-a-store-near-you/#b0a32c73fb1c

3부 매체·연예·통신기업

21 월트디즈니사(The Walt Disney Company)

1   Fast Company, The Messy Business Of Reinventing Happiness: https:// www.fastcompany.com/3044283/the-messy-business-of-reinventinghappiness#chapter-Discovery_Island
2   Disney Research: https://www.disneyresearch.com/
3   Disney Research: https://www.disneyresearch.com/innovations/denoising/
4   CNBC,Watching you, watching it: Disney turns to AI to track filmgoers' true feelings about its films: https://www.cbc.ca/news/technology/disneyai-real-time-tracking-fvae-1.4233063
5   Wired, Disney's $1 Billion Bet on a Magic Wristband: https://www.wired.com/2015/03/disney-magicband/
6   USA Today, Disney parks tech upgrades make visiting more convenient: https://eu.usatoday.com/story/travel/experience/america/themeparks/2018/02/27/disney-parks-magicbands-fastpasses-app/374588002/
7   Fast Company, The Messy Business Of Reinventing Happiness: https://www.fastcompany.com/3044283/the-messy-business-of-reinventinghappiness
8   USA Today, Disney parks tech upgrades make visiting more convenient: https://eu.usatoday.com/story/travel/experience/america/themeparks/2018/02/27/disney-parks-magicbands-fastpasses-app/374588002/
9   Fast Company, The Messy Business Of Reinventing Happiness: https://www.fastcompany.com/3044283/the-messy-business-of-reinventinghappiness#chapter-Discovery_Island

22 인스타그램(Instagram)

1   Statista, Number of monthly active Instagram users from January 2013 to June 2018 in millions: https://www.statista.com/statistics/253577/number-of-monthly-active-instagram-users/
2   Sprout Social, 18 Instagram Stats EveryMarketer Should Know for 2018: https://sprout-social.com/insights/instagram-stats/
3   Ditch The Label, Anti-Bullying Survey 2017: https://www.ditchthelabel.org/wp-content/uploads/2017/07/The-Annual-Bullying-Survey-2017-1.pdf
4   The Children's Society, Cyberbullying's Impact on Young People's Mental Health: https://www.childrenssociety.org.uk/sites/default/files/socialmedia-cyberbullying-inquiry-summary-report.pdf
5   Instagram, Protecting Our Community from Bullying Comments: https://instagram-press.com/blog/2018/05/01/protecting-ourcommunity-from-bullying-comments-2/
6   Facebook, Introducing DeepText: Facebook's text understanding engine: https://code.

fb.com/core-data/introducing-deeptext-facebook-s-textunderstanding-engine/

23 링크트인(LinkedIn)

1   Glassdoor,How To Calculate Cost-Per-Hire: https://www.glassdoor.com/employers/blog/calculate-cost-per-hire/

2   The Recruitment and Employment Confederation, Hiring mistakes are costing UK businesses billions each year – REC: https://www.rec.uk.com/news-and-policy/press-releases/hiring-mistakes-are-costing-ukbusinesses-billions-each-year-rec

3   The Week, America's Teaching Shortage: http://theweek.com/articles/797112/americas-teacher-shortage

4   American Association of Colleges of Nursing, Nursing Shortage Fact Sheet: https://www.aacnnursing.org/News-Information/Fact-Sheets/Nursing-Shortage

5   IBM, TheQuant Crunch: https://www-01.ibm.com/common/ssi/cgi-bin/ssialias?html-fid=IML14576USEN&

6   LinkedIn, How LinkedIn Uses Automation and AI to Power Recruiting Tools: https://business.linkedin.com/talent-solutions/blog/productupdates/2017/how-linkedin-uses-automation-and-ai-to-powerrecruiting-tools

7   LinkedIn, How LinkedIn Uses Automation and AI to Power Recruiting Tools: https://business.linkedin.com/talent-solutions/blog/productupdates/2017/how-linkedin-uses-automation-and-ai-to-powerrecruiting-tools

8   LinkedIn, How LinkedIn Uses Automation and AI to Power Recruiting Tools: https://business.linkedin.com/talent-solutions/blog/productupdates/2017/how-linkedin-uses-automation-and-ai-to-powerrecruiting-tools

9   VentureBeat, LinkedIn plans to teach all its engineers the basics of using AI: https://venturebeat.com/2017/10/24/linkedin-plans-to-teach-all-itsengineers-the-basics-of-using-ai/

24 넷플릭스(Netflix)

1   Netflix, Shareholder's letter, 16 July 16 2018: https://s22.q4cdn.com/959853165/files/doc_financials/quarterly_reports/2018/q2/FINAL-Q2-18-Shareholder-Letter.pdf

2   It's Foss,NetflixOpenSourceAI: https://itsfoss.com/netflix-open-sourceai/

3   Variety, Netflix Subscribers Streamed Record-Breaking 350 Million Hours of Video on Jan. 7: https://variety.com/2018/digital/news/netflix-350-million-hours-1202721679

4   Netflix, Introducing Vectorflow: https://medium.com/@NetflixTechBlog/introducing-vectorflow-fe10d7f126b8

5   Nvidia, How Netflix Uses AI: https://blogs.nvidia.com/blog/2018/06/01/how-netflix-uses-ai/

6   The Motley Fool, Netflix Streaming gets an AIUpgrade: https://www.fool.com/investing/2018/03/15/netflix-streaming-gets-an-ai-upgrade.aspx

7   The Motley Fool, Netflix Streaming gets an AIUpgrade: https://www.fool.com/investing/2018/03/15/netflix-streaming-gets-an-ai-upgrade.aspx

25 프레스 어소시에이션(Press Association)

1 BBC, Death of the Local Newspaper: https://www.bbc.co.uk/news/uk-43106436

2 The Drum, How PA and Urbs Media will use robots to strengthen local news, rather than devalue it: https://www.thedrum.com/opinion/2017/08/10/how-pa-and-urbs-media-will-use-robots-strengthen-localnews-rather-devalue-it

3 Google,Radar Round 3: https://newsinitiative.withgoogle.com/dnifund/dni-projects/radar/

4 Press Association, More than 1,000 UK regional news titles now have access to stories jointly written by journalists and AI as RADAR launches new website: https://www.pressassociation.com/2018/06/18/more-than-1000-uk-regional-news-titles-now-have-access-to-stories-jointlywritten-by-journalists-and-ai-as-radar-launches-new-website/

5 Press Association, Trial of automated news service underway as RADAR makes its first editorial hires: https://www.pressassociation.com/2017/12/12/trial-automated-news-service-underway-radar-makes-firsteditorial-hires/

6 Press Association, More than 1,000 UK regional news titles now have access to stories jointly written by journalists and AI as RADAR launches new website: https://www.pressassociation.com/2018/06/18/more-than-1000-uk-regional-news-titles-now-have-access-to-stories-jointlywritten-by-journalists-and-ai-as-radar-launches-new-website/

26 스포티파이(Spotify)

1 Spotify, Spotify Technology S.A. Announces Financial Results for Second Quarter 2018: https://investors.spotify.com/financials/press-releasedetails/Second-Quarter-2018/default.aspx

2 YouTube, Vidhya Murali and Ching-wei Chen on predicting music: https://www.youtube.com/watch?time_continue=166&v=n5gCQWLXJcw

3 HPAC, Music Recommendation System Spotify: http://hpac.rwthaachen.de/teaching/sem-mus-17/Reports/Madathil.pdf

4 Music:Ally, Spotify talks playlists, skip rates and NF's Nordic-fuelled success #SlushMusic: https://musically.com/2017/11/29/spotify-playlistsskip-rates-nf/

5 Music Business Journal, Spotify's Secret Weapon: http://www.thembj.org/2014/10/spotifys-secret-weapon/

6 Quartz, The Magic That Makes Spotify's Discover Weekly Playlists So Damn Good: https://qz.com/571007/the-magic-that-makes-spotifysdiscover-weekly-playlists-so-damn-good/

7 Computer World, How Spotify migrated everything from on-premise to Google Cloud Platform: https://www.computerworlduk.com/cloudcomputing/how-spotify-migrated-everything-from-on-premise-googlecloud-platform-3681529/

8 Financial Times, Spotify gains 8mpaid subscribers aided by Latin America growth: https://www.ft.com/content/16c0c91c-90cd-11e8-bb8f-a6a2f7bca546

27 텔레포니카(Telefonica)

1   ITU, ICT Facts and Figures 2016: https://www.itu.int/en/mediacentre/Pages/2016-PR30. aspx

2   Computer Weekly, MWC 2018: Telef´onica aims to connect 100 million in Latin America: https://www.computerweekly.com/news/252435708/MWC-2018-Telefonica-aims-to-connect-100-million-in-Latin-America

3   LUCA, Ready For AWildWorld: https://www.slideshare.net/wap13/bigdata-for-social-good-106562070

4   Fierce Telecom, Telef´onica's "Internet para Todos" project uses modern tools to find and connect Latin Americans: https://www.fiercetelecom.com/telecom/telefonica-s-internet-for-all-project-uses-modern-tools-to-find-and-connect-latin-americans

5   TechCrunch, Facebook's OpenCellular is a new open-source wireless access platform for remote areas: https://techcrunch.com/2016/07/06/facebooks-opencellular-is-a-new-open-source-wireless-access-platformfor-remote-areas/

6   Telefonica, How Telef´onica uses artificial intelligence and machine learning to connect the unconnected: https://www.telefonica.com/en/web/public-policy/blog/article/-/blogs/how-telefonica-uses-artificialintelligence-and-machine-learning-to-connect-the-unconnected

28 트위터(Twitter)

1   Twitter, How policy changes work: https://blog.twitter.com/official/en_us/topics/company/2017/HowPolicyChangesWork.html

2   Financial Times, Senate panel backs finding of Russian meddling in US election: https://www.ft.com/content/04385510-7f13-11e8-8e67-1e1a0846c475

3   Gizmodo, The Bizarre SchemeUsing Viral Abuse Stories and Stolen Pics to Sell Diet Pills on Twitter: https://gizmodo.com/the-bizarre-schemeusing-viral-abuse-stories-and-stolen-1829173964

4   Knight Foundation, Disinformation, "Fake News" and Influence Campaigns on Twitter: https://www.knightfoundation.org/reports/disinformation-fake-news-and-influence-campaigns-on-twitter

5   Twitter, How Twitter is Fighting Spam and Malicious Automation: https://blog.twitter.com/official/en_us/topics/company/2018/howtwitter-is-fighting-spam-and-malicious-automation.html

6   Twitter, Our approach to bots and misinformation: https://blog.twitter.com/official/en_us/topics/company/2017/Our-Approach-Bots-Misinformation.html

7   Twitter, Using Deep Learning at Scale in Twitter's Timelines: https://blog.twitter.com/engineering/en_us/topics/insights/2017/using-deeplearning-at-scale-in-twitters-timelines.html

8   Washington Post, Twitter is sweeping out fake accounts like never before, putting user growth at risk: https://www.washingtonpost.com/technology/2018/07/06/twitter-is-sweeping-out-fake-accounts-likenever-before-putting-user-growth-risk

9   Twitter, How Twitter is fighting spamand malicious automation: https://blog.twitter.com/official/en_us/topics/company/2018/how-twitter-isfighting-spam-and-malicious-automation.html

10   Twitter, Announcing the Twitter Trust & Safety Council: https://blog.twitter.com/official/en_us/a/2016/announcing-the-twitter-trust-safetycouncil.html

29 버라이즌(Verizon)

1   Recode, A merged T-Mobile and Sprint will still be smaller than AT&T or Verizon: https://www.recode.net/2018/4/30/17300652/tmobile-sprint-att-verizon-merger-wireless-subscriber-chart

2   Verizon Fios: https://www.verizon.com/home/fios/

3   Knowledge@Wharton, Tapping AI: The Future of Customer Experience at Verizon Fios: http://knowledge.wharton.upenn.edu/article/competing-with-the-disruptors-a-view-of-future-customer-experienceat-verizon-fios/

4   Verizon,HowVerizon is using artificial intelligence andmachine learning to help maintain network superiority: https://www.verizon.com/about/our-company/fourth-industrial-revolution/how-verizon-using-artificialintelligence-and-machine-learning-help-maintain-network

5   Forbes, The Amazing Ways Verizon Uses AI And Machine Learning To Improve Performance: https://www.forbes.com/sites/bernardmarr/2018/06/22/the-amazing-ways-verizon-uses-ai-and-machine-learning-toimprove-performance/#2b859af07638

30 바이어컴(Viacom)

1   Startup Marketing, How Chamath Palihapitiya put Facebook on the path to 1 billion users: https://ryangum.com/chamath-palihapitiya-how-weput-facebook-on-the-path-to-1-billion-users

2   Digiday, How Viacom uses artificial intelligence to predict the success of its social campaigns: https://digiday.com/media/viacom-uses-artificialintelligence-predict-success-social-campaign/

3   Digiday, How Viacom uses artificial intelligence to predict the success of its social predict-success-social-campaigns/

4   Databricks, Customer Case Study, Viacom: https://databricks.com/wpcontent/uploads/2018/04/viacom-case-study.pdf

4부   서비스·금융·의료업체

31 아메리칸 익스프레스(American Express)

1   American Express, Company 2018 Investor Day: http://ir.americanexpress.com/Cache/1001233287.PDF?O=PDF&T=&Y=&D=&FID=1001233287&iid=102700

2   Forbes, The World's Most Valuable Brands: https://www.forbes.com/powerful-brands/

list/

3 The Nilson Report, Card Fraud Losses: https://nilsonreport.com/upload/content_pro-mo/The_Nilson_Report_Issue_1118.pdf

4 Mapr, New Age Fraud Analytics: Machine Learning on Hadoop: https://mapr.com/blog/new-age-fraud-analytics-machine-learning-hadoop/

5 American Express, American Express Acquires Mezi: https://about.americanexpress.com/press-release/american-express-acquires-mezi

6 Mapr, Machine Learning at American Express: Benefits and Requirements: https://mapr.com/blog/machine-learning-american-expressbenefits-and-requirements/

32 엘스비어(Elsevier)

1 Wall Street Journal, Mayo Clinic's Unusual Challenge: Overhaul a Business That's Working: https://www.wsj.com/articles/mayo-clinicsunusual-challenge-overhaul-a-business-thats-working-1496415044

2 LinkedIn, Artificial Intelligence And Big Data: The Amazing Digital Transformation Of Elsevier From Publisher To Tech Company: https://www.linkedin.com/pulse/artifi-cial-intelligence-big-data-amazing-digital-elsevier-marr/

33 엔트러피(Entrupy)

1 Tech.co, How AI Is Powering the Fight Against the $900B Counterfeit Industry: https://tech.co/ai-counterfeits-2017-08

2 OECD, 2018 – Trade in Counterfeit and Pirated Goods.

3 Entrupy.com: https://www.entrupy.com/technology/

4 Tech Crunch, Machine learning can tell if you're wearing swapmeet Louie: https://tech-crunch.com/2017/08/11/machine-learning-cantell-if-youre-wearing-swap-meet-louie/

5 KDD, The Fake vs Real Goods Problem:Microscopy andMachine Learning to the Rescue, Ashlesh Sharma, Vidyuth Srinivasan, Vishal Kanchan, Lakshminarayanan Subramanian: http://delivery.acm.org/10.1145/3100000/3098186/p2011-sharma.pdf

6 Entrupy.com: https://www.entrupy.com/

34 익스피리언(Experian)

1 Home Buyers Institute, Why Do Mortgage Lenders Take So Long to Process and Approve Loans?: http://www.homebuyinginstitute.com/mortgage/why-do-lenders-take-so-long/

2 Realtor, How Long Does It Take to Get a Mortgage? Longer Than You Might Think: https://www.realtor.com/advice/finance/how-long-does-ittake-to-get-a-mortgage/

3 Forbes, How Experian Is Using Big Data And Machine Learning To Cut Mortgage Appli-cation Times To A Few Days: https://www.forbes.com/sites/bernardmarr/2017/05/25/how-experian-is-using-big-data-andmachine-learning-to-cut-mortgage-application-times-to-a-few-days/#7869322f203f

4 Tech Emergence, Artificial Intelligence Applications for Lending and Loan Management:

https://www.techemergence.com/artificialintelligence-applications-lending-loan-management/

5   Experian, Bringing Machine Learning to Data Analytics: http://www.experian.com/blogs/insights/2017/05/machine-learning-with-analyticalsandbox/

6   Experian, Experian selects Cloudera to deliver instant access to aggregated financial data: https://www.experianplc.com/media/news/2017/experian-selects-cloudera-to-deliver-instant-access-to-aggregatedfinancial-data/

7   Forbes, How Experian Is Using Big Data And Machine Learning To Cut Mortgage Application Times To A Few Days: https://www.forbes.com/sites/bernardmarr/2017/05/25/how-experian-is-using-big-data-andmachine-learning-to-cut-mortgage-application-times-to-a-few-days/#7869322f203f

35 할리데이비슨(Harley-Davidson)

1   Statista, Harley-Davidson's worldwide motorcycle retail sales in FY 2016 and FY 2017, by country or region in units: https://www.statista.com/statistics/252220/worldwide-motorcycle-retail-sales-of-harleydavidson/

2   Harvard Business Review, How Harley-Davidson Used Artificial Intelligence to Increase New York Sales Leads by 2,930%: https://hbr.org/2017/05/how-harley-davidson-used-predictive-analytics-to-increase-newyork-sales-leads-by-2930

3   Albert AI, Artificial Intelligence Marketing: https://albert.ai/artificialintelligence-marketing/

36 하퍼(Hopper)

1   Forbes, Hopper Doubles Its Funding And Sets Sights On The Global Stage: https://www.forbes.com/sites/christiankreznar/2018/10/03/hopper-doubles-its-funding-and-sets-sights-on-the-global-stage/#9061f6a3b39c

2   TechCrunch, Why Travel Startup Hopper, Founded in 2007, Took So Long To "Launch": https://techcrunch.com/2014/01/20/why-travelstartup-hopper-founded-in-2007-took-so-long-to-launch/

3   Forbes, How The Fastest-Growing Flight-Booking App Is Using AI To Predict Your Next Vacation: https://www.forbes.com/sites/kathleenchaykowski/2018/04/10/the-vacation-predictor-how-the-fastestgrowing-flight-booking-app-is-using-ai-to-transform-travel-hopper/#76274d8923bd

4   Hopper, Hopper Now Predicts When to Buy the Perfect Flight For You: https://www.hopper.com/corp/announcements/hopper-now-predictswhen-to-buy-the-perfect-flight-for-you

5   Forbes, How The Fastest-Growing Flight-Booking App Is Using AI To Predict Your Next Vacation: https://www.forbes.com/sites/kathleenchaykowski/2018/04/10/the-vacation-predictor-how-the-fastestgrowing-flight-booking-app-is-using-ai-to-transform-travel-hopper/#76274d8923bd

6   Fast Company, Most Innovative Companies, Hopper: https://www.fastcompany.com/

company/hopper

37 인퍼비전(Infervision)

1   World Atlas, Leading causes of death in China: https://www.worldatlas.com/articles/lead-ing-causes-of-death-in-china.html
2   Forbes, How AI and Deep Learning is now used to Diagnose Cancer: https://www.forbes.com/sites/bernardmarr/2017/05/16/how-ai-anddeep-learning-is-now-used-to-diagnose-cancer/#24e50af6c783
3   Infervision, About Us: http://www.infervision.com/Infer/aboutUS-en
4   TechCrunch, Chinese startup Infervision emerges from stealth with an AI tool for diag-nosing lung cancer: https://techcrunch.com/2017/05/08/chinese-startup-infervision-emerges-from-stealth-with-an-ai-tool-fordiagnosing-lung-cancer/
5   Digital Journal, Infervision Reaches 200-Hospital Milestone, Advances Global Medical Imaging Capabilities: http://www.digitaljournal.com/pr/3928429

38 마스터카드(Mastercard)

1   Mastercard, MasterCard IQ Series Minimizes False Payment Declines: https://newsroom.mastercard.com/mea/press-releases/mastercard-iqseries-minimizes-false-payment-de-clines/
2   Mastercard, Decision Intelligence: https://www.flickr.com/photos/mastercard-news/31335572915/sizes/l
3   Mastercard, Mastercard Rolls Out Artificial Intelligence Across its Global Network: https://newsroom.mastercard.com/press-releases/mastercardrolls-out-artificial-intelli-gence-across-its-global-network/

39 세일즈포스(Salesforce)

1   CIO, Software as a Service SaaS Definition and Solutions: https://www.cio.com/arti-cle/2439006/web-services/software-as-a-service–saas–definition-and-solutions.html
2   Salesforce, FAQ: https://www.salesforce.com/uk/products/einstein/faq/
3   Computer World, How Salesforce brought artificial intelligence and machine learning into its products with Einstein: https://www.computerworlduk.com/cloud-computing/how-salesforce-brought-ai-machinelearning-into-its-platform-of-products-3647570/
4   Computer World, What is Salesforce Einstein? Latest features & pricing: https://www.computerworlduk.com/cloud-computing/what-issalesforce-einstein-3646520/
5   Computer World, The biggest AI and machine learning acquisitions 2016: From Apple to Google, breaking down the AI acquisition binge: https://www.computerworlduk.com/galleries/it-business/biggest-aimachine-learning-acquisitions-2016-3645450/
6   Venturebeat, Salesforce announces Einstein Voice, a voice assistant for enterprises: https://venturebeat.com/2018/09/19/salesforce-announceseinstein-voice-a-voice-assis-tant-for-enterprises/

40 우버(Uber)

1 Forbes, UberMight Be The First AI-First Company,Which IsWhy They "Don't Even Think About It Anymore": https://www.forbes.com/sites/johnkoetsier/2018/08/22/uber-might-be-the-first-ai-first-companywhich-is-why-they-dont-even-think-about-it-anymore/#49b54a165b62

2 BGR, Uber to use Artificial Intelligence to help differentiate between personal and business rides: https://www.bgr.in/news/uber-to-use-artificialintelligence-to-help-differentiate-between-personal-and-business-rides/

3 Techwire Asia, How does Uber use AI and ML for marketing?: https://techwireasia.com/2018/06/how-does-uber-use-ai-and-ml-formarketing/

4 Independent, Uber Patent uses Artificial Intelligence to Tell if You're Drunk: https://www.independent.co.uk/life-style/gadgets-and-tech/news/uber-patent-drunk-passenger-ai-artificial-intelligence-app-a8395086.html

5 Uber Engineering, Meet Michelangelo: Uber's Machine Learning Platform: https://eng.uber.com/michelangelo/

6 Tech Republic,How data andmachine learning are "part ofUber'sDNA": https://www.techrepublic.com/article/how-data-and-machine-learningare-part-of-ubers-dna/

7 Uber Engineering, Meet Michelangelo: Uber's Machine Learning Platform: https://eng.uber.com/michelangelo/

8 Uber AI Labs: http://uber.ai/

5부 제조업 · 자동차 · 항공 · 4차산업 기업

41 BMW

〈출처〉
BMW, Driving Simulation Centre: https://www.press.bmwgroup.com/global/article/detail/T0284380EN/bmw-group-builds-new-driving-simulation-centre-in-munich

Cognilytica, 6 billion miles, Sam Huang: https://www.cognilytica.com/2017/11/15/ai-today-podcast-011-bmw-investing-ai-interviewsam-huang-bmw-iventures/

42 제너럴일렉트릭(GE)

1 GE, GE Reports: https://www.ge.com/reports/energy/

2 GE, Waking Up as a Software and Analytics Company: https://www.ge.com/digital/blog/waking-up-software-analytics-company-buildingintelligence-machines-systems

3 GE, Breathing new life into old assets: https://www.ge.com/power/casestudies/chivasso#

4 Fool.com, 3Ways General Electric and Exelon Are Cashing in on Digital: https://www.fool.com/investing/2016/12/22/2-ways-ge-is-makingdigital-indispensible.aspx

5 GE, The Internet Of Electricity: GE And Exelon Are Crunching Data Generated By Pow-

er Plants: https://www.ge.com/digital/blog/internetelectricity-ge-and-exelon-are-crunch-ing-data-generated-power-plants

6   Fortune, GE SavedMillions by Using This Data Startup's Software: http://fortune.com/2017/05/17/startup-saved-ge-millions/?iid=sr-link2&utm_campaign=GE%20Saves%20Millions

7   Fool.com, 3Ways General Electric and Exelon Are Cashing in on Digital: https://www.fool.com/investing/2016/12/22/2-ways-ge-is-makingdigital-indispensible.aspx

43 존 디어(John Deere)

1   Lightreading.com/enterprise-cloud/machine-learning-and-ai/john-deere-bets-the-farm-on-ai-iot/a/d-id/741284

2   NASA, How NASA and John Deere Helped Tractors Drive Themselves: https://www.nasa.gov/feature/directorates/spacetech/spinoff/john deere

3   Sentera, https://sentera.com/johndeere/

4   United Nations, World Population Prospects: Key Findings: https://esa.un.org/unpd/wpp/Publications/Files/WPP2017_KeyFindings.pdf

5   John Deere, Deere to AdvanceMachine Learning Capabilities in Acquisition of Blue River Technology: https://www.deere.com/en/our-company/news-and-announcements/news-releases/2017/corporate/2017sep06-blue-river-technology/

6   John Deere, Farmsight: http://www.deere.com/en_US/docs/agriculture/farmsight/jd-farmsight_faq.pdf

7   Wired, Why John Deere just spent $305 million on a lettuce farming robot: https://www.wired.com/story/why-john-deere-just-spent-dollar305-million-on-a-lettuce-farming-ro-bot/

44 콘(Kone)

〈출처〉
Forbes, Internet Of Things And Machine Learning: Ever Wondered What Machines Are Saying To EachOther?: https://www.forbes.com/sites/bernardmarr/2017/02/21/how-ai-and-real-time-machine-datahelps-kone-move-millions-of-people-a-day/#5a69c1365f97

IBM, More than 1 million connected: https://www.ibm.com/watson/stories/kone/

QZ.com, Listen to internet-connected elevators talk about how their day's going: https://qz.com/910593/listen-to-internet-connectedelevators-talk-about-how-their-days-going/
Smart group control systems – AI work in elevators starting in late 80s: https://www.bernardmarr.com/default.asp?contentID=694

45 다임러 AG(Daimler AG)

〈출처〉
Business Insider, MBUX: http://uk.businessinsider.com/mercedesbuilding-its-own-ai-powered-

voice-assistant-for-the-car-2018–1?r=US&IR=T

Daimler, AI in car production and manufacturing: https://www.daimler.com/innovation/case/connectivity/industry-4–0.html

SAP, Car spotting app using SAP tech: https://news.sap.com/2018/06/machine-learning-makes-mercedes-benz-dream-car-a-reality/

46 미국 항공우주국(NASA)

〈출처〉

NASA, A.I. Will Prepare Robots for the Unknown: https://mars.nasa.gov/news/2884/ai-will-prepare-robots-for-the-unknown/

NASA, Towards Autonomous Operation of Robonaut 2, Julia M. Badger, Stephen W. Hart and J.D. Yamokoski: https://ntrs.nasa.gov/archive/nasa/casi.ntrs.nasa.gov/20110024047.pdf

NASA, Robonaut 2 Technology Suite Offers Opportunities in Vast Range of Industries: https://robonaut.jsc.nasa.gov/R2/

47 셸(Shell)

1   Fortune, Royal Dutch Shell: http://fortune.com/global500/royal-dutchshell/
2   Autotrader research published in PV Magazine, UK drivers don't plan on buying an electric car for almost a decade: https://www.pv-magazine.com/press-releases/uk-drivers-dont-plan-on-buying-an-electric-car-foralmost-a-decade/

48 지멘스(Siemens)

1   Gartner, Global Smart Railways Market Research Report – Forecast To 2023: http://garnerinsights.com/Global-Smart-Railways-Market-Research-Report---Forecast-to-2023
2   Siemens, MindSphere – The Internet of Things IoT Solution: https://www.siemens.com/global/en/home/products/software/mindsphere.html
3   Teradata, The Internet of Trains: http://assets.teradata.com/resourceCenter/downloads/CaseStudies/EB8903.pdf
4   Siemens, Railigent¢ç – the solution to manage assets smarter: https://www.siemens.com/global/en/home/products/mobility/rail-solutions/services/digital-services/railigent.html
5   Teradata, The Internet of Trains: http://assets.teradata.com/resourceCenter/downloads/CaseStudies/EB8903.pdf
6   Siemens – The Internet of Trains 2.0
7   Forbes, How Siemens Is Using Big Data And IoT To Build The Internet Of Trains: https://www.forbes.com/sites/bernardmarr/2017/05/30/howsiemens-is-using-big-data-and-iot-to-build-the-internet-of-trains

49 테슬라(Tesla)

〈출처〉

CNBC, Traffic deaths edge lower, but 2017 stats paint worrisome picture: https://www.cnbc.com/2018/02/14/traffic-deaths-edge-lowerbut-2017-stats-paint-worrisome-picture.html

Wired, Tesla's Favorite Autopilot Safety Stat Just Doesn't Hold Up: https://www.wired.com/story/tesla-autopilot-safety-statistics/

50 볼보(Volvo)

〈출처〉

CNBC, Geely's Volvo to go all electric with new models from 2019: https://www.cnbc.com/2017/07/05/geelys-volvo-to-go-all-electricwith-new-models-from-2019.html

Cio, The rubber hits the road with AI implementations: https://www.cio.com/article/3297496/analytics/the-rubber-hits-the-road-with-aiimplementations.html

Motor Authority, Volvo delivers first self-driving cars to families in Drive Me project: https://www.motorauthority.com/news/1108300volvo-delivers-first-self-driving-cars-to-families-in-drive-meproject

Volvo Cars, Volvo Cars and Autoliv team up with NVIDIA todevelop advanced systems for self-driving cars: https://www.media.volvocars.com/global/en-gb/media/pressreleases/209929/volvo-carsand-autoliv-team-up-with-nvidia-to-develop-advanced-systems-forself-driving-cars

맺음말　인공지능이 우리에게 던지는 과제

1   The Guardian, Tay,Microsoft's AI chatbot, gets a crash course in racism from Twitter: https://www.theguardian.com/technology/2016/mar/24/tay-microsofts-ai-chatbot-gets-a-crash-course-in-racism-from-twitter

페이스북은 내가
우울증인 걸 알고 있다

글로벌 리더 기업의 인공지능 성공 스토리 50

초판 1쇄 2019년 11월 19일

지은이 버나드 마·매트 워드
옮긴이 홍지수

발행인 주은선
펴낸곳 봄빛서원
주소 서울시 강남구 강남대로 364, 13층 1326호
전화 (02)556-6767
팩스 (02)6455-6768
이메일 jes@bomvit.com
홈페이지 www.bomvit.com
페이스북 www.facebook.com/bomvitbooks
등록 제2016-000192호

ISBN 979-11-89325-06-0 03320
ⓒ 버나드 마 2019

이 도서의 국립중앙도서관 출판예정도서목록(CIP)은 서지정보유통지원시스템 홈페이지(http://seoji.nl.go.kr)와
국가자료공동목록시스템(http://www.nl.go.kr/kolisnet)에서 이용하실 수 있습니다.(CIP제어번호: CIP2019043924)